Nadia Wassef
Jeden Tag blättert das Schicksal eine Seite um

GOLDMANN
Lesen erleben

NADIA WASSEF

Jeden Tag blättert das Schicksal eine Seite um

Mein abenteuerliches Leben
als Buchhändlerin in Kairo

Übersetzt von
Claudia Amor, Johanna Ott
und Albrecht Schreiber

GOLDMANN
Lesen erleben

Die amerikanische Originalausgabe erschien 2021 unter dem Titel
Shelf Life. Chronicles of a Cairo Bookseller bei Farrar, Straus and Giroux,
einem Verlag von Macmillan Publishers, 120 Broadway, New York,
NY 10271.

Abdruck des Schmuckzitats von Italo Calvino (S. 7) aus *Die unsichtbaren
Städte* mit freundlicher Genehmigung des Carl Hanser Verlages.
Aus dem Italienischen übersetzt von Burkhart Kroeber
© 2007 Carl Hanser Verlag GmbH & Co. KG, München

Diese Geschichte beruht auf wahren Begebenheiten.
Ein paar Namen wurden zum Schutz der Privatsphäre geändert.

Penguin Random House Verlagsgruppe FSC® N001967

1. Auflage
Deutsche Erstausgabe September 2021
Copyright © 2021 by Wilhelm Goldmann Verlag, München,
ein Unternehmen der Penguin Random House Verlagsgruppe GmbH
Neumarkter Straße 28, 81673 München
Copyright © 2021 by Nadia Wassef
Umschlaggestaltung: UNO Werbeagentur, München,
unter Verwendung eines Motivs von © FinePic®, München
und eines Fotos von © Dany Eid Photography
Redaktion: Judith Mark
MP · Herstellung: Claudia Frost
Satz: Uhl + Massopust, Aalen
Druck und Einband: GGP Media GmbH, Pößneck
Printed in Germany
978-3-442-31584-0
www.goldmann-verlag.de

Besuchen Sie den Goldmann Verlag im Netz:

Für Ramzi und Faiza, die alles erst ermöglichten.
Für Hind, die jeden Schritt mitgeht
und auch das Unausgesprochene hört.
Für Zein und Layla:
Ich habe mein Bestes gegeben.

Du erfreust dich bei einer Stadt nicht ihrer sieben
oder siebenundsiebzig Wunder,
sondern der Antwort,
die sie dir auf eine Frage gibt.

Wer dem Herzen folgt,
wird niemals vom Weg abkommen.

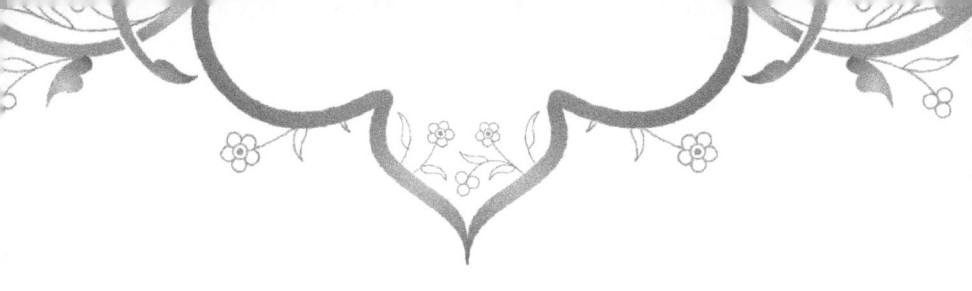

Inhaltsverzeichnis

Vorwort

Ich war sieben, als Anhänger der Muslimbruderschaft Anwar Sadat ermordeten und sein Stellvertreter Hosni Mubarak 1981 die Regierungsgeschäfte übernahm. Ich war siebenunddreißig, Buchhändlerin mit zehn Filialen, hundertfünfzig Angestellten, zwei Masterabschlüssen, einem Ex-Ehemann (nachfolgend Nummer eins genannt), einem zweiten Ehemann (Nummer zwei) und zwei Töchtern, als Mubarak 2011 der Macht enthoben wurde.

Unsere Geschichte beginnt jedoch lange vor der ägyptischen Revolution und jener Reihe von Aufständen, die heute als Arabischer Frühling bekannt sind. Den Großteil meines Lebens verbrachte ich in Zamalek, einer Insel im Fluss, umgeben von Wüste. Koordinaten: 30 Grad Nord und 31 Grad Ost. Zamalek ist ein Stadtbezirk im Westen von Kairo und liegt eingebettet mitten im Nil. Der Legende nach wurde Kairo nach dem Planeten Mars benannt, *al-Nadschm al-quahir*, der just am Tag der Stadtgründung am Himmel aufging. Seither heißt die Stadt *al-Qahira*, die Starke, die Eroberin.

An der Straße des 26. Juli, der Hauptverkehrsader und Fußgängermeile von Zamalek, befindet sich das Baehler-Palais, ein Zwillingsgebäude, das mit seinen hohen Räumen, zahlreichen Innenhöfen und Stuckornamenten an eine glorreiche Vergangenheit erinnert. Klimaanlagen klammern sich verbissen an Balkongeländer, Staub und Papierfetzen verfangen sich zwischen lose herabbaumelnden Kabeln, und Wäsche hängt zum Trocknen in der Hitze. Allerlei Geschäfte säumen die Straße: Nouby, der Antiquitätenhändler, das Café Cilantro, Thomas Pizza, die Bank of Alexandria und, im Eckladen mit den Schaufenstern, Diwan – der Buchladen, den meine Schwester Hind und ich im März 2002 gegründet hatten. In den darauffolgenden Jahren eröffneten wir sechzehn weitere Filialen in ganz Ägypten (und schlossen sechs davon wieder), doch bei jeder einzelnen versuchten wir, die Ästhetik und besondere Atmosphäre dieses einen Ladens nachzubilden. Er war unser Flaggschiff, unser Erstgeborener.

Hind und ich schufen Diwan an einem Abend im Jahr 2001, als wir mit unseren alten Freunden Ziad, Nihal und ihrem damaligen Ehemann Ali beim Abendessen saßen. Irgendjemand stellte eine Frage in den Raum: Wenn ihr machen könntet, was ihr wollt, was würdet ihr tun? Hind und ich gaben ein und dieselbe Antwort: Wir würden einen Buchladen eröffnen, der einzigartig wäre in ganz Kairo. Wir hatten immer schon viel gelesen, und nachdem unser Vater erst kurz davor an einer grausamen Motoneuron-Erkrankung gestorben war, fanden wir Trost in Büchern. Doch in unserer Stadt gab es keine modernen Buchläden. Im Ägypten der Jahrtausendwende waren Verlagswesen, Buchvertrieb und Buchhandel von Jahrzehnten des verkorksten Sozialismus zermürbt worden. Während der Amtszeit von Gamal Abdel Nasser, dem zweiten ägyptischen Präsidenten, und später unter Anwar Sadat (dem dritten) und Hosni Mubarak (dem vierten), hatte es der Staat verabsäumt, auf das explodierende Bevölkerungswachstum zu reagieren, was Analphabetismus, Korruption und eine Verschlechterung der Infrastruktur zur Folge hatte. In dem Versuch, Widerstand zu unterdrücken, übernahmen die politischen Regime die Kontrolle über jegliche Kulturproduktion. Schriftsteller wurden zu Staatsangestellten, und die Literatur starb im Würgegriff der Bürokratie einen grausamen Tod nach dem anderen. Kaum ein Mensch in Ägypten schien sich noch für das Lesen oder das Schreiben zu interessieren. In dieser Zeit des Kulturschwunds einen Buchladen aufzuziehen schien ein Ding der Unmöglichkeit – und doch war es so dringend nötig. Überraschenderweise zeigten sich unsere Tischgefährten ähnlich interessiert. So schlossen wir fünf uns an diesem Abend zu Geschäftspartnern zusammen: Ziad, Ali, Nihal, Hind und ich. Die darauffolgenden Monate bestanden aus pausenlosem Diskutieren, Netzwerken und Planen. Danach schritten Hind, Nihal und ich zur Tat. Die vielen gemeinsamen Bemühungen schweißten uns zu Wahlschwestern zusammen: zu den drei Diwan-Frauen.

Menschlich hätten Hind, Nihal und ich unterschiedlicher nicht sein können. Hind ist verschlossen, aber unerschütterlich in ihrer Loyalität, Nihal ist ein Kopfmensch und überaus freigiebig, und ich bin wohl eher die Anpackerin. In unserer Funktion als Geschäftspartnerinnen versuchten wir alle, über uns hinauszuwachsen, was uns aber meistens nicht gelang. Wir teilten die anfallenden Aufgaben nach persönlichen Präferenzen und Leidenschaften: Hind und ich waren gut mit Büchern, Nihal mit Menschen. Doch diese Aufteilung war niemals messerscharf.

Was uns alle verband, war die Sprache. Wir widmeten unsere gesamte Aufmerksamkeit und Energie den Worten. Wir waren stolz auf unsere ägyptische Kultur und konnten es kaum erwarten, sie nach außen zu tragen. Einen Businessplan oder ein Warenlager hatten wir nicht, aber auch keine Angst. Das Fehlen jeglicher Erfahrung schenkte uns eine große Unbeschwertheit, wir hatten ja keine Ahnung von den Hürden, die noch vor uns lagen. Wir waren junge Frauen, ich war 27, Hind 30 und Nihal 40. Über die nächsten zwei Jahrzehnte hielten wir einander an den Händen, bei Hochzeiten, Scheidungen, Geburten und Todesfällen. Wir stellten uns den Schwierigkeiten, die das Führen eines Unternehmens in einer patriarchalischen Gesellschaft mit sich brachte: Wir lernten, Schikane und Diskriminierung zu umgehen, schmierten despotischen Bürokraten Honig ums Maul und wurden ganz nebenbei zu Expertinnen der ägyptischen Zensurgesetze.

Von Anfang an war klar, dass unsere Buchhandlung kein Relikt der Vergangenheit sein durfte: Sie musste ein ganz konkretes Ziel verfolgen, alles daran sollte bewusst gewählt sein, angefangen von ihrem Namen. Eines Nachmittags hörte unsere Mutter, Faiza, höflich zu, während Hind und ich dieses Problem hin und her wälzten. Wenig begeistert von unseren Ideen und angetrieben von einer gewissen Ungeduld, sich wieder ihrem Essen widmen zu können, machte sie einen Vorschlag: »Diwan«. Sie zählte die verschiedenen Bedeutungen des Wortes auf: eine persische und arabische Lyriksammlung, ein Versammlungsort, ein Gästehaus, ein Sofa und ein Titel für einen mächtigen Regierungsbeamten. »Diwani« bezeichnet außerdem einen bestimmten Schriftstil der arabischen Kalligrafie. Sie machte eine kurze Pause, bevor sie schließlich hinzufügte, dass das Wort phonetisch sowohl auf Arabisch, auf Englisch und auf Französisch funktionierte. Damit wandte sie sich wieder ihrem Teller zu. Es war alles gesagt.

Beflügelt von dem neuen Namen traten wir an Nermine Hammam heran, eine auch unter dem Namen Minou bekannte Grafikdesignerin, die uns bei der Entwicklung eines Markenkonzeptes helfen sollte. Minou hatte einen flinken, scharfzüngigen Humor, zeigte beim Lachen viel Zahnfleisch und wusste einfach alles. Sie bat Hind, Nihal und mich, ihr Diwan zu beschreiben, als wäre es ein Mensch. Wir sagten, Diwan *sei* ein Mensch, und das sei seine Geschichte:

* * *

Diwan wurde als Reaktion auf eine Welt gezeugt, die aufgehört hatte, das geschriebene Wort zu ehren. Geboren ist sie, denn Diwan ist eine Frau, am 8. März 2002 – zufällig dem Weltfrauentag. Sie ist viel größer als der Raum, den sie einnimmt. Sie heißt jeden und jede willkommen und respektiert die Menschen in all ihrer Vielfalt. Wie eine gute Gastgeberin lädt sie ihre Kunden ein, doch noch einen Moment in ihrem Café zu verweilen. Sie ist überzeugte Nichtraucherin, obwohl ihr bewusst ist, dass die meisten Orte in ihrem Heimatland es nicht sind. Trotzdem setzt sie sich entschlossen für eine bessere Zukunft ein. Ihre Ideale sind höher, als ihr Umfeld es erlaubt. Sie ist aufrichtig, will aber keinen Dieb bestrafen. Sie ist ehrlich und besteht darauf, jene herauszufischen, die es nicht sind. Sie kann Zahlen nicht leiden. Die binäre Welt, die sie umgibt, gefällt ihr nicht, daher will sie das ändern, Buch für Buch für Buch. Sie ist überzeugt, dass Begriffe wie Nord und Süd, West und Ost unnötige Barrieren schaffen, daher bietet sie Bücher auf Arabisch, Englisch, Französisch und Deutsch an. Sie bringt Menschen und Ideen einander näher.

★ ★ ★

Minou übersetzte unsere Beschreibung in ein passendes Logo. D-I-W-A gestaltete sie in einem verschnörkelten schwarzen Font, das »N« fügte sie in arabischer Schrift hinzu. Dieser letzte Buchstabe war eine Anspielung auf das Nun an-Niswa, das Frauen-N, oder das Nun al-Inath, das viele Nomen und Adjektive sowie alle Pronomen und Verben in der weiblichen Pluralform beugt. Abschließend verzierte Minou das ganze Wort noch mit *Taschkil*, diakritischen Zeichen.

Minous Design war nicht einfach nur ein Logo, sondern ein Markenkonzept, das erweiterbar und wandlungsfähig war. Sie dachte sich Produkte aus, mit denen wir die Bekanntheit von Diwan steigern konnten: Tragetaschen, Lesezeichen, Fotokarten, Kerzen, Geschenkpapier, Kulis, Bleistifte und Tapeten. Der Diwan-Shopper entwickelte sich zum kulturellen Statussymbol in den Straßen von Kairo. In späteren Jahren packte mich jedes Mal ein Gefühl von Stolz, wenn ich eine unserer Taschen unterwegs in London oder in der New Yorker U-Bahn entdeckte.

In den ersten zwei Jahren nach der Revolution, als die Muslimbruderschaft die Macht ergriff, veränderte sich Kairo fast bis zur Unkenntlichkeit, und ich begann mit dem Gedanken zu spielen fortzugehen. Die Vorstellung war extrem schmerzhaft, aber nachdem ich Diwan in dem Chaos, das der Revolution gefolgt ist, jahrelang weitergeführt hatte, ging mir nun die Puste aus. Mir war langsam klar geworden, dass ich, solange ich noch in Kairo blieb, immer nur in Verbindung mit meinen Buchläden existierte. Ich konnte mich dem nicht entziehen. Nach vierzehn Jahren, in denen ich mich für das Geschäft aufgeopfert hatte, war es also Zeit, einen Schlussstrich in den Sand zu ziehen: Ich gab meine Rolle als Mit-Geschäftsführerin von Diwan auf. Nach einem kurzen Abstecher nach Dubai mit Nummer zwei zogen Zein (mittlerweile sechzehn), Layla (vierzehn) und ich nach London. Obwohl ich Diwan heute nicht mehr leite – Nihal hat meine Aufgaben übernommen –, kehre ich doch gedanklich immer wieder in diese Zeit zurück, mit einem gemischten Gefühl aus Sehnsucht und Erleichterung.

Hind, meine Seelenverwandte, meine Retterin, spricht niemals über diese Zeit. Sie hat beschlossen, lieber zu schweigen, als sich zu erinnern.

* * *

Diwan war meine Liebeserklärung an Ägypten. Sie war Bestandteil und Antrieb meiner Suche nach mir selbst, nach

Kairo und meinem Land. Dieses Buch ist meine Liebeserklärung an Diwan. Jedes Kapitel darin beschreibt einen Abschnitt des Buchladens, angefangen vom Café bis hin zur Ratgeber-Abteilung, sowie die Menschen, die man dort antreffen konnte: Kollegen, Stammkundinnen, Schmökerer, Ladendiebinnen, Freunde und Verwandte, für die Diwan zum zweiten Zuhause geworden war. Diejenigen unter uns, die Liebesbriefe schreiben, wissen, dass ihre Ziele stets unerreichbar sind. Doch wir versuchen, das Ungreifbare greifbar zu machen, und müssen damit unweigerlich scheitern. Wir wehren uns gegen das unvermeidliche Ende und wissen doch, dass alles vergänglich ist. So beschließen wir, für die Zeit, die uns gegeben ist, dankbar zu sein, so kurz sie auch immer sein möge.

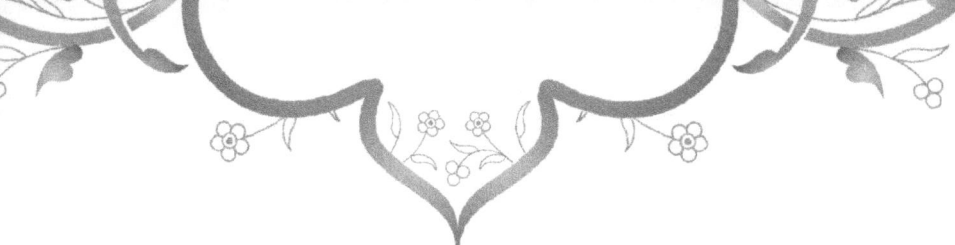

KAPITEL 1

Das Café

Für ahnungslose Passanten war Diwan nichts weiter als einer von vielen Läden in der stuckbesetzten Fassade des Baehler-Palais. Auf dem traditionellen, königsblauen Straßenschild stand zu lesen: *Shari' 26 Yulyu*, Straße des 26. Juli. Unser Logo hatten wir in eindrucksvollen schwarzen Buchstaben am Gebäude anbringen lassen, über dem Eingang verneigte sich ein höflicher Trompetenbaum. Die gläserne Ladentür an der Hausecke war mit modernen arabisch-islamischen Ornamenten verziert und hatte einen chromfarbenen Stabgriff.

Der Laden selbst war eine Oase der Ruhe inmitten der brütend heißen, im Verkehr erstickenden Straßen der Stadt. Klänge von Arabo-Jazz, Umm Kulthum und George Gershwin vermischten sich mit dem mechanischen Rattern der Klimaanlagen. An der großen Wand mit den Buchempfehlungen, Bestsellern und Neuerscheinungen schwebten auf wandmontierten Regalen ausgewählte Romane und Sachbücher in arabischer und englischer Sprache. Von hier aus konnten die Kunden entweder rechts durch einen Durchgang gehen und vorbei an der Kasse und den Schreibwaren in die Buchabteilung gelangen oder nach links in die Multimedia-Abteilung abbiegen, die eine gut sortierte Auswahl internationaler Film- und Musikproduktionen führte: Experimentelles sowie Klassiker aus Ost und West.

Während der Planungsphase für Diwan hatte ich einmal in einem Artikel gelesen, dass die meisten Leute rechts weitergehen, wenn sie einen Buchladen betreten. Das veranlasste uns, den Bücherbereich von Diwan auf der rechten Seite einzurichten. Dort zeigten die Fenster nicht auf die Hauptstraße, sondern hinten hinaus in den angrenzenden Innenhof, wodurch dies der ruhigere Teil des Ladens war. An den hohen Decken sorgte eine helle Lichtleiste für die ideale Ausleuchtung der Bücherregale aus Mahagoniholz mit matt gebürsteten Stahlelementen – eine gelungene Verbindung aus alt und neu. Die Bücher waren in zwei Kategorien unterteilt: Links standen die arabischen Bücher, die Hind einkaufte, rechts die englischen Bücher, die meine Domäne waren. Die kleine Auswahl an französischen und deutschen Titeln brachten wir in der Multimedia-Abteilung unter. Durch einen Türbogen gelangte man ins Café, das pulsierende Herz des Ladens.

Die Mitarbeiter im Verkauf trugen eine einheitliche Diwan-Uniform: ein marineblaues Poloshirt mit dem eingestickten Logo auf der linken Seite, dazu beigefarbene Hosen mit zugenähten Taschen, um Diebstahl vorzubeugen. Wenn sie Kunden ihre Hilfe anboten, versuchten sie stets, eine gute Balance zwischen Übereifer und professioneller Distanz zu finden. Ihr Job bei uns war anspruchsvoller als bei anderen Buchhändlern, vor allem bei unserer allerersten Eröffnung, als die meisten Kunden mit Diwans Unternehmensphilosophie noch so gar nicht klarkamen. Ich konnte ihre Verwirrung durchaus verstehen.

Vor Diwan gab es in Ägypten drei Arten von Buchhandlungen: Erstens die von der Regierung herunterge-
wirtschafteten Buchgeschäfte, zweitens solche, die mit bestimmten Verlagshäusern kooperierten, und drittens jene
kleinen Buchläden um die Ecke, die hauptsächlich Zeitungen und Büroartikel verkauften. Die staatlichen Buchläden
haben sich mir am stärksten ins Gedächtnis eingebrannt. Als
Studentin an der Universität nahm ich meist ein Taxi ins
Zentrum von Kairo, wo die Handwerksbetriebe einst in ar-
menischer, die Kaufhäuser in italienischer und die Lebens-
mittelläden in griechischer Hand waren. Ich fuhr durch die
Hauptstraßen meiner Stadt, die alle nach Tagen mit besonderer geschichtlicher Relevanz benannt waren. (Die Straße
des 26. Juli war früher nach Fouad I. benannt, dem ersten
König im modernen Ägypten. Die Namensänderung fand
zugunsten jenes Tages statt, an dem Fouads Sohn Farouk das
Land auf seiner königlichen Yacht verließ, und zwar im Jahr
1952, während der Ersten Revolution, die von Gamal Abdel Nasser [der Sohn eines Postbeamten] und Muhammad
Nagib, der Ägyptens erster Staatspräsident werden sollte,
angeführt wurde.)

In der Stadt angekommen betrat ich dann eines dieser
gruftähnlichen Geschäfte, in denen reihenweise Bücher
unter einer dicken Staubschicht begraben lagen. Es gab
dort zwar unzählige Regale, aber keine Hinweisschilder zur
Orientierung. Und am Ladentisch hockte scheinbar immer
derselbe teeschlürfende oder im Halbschlaf Zeitung lesende
Mann. Wenn ich ihn nach einem Titel fragte, fädelte er die
nackten Füße ein kleines Stück in die Sandalen ein, ließ die
rissigen Fersen aber noch auf dem Boden stehen. Daraufhin
stemmte er sich hoch, ohne das Radio leiser zu drehen,

und sorgte dafür, dass die Schmutzpartikel, die sich auf den knarzenden Dielen unter ihm angesammelt hatten, in die Luft gewirbelt wurden.

★ ★ ★

Was war der Grund für den erbärmlichen Zustand dieser Buchläden? Die Antwort liegt, zum Teil, in unserer Geschichte. In Ägypten lebt die Vergangenheit in der Gegenwart weiter, taucht oft maskiert wieder auf und wird nie ganz verschwunden sein. Bei der Gründung von Diwan mussten wir einsehen, dass Verlagswesen und Buchhandel auch eine Vergangenheit hatten, die der Branche weiterhin ihre Regeln aufzwang. 1798 gelangten im Rahmen von Napoleons Ägyptenfeldzug die ersten beiden Druckerpressen nach Ägypten, die eine arabisch, die andere französisch. 1820 ließ Muhammad Ali, der albanisch-osmanische Gouverneur und Vater des modernen Ägypten, in der Gegend von Bulaq (benannt nach dem französischen *beau lac*) die erste Industriepresse errichten. Unter seiner Führung wurde das Verlagswesen zum Propagandainstrument.

In der zweiten Hälfte des neunzehnten Jahrhunderts lockerte die Regierung ihr Monopol auf das gedruckte Wort, später wurde, vor allem während der britischen Besatzung Ägyptens ab 1882, auch die Zensur aufgeweicht. Jene, die am obersten Treppchen der Gesellschaft standen, hatten die Mittel und das Interesse, in Printmedien zu investieren. Um 1900 erschienen politische, gesellschaftskritische und feministische Zeitschriften am laufenden Band, sei es zum Zweck der Bewusstseinserweiterung, des Profits oder beider. Tageszeitungen sowie Wochen- oder Monatsschriften veröffentlichten Reden, Manifeste oder Romane, die erst als Serie herauskamen und später als Bücher vermarktet wurden. Jahrzehnte produktiven und kraftvollen Schreibens aus den meisterlichen Federn ägyptischer Literaten folgten. Nach der Revolution 1952 wurde alles anders. Als Nasser 1956 das Präsidentenamt übernahm (er war der einzige Kandidat), setzte er eine Reihe politischer Initiativen in Gang, die ganz Ägypten veränderten: Der Zugang zu Wohnraum, Bildung und medizinischer Versorgung verbesserte sich schlagartig, doch gleichzeitig entzog Nasser Ausländern die Staatsbürgerschaft und ließ sie scharenweise deportieren. Er richtete eine Bürokratie nach britischem Vorbild ein, beschnitt die Bürgerrechte und installierte eine Jahrzehnte dauernde Militärführung. In den 1960ern wurde die Buchbranche verpflichtet, Titel herauszubringen, die Ägyptens neue sozialistische Vision und den arabischen Nationalismus als weiter gefasstes Ziel untermauerten. Doch Nassers Regime besaß nicht die erforderliche Infrastruktur, um diese Idee in die Tat umzusetzen. Bereits 1966 hatte die Verlagsbranche massive Defizite angehäuft, gleichzeitig gingen die Warenlager über vor lauter Titeln, die niemand wollte, war man doch dem Motto der Regierung gefolgt, das da lautete: »ein Buch alle sechs Stunden«. Bücher wurden auf minderwertigem Papier gedruckt, die Cover waren dünn und rissen häufig ab. Es gab keine Literaturagenturen, Bestsellerlisten oder Marketingabteilungen. Von Autogrammstunden oder Buchpräsentationen hatte man noch nie etwas gehört. Bücher wurden von den Verlagen entweder in großen Bündeln an die Läden ausgeliefert, fest verschnürt mit Paketband, das auf den Umschlägen Kerben hinterließ, oder in alten Pappkartons, die einst

Zigarettenstangen enthielten. So sah also das Terrain aus, das Hind, Nihal und ich damals betraten. Unbeirrt begannen wir, in diesem Chaos zu arbeiten und es zu bekämpfen. Noch bevor wir den Buchladen in Zamalek eröffneten, hatte die praktisch veranlagte Hind jedes (für uns) erdenkliche Hindernis systematisch erkannt und aus dem Weg geräumt. Auch rundherum machte sich Reformoptimismus breit. Neue Investitionsgesetze hatten der Börse neues Leben eingehaucht. Viele Ägypter, die im Ausland studiert hatten, kehrten begeistert nach Hause zurück, um die Zukunft ihres Landes mitzugestalten. Wir sahen eine Zeit der künstlerischen und kulturellen Renaissance auf uns zukommen – obwohl es an grundlegender, moderner Infrastruktur nach wie vor mangelte. Zum Beispiel Buchläden.

Hind sorgte dafür, dass wir auf dieser Welle mitritten, indem sie Probleme früh erkannte und auflöste. Sie stattete anderen Buchhandlungen und Verlagen Besuche ab, machte sich Notizen über deren Angebot und stellte Fragen. Während dieser Erkundungstouren gab Hind sich klein und unterwürfig, um keine Bedrohung darzustellen. Unternehmer begegneten ihren Nachforschungen mit skeptischen und zuweilen bevormundenden Reaktionen, doch sie ließ sich davon nicht beeindrucken. Im Gespräch mit dem Manager eines Verlagshauses erfuhr sie, dass die wenigsten einheimischen Bücher ISBN-Nummern auf dem Einband trugen. In Ägypten wurde die ISBN fortlaufend von den Nationalbibliotheken generiert, doch nur genehmigt, wenn der Titel der amtierenden Regierung nicht schadete. Unabhängige Verlage hatten kreative Wege gefunden, wie man die Zensur umgehen konnte, etwa indem sie gänzlich auf ISBN-Nummern verzichteten oder sie sich von bereits erschienen Titeln »ausliehen«. Ägyptische Autorinnen und Autoren ließen ihre Bücher manchmal im Ausland verlegen. Das Nichtvorhandensein dieses Strichcodes mit der dazugehörigen winzigen Ziffernabfolge bedeutete jedoch, dass die Rechnungslegung, die Auslieferung und die Nachverfolgung von Büchersendungen eine erhebliche Fehleranfälligkeit aufwiesen. Außerdem ließen sich so keine landesweiten Bestsellerlisten erstellen. Hind begegnete dieser tragischen Erkenntnis mit der ihr angeborenen Geduld. Sie schrieb ein Handbuch zur Transliteration arabischer Autoren und Titel für unser englischsprachiges Computersystem, das jeden gängigen Laut abdeckte. Mit diesem phonetischen System konnten wir hauseigene Codes für unsere arabischen Bücher generieren.

Als Nächstes wagte sie sich in völlig unerforschte Sphären: Verkaufszahlen. Traditionell hatten Buchhandlungen in Ägypten mit manuellen Kassen und handschriftlichen Quittungen gearbeitet. Niemand konnte ganz genau sagen, was eigentlich verkauft wurde, also wusste man auch nicht, was nachbestellt werden musste. Die wenigen, die ihre Verkaufszahlen tatsächlich registrierten, hielten sie geheim. Hind brach mit dieser Tradition, indem sie alle Zahlen erhob und daraus interne Diwan-Bestsellerlisten zusammenstellte und veröffentlichte, was sowohl Verleger als auch Autoren dazu ansporne, miteinander in den Wettbewerb zu treten, und bei Lesern das Interesse an neuen Büchern weckte. Doch das war nur der Anfang. Ich wusste nie genau über Hinds Pläne Bescheid, bevor sie sie nicht erfolgreich in die Tat umgesetzt hatte. Wir waren beide der Überzeugung, dass man nicht lange reden, sondern erst mal machen sollte.

Kairos heruntergekommene Buchbranche hatte zwei

hauptsächliche Typen von Lesern herangezüchtet: jene, die sich mit dem gescheiterten System abgefunden hatten, und die anderen – wie Nihal, Hind und mich –, die sich nach einer Alternative sehnten. Vorgefertigte Erwartungen und Meinungen über Buchhandlungen waren auch unter Diwans Kunden weit verbreitet. Unser Job war, diese Vorurteile aufzuspüren und, so oft es ging, zu zerstreuen. Begeisterte Leser fanden bei uns ihr Paradies, kauften neue und verkauften gebrauchte Bücher, empfahlen ihre Lieblingstitel weiter und beteiligten sich an den sich entspinnenden Diskussionen. Sie suchten den persönlichen Kontakt zu uns Geschäftsführerinnen, wenn es ein Problem im Kundenservice gegeben hatte oder sie eine Beschwerde loswerden wollten. Der Erfolg von Diwan und die Beibehaltung der hohen Standards lag ihnen am Herzen. Bis heute schreiben mir von Zeit zu Zeit ehemalige Kunden E-Mails oder Nachrichten in sozialen Netzwerken, in denen sie sich über eine Lieferverzögerung oder andere Probleme beschweren. Einige wollen immer noch, dass sich eine der Chefinnen höchstpersönlich um ihren Buchkauf kümmert.

Andere hatten weniger gut gemeinte Absichten.

Ein typischer Fall lief in etwa so ab: Ein Kunde marschiert auf Nihal, Hind oder mich zu und sagt: »Ich will mit dem Eigentümer sprechen.«

»Ich bin eine der Eigentümerinnen«, antworten entweder Nihal oder Hind. Ich ziehe mich typischerweise in den Hintergrund zurück, weil ich mich um eine plötzlich sehr dringende Angelegenheit kümmern muss.

»Ich will dieses Buch zurückgeben.«

»Das tut mir leid zu hören. Was war damit nicht in Ordnung?«

»Ich habe es gekauft und gelesen. Aber es gefällt mir nicht. Ich will mein Geld zurück.«

An dieser Stelle nahm das Gespräch eine unterschiedliche Wendung, je nachdem, wer die Ansprechperson war. Nihal nickte stets und gab dem Kunden das Gefühl, gehört zu werden. Mit freundlicher Miene setzte sie dem Kunden auseinander, dass wir keine Leihbücherei seien. Wir sollten aber eine sein, kam nicht selten vom Kunden als Antwort zurück. Sei Kultur denn nicht ein gemeinschaftliches Gut? Spätestens hier grätschte ich dann ins Gespräch, äußerte meine Meinung, dass uns diese rückwärtsgerichtete Einstellung in Ägypten erst dorthin gebracht habe, wo wir nun standen ... Erst später, nach unzähligen Situationen dieser Art, lernte ich schließlich, meinen Mund zu halten. Nihal leitete den Kunden sanft in eine der regierungstreuen Buchhandlungen um, wo man seinen Wünschen nachkommen könne, während sie ihr Bedauern ausdrückte, dass Diwan nicht demselben Geschäftsmodell folge. Hind hingegen, die einen Hang zum Absurden hatte, verwickelte die Kunden bei solchen Gesprächen in ausufernde Diskussionen, um auszutesten, wo sie an ihre Logikgrenzen stießen. In einem hinterlistig naiven, höflichen Ton entkräftete sie deren Argumente mit der Behändigkeit eines Debattierchampions. Wenn sie der Unterhaltung müde wurde, warf sie einen Blick auf die Uhr und entschuldigte sich höflich. Dazu muss gesagt werden, dass Hind die unpünktlichste Person ist, die ich kenne. Aber wie meine Mutter auch besitzt sie diese stille Gabe, einen Gesprächspartner mit eleganter Schonungslosigkeit loszuwerden, wenn sie keine Zeit mehr für ihn hat.

Andere Kunden legten mehr Freundlichkeit an den Tag,

auch wenn sie Schwierigkeiten hatten, sich in diesem ungewohnten Terrain zurechtzufinden. Sie bewunderten die Sauberkeit, die Liebe zum Detail, die Dekoration, die Mitarbeiter, um am Ende zum gleichen Urteil zu kommen: Warum war das hier noch mal eine Buchhandlung und keine Leihbücherei? Hind, Nihal und ich – die tagaus, tagein im Laden anwesend waren – unterstrichen einmal mehr, dass eine Leihbücherei die Mietkosten, Löhne, Uniformen, Steuern und weiteren Kosten, mit denen kleinere Unternehmen konfrontiert seien, nicht decken könne. Und wenn dann unweigerlich die Frage kam, ob Diwan Teil von Frau Mubaraks Alphabetisierungskampagne sei, erwiderten wir, dass wir weder mit der First Lady noch mit der Regierung etwas zu tun hätten, wir seien ein rein privates Unternehmen. Man reagierte überrascht: Warum würde wohl ein Mensch, der noch alle fünf beisammenhatte, Geld in ein Verlustgeschäft wie eine Buchhandlung investieren?

* * *

Noch bevor Diwan überhaupt die Pforten geöffnet hatte, stieß unser Projekt auf Unverständnis. Während der Planungsphase machte Ali, Nihals Ehemann und einer unserer Mitbegründer, einen Vorschlag: Wir sollten Autoren darüber befragen, wie sie an die Bücher gelangten, die sie für ihre Arbeit brauchten. Als Alumnus der Deutschen Evangelischen Oberschule in Kairo war Ali nicht nur ein begeisterter Leser, sondern konnte auch gut mit Menschen umgehen. Und er hatte ein ansteckendes Lachen. Ich bewunderte seine Gabe, Freundschaften zu knüpfen und sie über Generationen, Kontinente und ideologische Gräben hinweg aufrechtzuerhalten. Eines Nachmittags begleiteten wir ihn zu einem Treffen mit einem der führenden Journalisten Ägyptens. Als der Mann sich angehört hatte, was wir vorhatten, musterte er uns von oben bis unten. Schließlich sprach er sein Urteil: Wir seien nichts weiter als gutbürgerliche Hausfrauen, die ihre Zeit und ihr Geld verschwendeten. Seit dem Niedergang der Mittelklasse lese in Ägypten kein Mensch mehr. »Aber muss immer alles Bestehende finanziell nachhaltig sein?«, fragte ich ihn. »Regierungen stützen öffentliche Einrichtungen wie Parks, Museen oder Büchereien, um die kulturelle Gesundheit in ihren Ländern zu fördern. Warum verurteilen Sie dann Einzelpersonen, wenn sie sich auf eine ähnliche Mission begeben?«

»Sie sind junge Frauen, die noch nicht besonders viel Erfahrung in der Welt haben. Darum spreche ich zu Ihnen, wie ich zu meinen Kindern sprechen würde. Ich versuche nur, Ihnen die Enttäuschung zu ersparen. Sie haben keine Ahnung von den Herausforderungen, die Sie erwarten, wenn Sie ins Geschäftsleben einsteigen, erst recht, wenn das Geschäft auf Büchern basiert. Sowohl Lieferanten als auch Kunden werden Sie bei lebendigem Leib verschlingen.«

Meine persönliche Enttäuschung kann ich wegstecken, dachte ich damals im Stillen, aber was ist mit Ägypten? Was geschieht, wenn Länder ihre Kulturprojekte vernachlässigen und stattdessen immer nur Dämme und Autobahnen bauen? Die Antwort lag vor unseren Augen. Unsere Museen waren wie Friedhöfe, tote Räume, den Heldentaten weniger mächtiger Männer gewidmet. Unsere Schulbücher spiegelten all die Lügen und all das Nicht-Gesagte wider. Parks wurden mit steigenden Erhaltungskosten stetig kleiner. Dieser Journalist glaubte, dass Kultur eine Freizeitbeschäftigung der Eliten geworden war und dass Bücher für Menschen, die kämpften, sich über der Armutsgrenze zu halten, keine Bedeutung hätten. Er hatte nicht unrecht. Doch wir durften unseren Glauben an den Laden und an die Bücher nicht verlieren. Wenn wir Ägypter vergaßen, wer wir einmal waren, würden wir nie herausfinden, wer wir eines Tages sein konnten.

* * *

Diwan wurde in diese kulturelle Landschaft hineingeboren und stand nun genau an der Schnittstelle zwischen Gegenwart und Vergangenheit. Nihal gestaltete das Café in diesem Geiste, indem sie die behaglichen Teehäuser von Quiberon, einer kleinen Küstenstadt in der Bretagne, wo sie früher ihre Sommer verbracht hatte, an die Geschäftigkeit von Kairo heranführte. Mit dem für sie typischen Sinn für Gleichberechtigung ging sie an die Einrichtung heran, kombinierte Marmortische mit Holzstühlen, deren Beine verchromt waren. Die Stühle waren allerdings ein Kompromiss. Ursprünglich hatte sie sich bequemere Sitzgelegenheiten vorgestellt, aber Hind fürchtete, dass die Kunden dadurch zu lange bleiben würden. Verschiedene Varianten von Cappuccino, türkischem Kaffee und Tees, etwa Kamille, Hibiskus, Zimt oder Minze, waren auf einer Seite der Karte aufgelistet, auf der anderen boten wir Teigtaschen mit Käsefüllung, fluffige Pizzas, Karottenkuchen, Brownies und Schokocookies an. Messer und Gabeln lagen, eingewickelt in Servietten mit dem Diwan-Logo, immer griffbereit. Hassan, der Oberkellner, war ein sudanesischer Flüchtling, der stotterte und mit Kunden, die ihn nicht verstanden, regelmäßig die Geduld verlor. Doch Nihal schätzte sein Lächeln und die Kompromisslosigkeit, mit der er seine Hygienevorgaben umsetzte. Daher redete sie so lange beschwichtigend sowohl auf Hassan als auch auf die Kunden ein, bis man sich aneinander gewöhnt hatte und Hassan die Worte immer leichter über die Lippen kamen.

Die Rolle der würdevollen Vermittlerin kam Nihal als jüngster von drei Schwestern, die auch irgendwie die mütterlichste von allen war, völlig natürlich. Ich wartete immer auf eine Situation, in der Nihal einmal nicht das bekam, was sie wollte – und warte bis heute. Sie ist der einzige Mensch, den ich kenne, der den ganzen Ramadan hindurch fastet und nicht einmal jammert. Wir beide haben es fertiggebracht, uns zwei Jahrzehnte lang zu streiten und einander immer wieder zu vergeben.

Nihals gelassenes Gemüt machte sie zur Idealbesetzung, um den vielfältigen Charakteren und Verhaltensweisen zu begegnen, die in unserem scheinbar so harmlosen Café aufeinandertrafen. Wie die allermeisten öffentlichen Orte entwickelte es sich zu etwas ganz Eigenem, unabhängig davon, wie wir es nannten. Ich erinnere mich gut daran, wie ich die Gewerbelizenz für Diwan beantragte. Dem Beamten der Stadtverwaltung erklärte ich, dass wir Bücher, Filme, Musik und Schreibwaren verkaufen sowie ein Café betreiben würden. Er sah mich verständnislos an. »Das geht nicht«, meinte er gelangweilt und widmete sich wieder dem Formular, das vor ihm auf dem Tisch lag.

»Warum nicht?«, wollte ich wissen, in einem Ton, der Dickköpfigkeit mit einer Prise Naivität kombinierte. So hoffte ich, dass der Beamte sich mit mir auseinandersetzen würde.

»Ein Geschäftslokal kann immer nur für einen Zweck eine Lizenz bekommen. Man kann nicht gleichzeitig eine Bank und eine Schule sein. Suchen Sie sich eins aus.«

»Kann ich denn nicht am Tag Lehrerin und abends Bauchtänzerin sein?«, fragte ich.

Er schenkte mir ein halbherziges Lächeln. »Ein Mensch mit zwei Seelen ist ein Lügner«, zitierte er ein bekanntes Sprichwort, um unserer Diskussion ein Ende zu setzen.

»Wir sind eine Buchhandlung«, erklärte ich also. Er seufzte, füllte die letzte Zeile des Formulars entsprechend aus, gab einen blau verblichenen Stempel darauf und reichte mir das Blatt zurück, und das alles, ohne von der Akte aufzublicken, der er sich als Nächstes widmen wollte. Die letzte Bemerkung, die mir auf der Zunge lag, verkniff ich mir: Wir sind eine Buchhandlung, in der die Menschen nicht nur Geld ausgeben, sondern auch Zeit verbringen werden.

* * *

Grausame Ironie des ägyptischen Schicksals in der zweiten Hälfte des zwanzigsten Jahrhunderts war, dass die zu Erholungszwecken eingerichteten öffentlichen Orte just in dem Moment schrumpften, als die Menschen nach und nach mehr Freizeit zur Verfügung hatten. Die Expansion der Stadt griff auf die Parks über, Flaniermeilen und Cafés entlang des Nilufers wurden in Privatclubs für Armeeoffiziere und regierungsnahe Verbände verwandelt. Unsere »öffentliche Sphäre«, ein räumlich-theoretischer Begriff, den der deutsche Philosoph Jürgen Habermas geprägt hatte, befand sich im Wandel. Habermas' »Öffentlichkeit« meint jene Versammlungsorte einer Gesellschaft, an denen Menschen sich gedanklich austauschen, Orte, wo Individuen einem Kollektiv beitreten. Der Begriff inspirierte den Soziologen Ray Oldenburg zu seiner Theorie vom »Dritten Ort« (nach dem Zuhause als erstem und dem Arbeitsplatz als zweitem Ort). Dritte Orte sind gemeinschaftliche Treffpunkte, die, laut seiner Definition, auch Cafés wie unseres mit einschließen. In Ägypten hatten die Männer ihre Moschee, ihren Barbierladen und ihr *Ahwa*, das Kaffeehaus. Junge Männer besuchten den Fitnessclub, aber junge Frauen hatten nur ihr Zuhause, das ihnen in den seltensten Fällen auch gehörte.

Männer werden darüber definiert, was sie tun, Frauen darüber, wem sie nahestehen. Zum Beispiel Ada Lovelace: Obwohl sie eine anerkannte Mathematikerin und Erfinderin des Algorithmus war, kennt man sie im Allgemeinen als Tochter von Lord Byron. Einige Jahre nach der Eröffnung von Diwan sprachen mich immer mehr Kunden, Freunde und Bekannte als »Mrs Diwan« an. Tatsächlich verbrachte ich damals meine gesamte Zeit dort. Ich träumte davon. Ich saß meistens schon um acht an meinem Schreibtisch und ging bis spätabends nicht nach Hause, denn ich wollte zur Morgen- und zur Nachmittagsschicht da sein. Die Mitarbeiter in der Geschäftsführung sollten wissen, dass ich da war, wenn sie morgens kamen, und blieb, bis sie abends gegangen waren. Selbst wenn ich nicht dort war, war ich gedanklich bei Diwan. Es stimmte also, dass meine Identität sich zunehmend mit dem Buchladen verschränkte, sodass irgendwann sogar meine Beziehung mit Nummer eins darunter litt – aber mehr dazu später. Natürlich war es nur ein Beiname, trotzdem verwahrte ich mich dagegen, dass

Diwan an die Stelle des »Mannes« gesetzt wurde und ich dadurch zur Dienerin der von mir selbst erschaffenen Kreatur wurde.

* * *

Buchläden sind in ihrem Wesen sowohl öffentliche als auch private Orte. Dort können wir der Welt entfliehen, wenn wir wollen, oder aber in vollem Umfang an ihr teilhaben. Vor allem in unserem Café wurde diese Gegensätzlichkeit spürbar: Es wurde zum Treffpunkt für gute Freunde, aber auch ein Ort, wo Menschen stundenlang allein verweilten (trotz der Stühle). Ich selbst nahm am Wochenende oft meine Töchter dorthin mit. Es war ein Ort, der sich wie zu Hause anfühlte, es aber doch nicht war. Bevor Diwan dort einzog, befand sich in den Geschäftsräumen ein testosterongeschwängertes Fitnessstudio namens Sports Palace. Ich amüsierte mich bei dem Gedanken, dass unser von Frauen gegründeter und geführter Buchladen diesem Tempel der Männlichkeit nachfolgte.

Hind und ich waren in einer Welt aufgewachsen, die uns pausenlos ausgrenzte. Nichts davon gehörte uns oder würde uns jemals gehören. Als wir noch Kinder waren, verließen wir morgens meist um halb acht das Haus und gingen durch den stummen Marmorflur zum Lift. Ich drückte den Rufknopf immer gleich mehrmals, aus Ungeduld, aber auch aus Zweifel, ob das Ding mich überhaupt erhört hätte. Ich hasste den mit Neonlicht ausgeleuchteten Stahlkubus, der den alten Holzkasten von Schindler mit seiner kleinen, hölzernen Klappbank und der kuppelartigen Plafoniere aus Glas und Bronze ersetzt hatte, aber über das von der Morgenreinigung seifennasse Marmortreppenhaus vier Stockwerke nach unten zu laufen wäre ebenfalls nicht besonders ratsam gewesen. Ein an Krankenhäuser erinnernder Ton kündigte die Ankunft des Fahrstuhls an. Wenn sich dann die linke Türhälfte in die rechte schob, kam dahinter meist der Nachbar aus einem der oberen Stockwerke zum Vorschein: ein älterer Herr mit einer brennenden Zigarette zwischen den Lippen. Wir stiegen in die matt-silbrige Kabine ein und sahen seinen Rauchringen nach, dabei hielten wir demonstrativ die Luft an. Wäre ich ein Mann gewesen, hätte er die Zigarette dann bei meinem Eintreten auf dem Boden der Liftkabine ausgelöscht? Begleitet von einem allgemeinen Kopfrucken kam der Aufzug im Erdgeschoss zum Stillstand. Kaum hatten sich die Türen geöffnet, drängten wir uns, vorbei an einer frischen Rauchwolke, hinaus ins Freie.

Ich erinnere mich an ein sehr lehrreiches Gespräch, das ich einst mit meinem Vater führte, als ich noch eine Teenagerin war. Im Anschluss an irgendeinen Regelbruch, dessen Gegenstand ich schon seit Ewigkeiten vergessen habe, beschwerte ich mich bei ihm über diese Welt, die, wie ich nach und nach verstand, verlässlich dafür sorgte, dass Frauen an ihrem angestammten Platz blieben. Doch mein Vater lenkte meine Aufmerksamkeit auf die Welt nach dem Tod: In der muslimischen Himmelsverheißung warten auf gottesfürchtige Männer zur Belohnung die *Huris*, wunderschöne Jungfrauen.

»Wir leben in einer Männerwelt. Verändere sie, wenn du an der Reihe bist, aber bis dahin lerne, damit zurechtzukommen«, lautete der schroffe Vorschlag meines stets pragmatisch denkenden Vaters.

»Wie kann der Himmel nur so ungerecht sein? Wieso sollte ich mich überhaupt bemühen, gut zu sein, wenn ich am Ende sowieso nur einen Haufen Jungfrauen kriege?«

»Du bist damit ja auch nicht gemeint«, sagte mein Vater und musste bei diesem Einblick in meine Sicht der Welt lachen.

»Gott hält mit seinem Bestseller die Hälfte der Weltbevölkerung gefangen, das ist hier das Problem.«

»Wie immer verkennst du das Problem«, konterte er. Dann setzte er sich die rechteckigen Brillengläser vorne auf die Nasenspitze, nahm die Zeitung zur Hand und äußerte noch einen kleinen Nachsatz, bevor er anfing zu lesen: »Vielleicht kannst du ja eines Tages für neue Bestseller sorgen.«

★ ★ ★

Wir beschlossen, Diwan zu einem Ort zu machen, der auf uns zugeschnitten war und nicht umgekehrt. Es dauerte nicht lange, bis auch andere Frauen den Laden als Oase der Ruhe für sich entdeckten – eine Art Zuhause weit weg von den Beschwernissen der eigenen vier Wände, ein öffentlicher Ort, an dem der Druck, dem Frauen in der Öffentlichkeit ausgesetzt waren, etwas nachließ und sie nicht ständig an ihre weibliche Nichtexistenz erinnert wurden. Öffentliche Toiletten gab es in Ägypten normalerweise nur in Moscheen oder Kirchen, der Staat sah wenige Alternativen vor. Männer konnten ungehindert unter Straßenbrücken oder an Gebäudefassaden urinieren, öffentliche Frauentoiletten hingegen waren grauenvoll stinkende Löcher im Boden, die dank defekter Spülungen ständig überflutet waren. Seife oder Toilettenpapier gab es nicht, und niemand hätte auch damit gerechnet. Dieser Tatsache war geschuldet, dass Diwan eine ganze Menge Kundinnen besaß, die nicht unbedingt Leserinnen waren, sondern ganz hinten am Ende der verwinkelten Flure Erleichterung fanden. Es wurde die Toilette für Frauen in der Straße des 26. Juli. Nur wenige Läden besaßen Toiletten, doch wenn sie welche hatten, waren sie nicht bereit, sie zu teilen. Diwan war da etwas liberaler. Außerdem entwickelte sich das Café, dessen Wände über und über mit Büchern gepanzert waren, zu einem behelfsmäßigen Schutzwall zwischen den Frauen und ihren Aggressoren, denn die Männer wussten, dass wir Diwan-Frauen ihre Angriffe nicht tolerieren würden.

Das Diwan-Café diente allerlei verschiedenen Zwecken und Kunden. Eifrige Leserinnen durchblätterten stapelweise Bücher, die sie zusammengetragen hatten, um daraus eine engere Auswahl zu treffen. Manche Besucher kamen, um hier einen Teil ihres Tages mit Nichtstun zu verbringen, während das Café für andere zum Treffpunkt mit alten Freunden oder Bekannten wurde, die sie nicht zu sich nach Hause einladen wollten. Inoffizielle Geschäfte wurden über den marmornen Tischchen abgewickelt: Manche ließen sich etwa die Sterne deuten oder die Zukunft vorhersagen, während am Nebentisch private Nachhilfelehrer ihren unwilligen Schützlingen gut zuredeten.

* * *

»Sie sitzt schon wieder auf ihrem üblichen Platz. In vier Stunden hat sie gerade einmal einen türkischen Kaffee und eine Flasche Wasser konsumiert«, beschwerte sich Nihal eines Tages leicht verstimmt.

»Hat sie ein Buch gekauft?«, fragte Hind.

»Nein. Sie ist nur zum Unterrichten hier. Wenn das so weitergeht, haben wir keinen Platz mehr für unsere Stammgäste.«

»Die Belegschaft hat vorgeschlagen, dass wir eine Mindestkonsumation einführen«, warf ich ein und wartete die Reaktionen ab.

»Auf keinen Fall! Du kannst doch die Leute nicht zur Kasse bitten, weil sie sich an einen Platz gesetzt haben, den du eigens dafür geschaffen hast, *damit* sie sich hinsetzen«, empörte sich Nihal.

»Aber du kannst ja auch kaum eine Kommission auf Nachhilfestunden verlangen, was schlägst du also vor?«

»Du hast das Café aufgemacht. Und die Leute sind gekommen. Setz die Preise für die Getränke rauf, stell ungemütlichere Stühle rein oder dreh die Musik lauter. Finde heraus, wie sich dein Geschäftsmodell gegen ihres durchsetzen kann«, sagte Hind knapp und ging zurück in die arabische Buchabteilung. Ich wich Nihals leidendem Blick aus. Kontrollfreak, der ich war, begann ich zu überlegen: Wie konnten wir die vorgesehene Nutzung des Cafés wiederherstellen, ohne die aktuellen Nutzer zu vertreiben?

Eine junge Kundin saß fast jeden Abend im Café. Sie las nur ganz selten ein Buch, stattdessen schrieb sie die meiste Zeit irgendwas in ein Tagebuch mit Ledereinband. Ich fragte mich, was sie untertags tat. In meiner Vorstellung hieß sie Pavlova, weil sie die unschuldige Anmut einer Ballerina besaß. Das Haar hatte sie zumeist zu einem Knoten zusammengebunden, manchmal fiel es ihr auch offen über den Rücken. In ihren Augen erkannte ich eine gewisse Abwesenheit, als wäre die Seele aus ihrem Körper vertrieben worden. Unsere Kommunikation bestand aus einem höflichen Nicken.

»Du kennst doch die Frau, die immer im Café sitzt, deine Ballerina?«, begann Shahira eines Tages und schürzte die Lippen. Shahira war eine unserer ersten, längstgedienten Verkaufsleiterinnen, eine resolute junge Frau, die sehr viel stärker war, als es ihr zarter Körperbau vermuten ließ. Vor ihr hatten wir diese Position am Standort Zamalek schon mit mehreren Angestellten besetzt, die jedoch alle nach wenigen Wochen gekündigt hatten, weil es sie überforderte, die Bedürfnisse von Mitarbeitern, Kundinnen und den Kairoer Flaneuren unter einen Hut zu bekommen. Aber nicht Shahira.

»Ja, natürlich. Wer hat sie verärgert?«, fragte ich und machte mich schon bereit, die Sache zu bereinigen.

»Niemand. Jemand vom Reinigungspersonal hat sich beschwert, dass sie keine Unterwäsche trägt und er gezwungen ist, Dinge zu sehen, die er nicht sehen will. Sie arbeitet angeblich entlang der Straße des 26. Juli, und Diwan ist ihr neues Jagdgebiet.«

»Das glaube ich nicht«, sagte ich, doch als ich mir die Reihe von Exzentrikern vergegenwärtigte, die im Café ein und aus gingen wie in ihrem eigenen Wohnzimmer, kam ich ins Zaudern.

»Ich werde sie beobachten und erstatte dir dann Bericht. Wenn es stimmt, müssen wir der Sache ein Ende setzen«, sagte Shahira. Ich hoffte, dass es nicht stimmte. Und falls doch, wollte ich nicht diejenige sein, die das Problem aus der Welt schaffte. Pavlova kam weiterhin ins Diwan-Café, aber wir nickten einander immer kürzer zu. Ihre Besuche lösten lautes Geflüster unter den Mitarbeitern aus. Im Laufe der Woche traf sich Shahira mit einigen Ladenbesitzern der Gegend zum Tee und sammelte Informationen über Pavlovas Umgang. Alle bestätigten die Vermutungen. Nachdem ich die schlechten Nachrichten erhalten hatte, ließ ich mir Zeit und wartete auf einen ruhigen Abend, an dem nicht viel los war und kaum Zeugen vor Ort waren. Irgendwann trat ich an ihren Tisch. Sie sah zu mir hoch. Ich setzte zum Sprechen an, wusste aber noch immer nicht so recht, wie ich ihr kommunizieren sollte, was ich wusste.

»Mir ist zu Ohren gekommen, dass Ihnen unser Kaffee nicht schmeckt. Darf ich Ihnen daher nahelegen, sich in eines der benachbarten Cafés zu begeben?« Ich lächelte höflich.

»Da müssen Sie falsch informiert sein. Es gefällt mir hier sehr gut.« Mein Lächeln erwiderte sie nicht. Erst zögerte ich, dann legte ich den nötigen Nachdruck in meine Worte. »Ich möchte nicht unhöflich sein. Wir alle arbeiten, um unseren Lebensunterhalt zu verdienen, und jede Arbeit verdient Respekt. Könnten Sie aber bitte Ihre Geschäfte woanders abwickeln? Sie sind hier nicht mehr willkommen, bitte bleiben Sie uns in Zukunft fern.« Ich zog mich zurück, weil ich die Reaktion auf meine Worte nicht miterleben wollte. Am nächsten Morgen fragte mich Shahira, wie es gelaufen sei. Ich murrte nur, dass unter den Mitarbeitern zu viel getratscht würde. Shahira ließ sich davon nicht abwimmeln, also erzählte ich ihr von meinem Gespräch mit Pavlova.

»Warum hast du jetzt ein schlechtes Gewissen? Sie war doch diejenige, die uns ausgenutzt hat.«

Ich bin sicher, als Pavlova klein war, träumte sie nicht davon, eines Tages auf der Straße des 26. Juli zu arbeiten. Wir erlaubten verschiedensten Leuten, in unserem Café ihre Dienste anzubieten, Nachhilfelehrern zum Beispiel, aber weil Pavlova Sexarbeiterin war, verhielten wir uns plötzlich so selbstgerecht. War es richtig, hier den Moralapostel zu spielen? Ich dachte an das Prinzip des Dritten Ortes, den wir geschaffen hatten, einen öffentlichen Raum, in dem sich äußerst private Dinge abspielten. In Büchern, Gesten, Kaffeesud und Teeblättern suchte jeder von uns nach sich selbst, nach den anderen und nach einem Weg zu überleben. Wenige Tage später, auf meinem Nachhauseweg, entdeckte ich Pavlova im ersten Stock eines anderen Kaffeehauses in unserer Nähe hinter einer Fensterscheibe. Ihre Beine bewegten sich unter einem weiten Rüschenrock.

★ ★ ★

Das Diwan-Café musste auch als Büro herhalten, solange wir uns kein richtiges leisten konnten. Wenn Hind, Nihal und ich einmal nicht abwechselnd im Hinterzimmer (also der ehemaligen Sauna des Sports Palace) unter Erstickungsgefahr Bücher mit Preisetiketten und Diebstahlsicherungen versahen, waren wir im Laden und überwachten die Mitarbeiter, stellten sicher, dass die Bücher einladend präsentiert wurden, und versuchten, kleinere Ärgernisse nicht zu echten Problemen werden zu lassen. Ich denke, die meisten unserer Kunden schätzten unsere Präsenz, die Tatsache, dass wir uns nicht hinter verschlossenen Türen versteckten. Doch einige wenige, die es gewohnt waren, in Buchläden ignoriert zu werden, fehlinterpretierten die Aufmerksamkeit unserer zuvorkommenden Belegschaft. Übereifrige Kunden bestanden darauf, Bücher höchstpersönlich in die

Regale zurückzustellen, wodurch diese oft am falschen Ort landeten. Wenn unsere Verkäufer die Kunden baten, das Einsortieren doch uns zu überlassen, hatten sie das Gefühl, man traue ihnen nicht zu, es richtig zu machen, oder wir wären unnötig misstrauisch. Wenn ich drüben im Café saß, konnte ich solche Situationen gut beobachten (in den Genuss von Webcams und Bewegungssensoren kam ich erst später) und manchmal eingreifen, bevor ein Missverständnis eskalierte. Und dann gab es noch die Schwierigkeiten, die direkt zur Vordertür hereinspazierten: etwa Geldeintreiber, die fälschlicherweise behaupteten, sie wären schon mehrmals da gewesen, um von uns eine Ordnungsstrafe zu kassieren, oder Kunden, die ihre Polizeikontakte ausgenutzt hatten, um eine fingierte Beschwerde über ein angebliches Fehlverhalten einzulegen, weil ihnen nicht erlaubt worden war, ein Buch zurückzugeben. Abwechselnd kamen wir an unserem Tisch zusammen, tranken Kaffee, hielten Meetings ab oder beantworteten E-Mails. Immer, wenn meine Mutter das Gefühl hatte, nicht darüber auf dem Laufenden zu sein, was es bei ihren Töchtern Neues gab, kam sie im Café vorbei, wissend, dass dort immer einer ihrer beiden Sprösslinge oder ihre Ziehtochter Nihal vorzufinden waren.

Mit der Zeit, harter Arbeit – tatsächlich schufteten wir rückblickend so hart, dass ich gar nicht weiß, wie wir das durchhalten konnten – und gestiegenen Verkaufszahlen begann sich unsere Position im Laden zu verändern. Und auch außerhalb. In der kurzen Zeit war so viel passiert. Im zweiten Jahr nach der Gründung von Diwan war ich gerade neunundzwanzig geworden. Zum ersten Mal in meinem Leben schlug ich Nummer eins vor, wir sollten ein Kind bekommen, sieben Jahre nach unserer Hochzeit. Er war einverstanden. Zein wurde 2004 geboren und Layla 2006, kurz vor Diwans viertem Geburtstag. Hind brachte 2005 ihren Sohn Ramzi zur Welt, der nach unserem Vater benannt ist. Ich habe keine Ahnung, wie wir das alles geschafft haben. Es war eine harte Zeit, in der ich ständig das Gefühl hatte, als würde ich an meinen beiden Armen in unterschiedliche Richtungen gezerrt.

Dennoch gab es immer wieder kleine Freuden und Orte, an denen wir neue Kraft tanken konnten. Endlich konnten wir uns zusätzliche Büroräume leisten und stellten eigens Leute ein, die uns einen Teil der nie enden wollenden Aufgaben abnahmen, die wir drei uns anfangs spontan aufgeteilt hatten. Im Erdgeschoss des Baehler-Palais wurde eine Wohnung frei, die zum Glück (denn Umwidmungen waren ein absoluter Albtraum) bereits als Bürofläche ausgewiesen war. Der Eingang befand sich im Hof hinter der Hauptstraße. Auf der einen Seite stand eine hölzerne Bank, wo die Pförtner zusammenkamen, alles beobachteten und Kommentare über ein- und ausgehende Besucher fallen ließen. Diese Hansdampfe erfüllten gleich mehrere Funktionen: als bereitwillige Sicherheitsmänner, Handlanger, Boten für private Einkäufe und manchmal eben auch als Immobilienmakler. Das Gerücht über die freie Bürofläche hatte uns der Chefpförtner 'Amm Ibrahim gesteckt, mit dem ich jeden Morgen ein paar Worte zur Begrüßung wechselte. Er sprach mit einem abgehackten nubischen Akzent, daher verstand ich meistens nicht viel von dem, was er sagte, aber wir unterhielten uns freundlich und lachten miteinander. An jedem Monatsende betrat er Diwan in seiner makellosen, weißen *Galabiya* und der weißen Kappe, um für den Hauseigentümer die Miete einzusammeln. Nachdem wir ins neue Büro gezogen waren, machte er einen Umweg, um uns zu besuchen. Und nachdem er gestorben war, übernahm sein Sohn seine Aufgaben. In unserer Welt wurden Berufe nämlich über Generationen weitergegeben, und die Leute kannten dich, auch wenn sie nicht einmal deinen Namen wussten. Beziehungen prägten unser Handeln weit mehr als irgendwelche etablierten Systeme oder Gesetze.

Wir stellten einen Mann namens Mohyy als *Muchalasati* ein (einen, der sich um Dinge kümmert bzw. Unerledigtes besorgt), eine Position, für die es in anderen Ländern keine Entsprechung gibt. Er fing als Büroreinigungskraft an, er servierte Gästen Erfrischungsgetränke, machte Erledigungen, zahlte Rechnungen ein und gab Dokumente bei Regierungsbehörden ab. Seine unbeschwerte Art war ein nützlicher Charakterzug in unserer lähmenden Bürokratie. Jeder konnte ihn vom ersten Moment an gut leiden, angefangen von anderen Angestellten bis hin zu hohen Beamten. Er hegte und pflegte diese Bekanntschaften, tauschte Telefonnummern aus und verschenkte wohlüberlegte Zeichen der Anerkennung, um eines Tages etwas gutzuhaben. Eine Hand wäscht die andere, das hatte er als Underdog längst durchschaut. Um Manager und Abteilungsleiter machte er einen Bogen, weil er wusste, dass die eigentliche Arbeit von jenen gemacht wurde, die am Fuße der Leiter standen.

Wie alles, was mit Diwan zu tun hatte, war auch unser neues Büro unkonventionell. Es war ein hoher Raum mit drei Schreibtischen für die Geschäftsführerinnen: Hind, Nihal und mich. An einer Wand stand ein riesiges Bücherregal, wo Diwans Lieblingsautoren, Neuerscheinungen, Spielzeuge für die Besuche unserer Kinder und stapelweise Verlagsprogramme Platz fanden. Gerahmte Zeitungsausschnitte und Fotos von den Meilensteinen unseres Unternehmens, Artikel in ägyptischen Zeitungen über unsere Bestsellerlisten, kleine Berichte in ausländischen Publikationen wie *Monocle* oder Bilder von der Eröffnung in Zamalek schmückten die restlichen Wände. Hinter meinem Schreibtisch hing eine Pinnwand, die mit klischeehaften Sprüchen wie *Greif nach den Sternen!* oder *Sei du selbst!*, einem Foto von mir und meinen Töchtern sowie abgegriffenen Überresten alter To-do-Listen bestückt war. Ein Kassenbeleg von der größten Transaktion, die je ein Mitarbeiter im Verkauf getätigt hatte – eineinhalb Meter Buchtitel im Wert von vierzehntausend ägyptischen Pfund – flatterte bis hinunter zum Fußboden.

In der Mitte des Raumes stand ein runder Besprechungstisch, der zur Mittagszeit zum Buffet wurde: Jede von uns packte ein Gericht aus, das sie zu Hause zubereitet hatte, dazu Geschirr und Besteck, und teilte das Essen mit Angestellten und Besuchern. In den Anfangstagen backte Nihal zu Hause Schokoladenkuchen und Schokokekse, die wir dann im Diwan-Café verkauften. Doch als die Nachfrage immer größer wurde, konnte Nihal die ganze Arbeit nicht mehr stemmen und versuchte, zumindest das Backen auszulagern. Einige der Frauen, die regelmäßig ins Café kamen, zeigten Interesse an dem Job, also prüften wir ihre Fähigkeiten im Hinblick auf Backkünste und Preisgestaltung. Miriam war eine dieser Frauen. Für die nächsten zehn Jahre wurde sie unsere Hauptlieferantin für Backwaren, sodass man sie überall nur noch »Kuchenlady« nannte. Sie war, wie ich später herausfand, Mutter von vier Kindern und verwendete das neue Einkommen, um die Ausbildung ihrer Kinder zu finanzieren. Mit der Expansion von Diwan expandierte auch sie ihre Tätigkeit. Irgendwann backte sie nicht mehr zu Hause, sondern gründete ein Unternehmen, das auch andere Firmen belieferte.

In unserem Büro wurde jedes Problem exzessiv diskutiert, und alle hörten stets mit, was die anderen am Telefon sagten, aber wir räumten einander auch Raum ein. Unser Steuerberater sah in uns drei Frauen mit einem gespaltenen Verhältnis zu Zahlen, daher ermutigte er uns, einen Buchhalter namens Maged einzustellen, dessen Arbeitsplatz wir am gegenüberliegenden Ende unseres Hauptbüros einrichteten. Im Laden beschäftigten wir zum größten Teil Männer, doch im neuen Büro arbeiteten hauptsächlich Frauen. Sie unterstützten uns beim Marketing, bei Personalfragen, bei Veranstaltungen, bei der Datenverarbeitung und Lagerlogistik. Maged wurde neben Amir, Hinds Assistent für die arabische Buchabteilung, einer der wenigen Männer im Büro. Nach neun Monaten als unser Buchhalter schlug er vor, dass er den klangvolleren Titel »Finance Manager« tragen sollte. Als Mann, der sich nach eigenen Angaben zum Ziel gesetzt hatte, in der Welt aufzusteigen, glaubte er in gleichem Maße an die Bedeutung von Titeln wie an jene von Zahlen. Uns war im Grunde egal, wie er sich nannte, solange er nur Diwans immer größer werdende Probleme linderte. Er bestand auf einem großen Büro und weigerte sich, es mit jemandem zu teilen, dabei verwies er auf den »sensiblen Charakter« seiner Aufgabe. Über mehr als zwei Jahrzehnte hinweg verkleinerte sich unser Hauptsitz stetig, um infolge von Wirtschaftskrisen, Geldentwertungen und Revolutionen finanzielle Engpässe abzufedern – nur Mageds Büro blieb unangetastet.

* * *

Minou konnte Geschäftsbesprechungen nicht leiden, doch umso mehr liebte sie unseren koffeinfreien Kaffee. Wenn wir uns also wieder einmal treffen mussten, dann immer im Café. Außerdem wollte sie sehen, wie ihre Arbeit in der echten Welt ankam, wie die Menschen auf die Dinge, die sie geschaffen hatte, reagierten. Das Diwan-Logo war ihr großer Durchbruch gewesen, und die Tragetaschen, die man bei jedem Einkauf gratis dazubekam, hatten sich als zufälliger Marketing-Hit entpuppt. Unmittelbar vor der Eröffnung, als unser Start-up-Budget so gut wie aufgebraucht war, zeigte mir Minou ihre Entwürfe für diese handwerklich wunderschön gemachten Taschen. Sie trugen unser fettgedrucktes Logo auf erdfarbenem Hintergrund, der sich aus mehreren Ebenen mit Schriftzeichen und modernisierten arabisch-islamischen Mustern zusammensetzte. Das Material war beschichtetes Papier mit stabilen schwarzen Griffen. Deutscher Qualitätskleber. Keine Ausgaben wurden gescheut. Meine Aufmerksamkeit hatte Minou damit jedenfalls gewonnen, und ich bestellte für den Anfang zehntausend Stück. Hind und Nihal waren entsetzt. Wir hatten doch noch nicht einmal zehntausend Bücher im Laden! Wir würden ewig brauchen, um die Taschen zu verbrauchen. Wo wollten wir sie in der Zwischenzeit überhaupt lagern? Und womit sollten wir sie bezahlen? Mein schlechtes Gewissen stand mir wohl ins Gesicht geschrieben, daher verzichteten die beiden darauf, mich weiter zu tadeln. Jedenfalls war es der beste Fehler meines Lebens. Wir setzten einen Trend für unterschwellige Werbung, die es auf unserem Markt vorher noch nicht gab. Die Folge war, dass wir nie eine Anzeige in einer Zeitung schalten oder für Werbeplakate zahlen mussten, denn wir konnten uns darauf verlassen, dass die Taschen für uns sprachen. Immer, wenn unsere Vorräte zur Neige gingen, traf ich mich mit Minou, und wir berieten, ob wir nachdrucken oder ein neues Design entwerfen sollten.

Bevor ich auch nur einen Satz zu Ende sagen konnte, unterbrach mich Minou: »Halt mal die Luft an. Ich bin hier die Künstlerin und du die Buchschubse.«

»Dann darf ich also meine Meinung nicht sagen?«

»Ich erschaffe etwas. Du bist nur eine Krämerin. Du verschacherst den Scheiß, den andere produziert haben, und machst dabei deinen Schnitt. Manchmal kann ich es gar nicht glauben, was für Dreck du verkaufst.«

»Mit Dreck bezahlt man Rechnungen, mit Schopenhauer leider nicht.«

»Gut, dann steck den Schund doch in Plastiktüten, aber nicht in meine schönen Taschen.« Das alles sagte sie mit einem breiten Grinsen im Gesicht.

»Und was ist mit dem Grundsatz, dass der Kunde immer recht hat?«, sagte ich mit gespielter Empörung.

»Für Cunnilingus zahlst du mir nicht genug«, schoss sie zurück.

»Dann bin ich ja froh, dass deine Firmenkunden sich das leisten können und Diwan für dich reine Leidenschaft bleibt.«

»Braucht nicht jeder von uns ein Lustobjekt?« Die Kunden an den angrenzenden Tischen warfen uns missbilligende Blicke zu, weil ihnen nicht gefiel, was sie da hören mussten. Auch Mitarbeiter, die noch neu waren, reagierten verschreckt. Als Minou einen Büroleiter und ich endlich eine Marketingmanagerin eingestellt hatte, war nicht zu übersehen, dass beide sich vor dem Tag fürchteten, an dem sie mit einer von uns beiden allein zu tun haben mussten. Wir hingegen genossen die verbale Schlammschlacht, weil wir wussten, was in Wahrheit dahintersteckte: ein freundschaftliches Spiel und eine wertvolle Quelle der Inspiration. Bei jeder neuen Werbeoffensive oder wenn wieder einmal ein Jubiläum anstand, trafen wir uns im Café, tauschten Gemeinheiten und Ideen aus und schufen ganz nebenbei eine neue Serie von Taschen, bei der jede für sich ein kleines Kunstwerk darstellte. Aber Minou hatte klare Regeln.

»Schick mir nur nicht die weiße Hexe. Ich kann mit ihr nicht arbeiten.« Ihre Drohung war voller Argwohn.

»Meinst du Nihal? Im Ernst? Sag mal, was ist nur los mit dir?«, fragte ich mit wachsender Empörung.

»Ich kann mit ihr nichts anfangen. Sie ist zu nett. Sie schüttet irgendwelche homöopathischen Tropfen in mein Wasser, dann entwaffnet sie mich und legt mich mit ihrer Gerissenheit herein. Man bemerkt es immer erst, wenn es zu spät ist. Das ist ihre Stärke.«

»Verstehe. Aber was ist mit Hind?«

»Hör mir bloß mit Hind auf! Aber ich lasse mich von ihrer ruhigen Art nicht täuschen. Sie agiert aus dem Hinterhalt. Die einfarbigen Klamotten, die flachen Schuhe, wie sie versucht, sich unauffällig zu bewegen. *Deine* Waffe ist die Lautstärke, ihre die Stille. Vor ihr fürchte ich mich mehr. Also: Willst du jetzt deine verfluchten Taschen, dann spiel nach meinen Regeln, du alte Schlampe.« Und das tat ich auch. Denn ich war nicht die Einzige, die diese Taschen wollte. Auch die Kunden hatten buchstäblich begonnen, sie zu sammeln.

2007, zum fünften Geburtstag von Diwan, brachten wir eine neue Taschenserie heraus, auf der in kräftigem Türkis

die Hand der Fatima oder Hamsa (arabisch »fünf«) aufge-
druckt war – ein Symbol, das dem Glauben nach das Böse
abwehrt. Wir fragten das Museum für moderne ägyptische
Kunst, das im Gebäudekomplex der Kairoer Oper untergebracht war, ob wir die Jubiläumsfeier dort veranstalten dürf-
ten, schließlich war unser Laden viel zu klein, um auch nur
einen Bruchteil der Freunde und Fans empfangen zu können, die Diwan im Laufe des ersten halben Jahrzehnts angehäuft hatte. Man lehnte ab. Museen seien nicht dafür da, um
darin Partys zu feiern, und es wäre überdies respektlos, die
Kunst als Kulisse für eine solche zu missbrauchen. Also fanden wir einen Kompromiss und hielten die Feier im größten Freiluft-Auditorium der Oper ab, das vom Museum
lediglich durch einen Garten mit Springbrunnen getrennt
war. Das ganze Theater war voller Kunden und Freunde,
einige saßen auf den Rängen, während andere am Parkett
standen oder sich an eine der umlaufenden Arkaden lehnten. Ich weiß noch, wie ich hinauf in den Himmel blickte
und allen Mächten dankte, die diese ersten fünf Jahre möglich gemacht hatten. Wir hatten fünf von Diwans beliebtesten Autoren eingeladen – Robert Fisk, Bahaa Taher, Ahdaf
Soueif, Galal Amin und Ahmed Al-'Aidy –, um über die
vergangenen und die kommenden fünf Jahre zu sprechen.
Niemand wagte, auf die bevorstehende Revolution zu hoffen oder sie gar vorherzusagen. Ahmed, ein aufstrebender
junger Autor, den Hind in die Runde der sonst recht etablierten Schriftsteller geladen hatte, erinnerte sich daran, wie
er damals, als Diwan eben eröffnet hatte, seine Zimmer-
wände mit den Bestsellerlisten vollgeklebt hatte und sich
vorstellte, seine Bücher wären darunter. Ich dachte an die
fehlenden ISBN-Nummern, an denen die Erstellung die-

ser Listen beinahe gescheitert wäre, hätte Hind nicht unermüdlich dafür gekämpft.

* * *

Das Diwan-Café war das gemütliche, friedliche Herz unseres Buchladens. Es hatte seinen ganz eigenen Charakter, so wie jeder einzelne Kunde dort. Uns war gelungen, das ehemalige Sports Palace in einen Ort zu verwandeln, der ganz nach unserem Geschmack war. Doch irgendwann waren wir aus dem Café herausgewachsen und zogen in unser neues Büro. Es gab sogar Diskussionen, ob wir nicht einen zweiten Standort eröffnen sollten, denn es gab nach wie vor zu wenige Orte, an denen Frauen willkommen waren, erst recht, wenn sie mal mussten, und so versuchten wir, ihnen gerecht zu werden. In meiner Rolle als Mrs Diwan versuchte ich, das Frausein in Ägypten neu zu denken, sodass es zu mir und zu anderen, gleichgesinnten Frauen passte. Als eine Freundin auf Facebook einmal postete, sie sei stolz, nun »Frau Soundso« zu sein, wurde mir klar, dass ich wohl nie genug Stolz für einen Mann empfinden könnte, um dafür meine Identität zu opfern. Für Diwan allerdings tat ich das, und zwar mit Freuden. Jeanette Winterson schrieb einmal: »Die richtige Größe für seine eigene Welt zu haben – und darum zu wissen, dass man selbst und die eigene Welt keineswegs festgeschriebene Dimensionen haben –, scheint mir ein wertvoller Anhaltspunkt, um zu lernen, wie man leben soll.« Ich behielt diesen Rat stets im Hinterkopf. Ich knüpfte unerwartete Allianzen und lernte, Kompromisse einzugehen: mit Fremden, die meinen Weg kreuzten, mit herzlosen Kollegen und schließlich mit mir selbst. Ich versuchte, in Räumen zu leben, die mir Einlass gewährten, oder mir neue zu schaffen. So machen wir das doch alle.

★ ★ ★

»Ich muss Ihnen etwas beichten. Ich liebe Diwan über alles«, gestand eines Tages eine regelmäßige Besucherin.

»Dann müssen Sie eine unersättliche Leserin sein«, sagte Nihal voll Bewunderung.

»Nein, ich komme wegen dem Karottenkuchen.«

»Das freut mich für Sie!« Nihal besaß einen unerschütterlichen Optimismus.

KAPITEL 2

Egypt Essentials

Von Anfang an war für uns klar, dass Diwan arabische, englische, französische und deutsche Literatur anbieten würde. Ebenso wussten wir, dass diese Kategorien durchlässig waren, also beschlossen wir früh, dass wir eine Abteilung einrichten wollten, die »Egypt Essentials« hieß und in einem Querschnitt aus allen vier Sprachen und verschiedenen Genres all das abdeckte, was Ägypten im Kern ausmachte. Im Stil von Science-Fiction-Autorinnen erschufen wir uns eine Welt, die nur in unserer Fantasie existierte. So stellten wir aus Romanen, Biografien, Fotobänden, Geschichts- und Wirtschaftsbüchern eine moderne Mythologie Ägyptens zusammen. Einige der Titel, die wir dafür aussuchten, wurden zu Stammgästen der Abteilung, während andere nur einen kurzen Aufenthalt genossen, bevor sie in ihre ursprünglichen Regale zurückkehren mussten. Der Name der Abteilung erinnerte mich an Duftessenzen. Man kaufte sie in kleinen bauchigen Flaschen am Bazar, doch ihr Ursprung lag irgendwo verborgen in einer entfernten Vergangenheit, als Destillat des nicht Greifbaren, das sich in einem einzigen, duftenden Tropfen verdichtete. Ein ähnliches Erlebnis wollte »Egypt Essentials« seinen Lesern bieten, die sich zusammensetzten aus einer bunten Mischung aus Touristen, Außenstehenden, die noch zu Insidern werden wollten, und Ägyptern, die ihr Land bisher lediglich wie durch ein Schlüsselloch betrachtet hatten.

Wir hatten einen guten Grund dafür, warum wir den Namen der Abteilung in den Plural setzten: Jede für sich stehende, isolierte Betrachtung Ägyptens ist eine Lüge. Allein die Stadt Kairo hat eine zweigeteilte Geschichte: eine wird in ägyptischen Pfund erzählt und die andere in ausländischen Währungen. Menschen, die in der Welt des ägyptischen Pfunds leben, schicken ihre Kinder in öffentliche Schulen, nutzen öffentliche Verkehrsmittel und tun ihr Möglichstes, um nicht unter die Armutsgrenze zu fallen. Ihr wertvollster Besitz ist ein Ausweis, der sie ermächtigt, in staatlichen Sozialmärkten einzukaufen. Größe und Preis eines Laibs *Baladi* bestimmt ihr Leben. Bücher sind hier keine Notwendigkeit, sondern Luxus. Andere – so wie ich – leben im behüteten, vom US-Dollar dominierten Kairo, besuchen internationale Schulen, sprechen oft Englisch oder Französisch besser als Arabisch, gehen in Supermärkte und Einkaufszentren zum Shoppen, haben Zugang zu importierten Lebensmitteln und Medikamenten und stellen Leute an, die für sie kochen, Auto fahren oder saubermachen. Kairo ist zwar ihr Lebensmittelpunkt, die Seele der Stadt haben sie jedoch oft nicht erfasst. Diese Menschen kostet es einige Mühe, ihre Heimatstadt richtig wahrzunehmen.

In dieser Hinsicht konkurrierten auch Hind und ich: sie mit ihren arabischen Büchern auf der einen Seite Diwans und ich mit meinen englischen auf der anderen. Zwar erwirtschafteten die englischen Bücher, die ich einkaufte, für

Diwan mehr Gewinn, weil wir sie in Devisen bezogen und den Preis mit einem Wechselkurs errechneten, der sie wesentlich teurer machte als einheimisch produzierte Bücher. Hinds arabische Bücher schlugen mich jedoch über die Menge. Sie ließ jedenfalls keine Gelegenheit aus, mir diese Tatsache unter die Nase zu reiben, spätestens bei unserem monatlichen Mitarbeitermeeting. Ich wusste aber ohnehin, dass es ihre Bücher waren, die uns in der Region den guten Ruf und die Existenzberechtigung als ägyptischer Buchladen eintrugen, was uns eindeutig von den fadenscheinigen Filialen internationaler Buchhandelsketten, die nun überall in den Golfstaaten aus dem Boden schossen, unterschied. So lebte unsere ewige Rivalität weiter. Wir stritten uns in einer Tour. Hind ist ein strategisch denkender Mensch, sie sieht immer das ganze Bild. Im Gegensatz dazu besaß ich kaum Kontrolle über meine Impulse und verlor mich gerne in Details aller Art. Beide wachten wir mit militärischer Präzision über unsere jeweiligen Abteilungen. Wir stritten über die Anordnung von Bücherregalen, darüber, welche Sektion mehr Bücher verkaufte, oder darüber, welche Neuerscheinung einen Platz im Schaufenster bekommen sollte. Als Kind empfand ich für Hind nichts als unendliche Ehrfurcht und Bewunderung, also tat ich, was alle kleinen Schwestern tun: Ich lief ihr pausenlos hinterher und ging ihr auf die Nerven. Im Teenageralter beruhte der Zorn auf Gegenseitigkeit, ebenso wie unser Hang zur Zerstörung. Türen wurden zugeknallt, unter Androhung des Todes oder der immerwährenden Verleugnung der Schwesternschaft. Irgendwann lernten wir, dass es ein Vorteil war, in einem unbelehrbar frauenfeindlichen Umfeld eine Schwester zu haben. Wir wurden Freundinnen und schworen, einander immer zu unterstützen und zu beschützen. Und während all der Zeit konnte uns kein anderer Mensch besser bis aufs Blut reizen als wir einander.

* * *

In der Schule lernten wir mehr über die Heldentaten von Wilhelm dem Eroberer und Oliver Cromwell, dem Lordprotektor des Britischen Commonwealth, als über Muhammad Ali Pascha oder Gamal Abdel Nasser. Wir nahmen die alten Ägypter in der Schule nicht intensiver durch als die Römer oder die Griechen, auch in Schulstunden über Zeitgeschichte kam unser Land kaum vor, abgesehen vielleicht von einer Unterrichtseinheit über den Nahostkonflikt. Ich las Shakespeare und andere Granden des englischen Literaturkanons, bevor ich von Imru' al-Qais oder Al-Khansa' überhaupt gehört hatte. Unterfinanzierte staatliche Schulen boten eine kostenlose Schulausbildung in arabischer Sprache an, doch wer es sich leisten konnte, steckte seine Kinder in fremdsprachige Schulen, die florierenden Überreste kolonialer, missionarischer oder diplomatischer Unternehmungen. Hind und ich besuchten die British International School in Kairo, die Stadt erlebten wir dadurch nur am Rande. Unser Wochenende fand am Samstag und Sonntag statt, während das ägyptische Wochenende Freitag und Samstag umfasst. Auf dem Schulgelände war es verboten, auch nur ein einziges Wort auf Arabisch zu sagen. Unsere Schule war ein Teil von Großbritannien, mit Zitronenpancakes am Faschingsdienstag, Feierlichkeiten zum Guy-Fawkes-Day und Gartenpartys für wohltätige Zwecke. Weiße Lehrkräfte bekamen ihr Gehalt in britischen Pfund ausbezahlt. Ein Lehrer, der sich mir ins Gedächtnis gebrannt hat, war ein gewisser Mr Powell, der mich im vierten Jahr der Junior School unterrichtete. Er hatte ein zornrotes Gesicht, stechend blaue Augen, gefährlich aussehende Zähne und Mundwinkel, die immer nach unten zeigten. In napoleonischer Manier hatte er die eine Hand stets quer über den Bauch gelegt. Er roch nach abgestandenem Alkohol. »Bist du taub oder einfach nur zu blöd?«, war sein Standardspruch.

Wie viele ägyptische Kinder, die fremdsprachige Schulen besuchten, lernten, lasen und dachten auch Hind und ich nicht auf Arabisch. Diese überaus komplizierte, unzugängliche Sprache machte uns zu linguistischen Waisenkindern. Das Englische adoptierte uns, und wir ließen es bereitwillig zu. Unsere Eltern bestanden darauf, dass wir alle drei Sprachen der jüngeren Kolonialgeschichte Ägyptens erlernten: Arabisch, Englisch und Französisch. Sie wussten um die Vorteile einer englischsprachigen Ausbildung – die sie beide erst im Erwachsenenalter erworben hatten –, lehnten es aber dennoch ab, ihre Muttersprache komplett zu opfern oder ihre Töchter zu einem Leben in sprachlicher Migration zu verurteilen. Als ich zehn Jahre alt war, holten sie sich dafür Hilfe von *Abla* Nabiha, einer über siebzigjährigen Arabischlehrerin im Ruhestand, die einmal pro Woche versuchte, uns die Bedeutung der klassischen arabischen Grammatik einzuimpfen. Ich sah darin eher eine Chance, eine Extraportion Schoko-Sablés aus der Konditorei Simonds zu verdrücken, einem Traditionsgeschäft an der Straße des 26. Juli, die meine Mutter immer zehn Minuten nach Ankunft der Lehrerin mit dem Tee servierte. *Abla* Nabiha roch nach Geduld und Medizin. Ihr schwerer Busen hing über dem ebenfalls ausladenden Bauch, der wiederum in breite Hüften überging. Ihre Waden und Knöchel waren immer geschwollen. Wenn sie dann neben mir auf ihrem Stuhl saß, konnte ich die tiefe Kerbe erkennen, die der Bund ihrer Strümpfe über ihren Knien hinterließ. Sie meinte es gut mit mir, aber das Arabische nicht.

Al-Fuṣḥā, das klassische Hocharabisch, wird geschrieben, nicht gesprochen. Es ist tot oder, wie Toni Morrison es ausdrückte, eine »unfruchtbare Sprache, die nur noch ihre eigene Lähmung bespiegelt«. Hocharabisch ist durch und durch von Regeln beherrscht, die sämtliche grammatikalischen Formulierungen umfassen und wenig Raum für Spielerisches oder gar für Fehler lassen. Hind, die eine Leidenschaft für Worte und deren Verwendung hegt, drängte mich, die Schönheit zwischen den Regeln zu suchen. Aber es gelang mir nie, über all die Hindernisse hinauszusehen. *Al-Fuṣḥā* ist die Mutter aller arabischen Sprachvarianten. Sie hat in der gesamten arabischen Welt so viele verschiedene Nachkommen hinterlassen, dass man in unterschiedlichen Regionen kaum einen anderen Dialekt versteht als den eigenen. *'Amiyya,* die arabische Umgangssprache, bildet hier eine Ausnahme. Die gigantische ägyptische Filmindustrie bedient sich dieser Sprache, was auch die Beliebtheit des ägyptischen Arabisch in der gesamten Region erklärt. Trotz der weiten Verbreitung von *'Amiyya* auf der Leinwand und im echten Leben sind die meisten Bücher in Hocharabisch verfasst. So ist die ägyptische Bevölkerung zwischen zwei Sprachen hin und her gerissen. Die Leidtragenden sind die lesenden Menschen.

Hind und ich, Muttersprachler ohne Muttersprache, verstanden die Entfremdung von unserem Heimatland erst als junge Erwachsene. Unsere neu gewonnene Freiheit als Universitätsstudentinnen ermöglichte uns, einige Jahre mit der Suche nach der Identität unseres Landes zu verbringen und mehr über uns selbst herauszufinden. Hind studierte Politikwissenschaften und besuchte ganz nebenbei Kurse in arabischer Literatur. Ich studierte Englisch und vergleichende Literaturwissenschaft. Wenn wir keine Vorlesungen hatten, erkundeten wir unbekannte Ecken der Stadt, in denen das neu entflammte Leben pulsierte – zweckentfremdete Gebäude und Gassen, Flohmärkte, Stände mit gebrauchten Büchern, Musikfestivals oder Indie-Theater. Unsere Suche nach dem tieferen Sinn der Zugehörigkeit und all das, was wir in dieser Zeit erlebten, floss später in Diwan ein. Bald stellte sich heraus, dass der Großteil von Diwans Leserinnen und Lesern eine ähnliche Entfremdung von den eigenen Wurzeln empfand und sich ebenso verloren fühlte. Wir wollten diese Menschen nicht bestrafen, wir wollten sie zu uns einladen.

★ ★ ★

In der Abteilung »Egypt Essentials« gab es natürlich das Naheliegende: Bücher über das alte Ägypten, von aufwändigen Bildbänden bis hin zu kleinformatigen Kulturführern, die sich mit einzelnen Monumenten oder Landstrichen beschäftigten, aber auch Romane. Wilbur Smith, der Autor aus Sambia, bekam den Logenplatz. Seine Verkaufszahlen werden im Rest der Welt von Krimi- und Thrillerautoren wie John Grisham und Stephen King zwar völlig in den Schatten gestellt, doch bei Diwan hatte er eine treue Gefolgschaft von Ägyptophilen. Auf den Covern seiner Bücher sind Pyramiden, Kamele und Sonnenuntergänge abgebildet. Durch die Augen von Taita, einem schlauen und ehrgeizigen Eunuchen, Ex-Sklaven, General und Berater des Pharaos, erzählt er von Königen und Reichen. Bevor ich seine Bücher gelesen hatte, war das Wissen über meine Vorfahren auf wenige Eckdaten beschränkt gewesen: siebentausend Jahre, eine Handvoll Götter, herausragende Figuren wie Ramses II., Hatschepsut und das Dreigestirn aus Osiris, Isis und Horus, dazu Tempel, Schreiber und Hieroglyphen. Ich hatte keine Ahnung, wie die Menschen damals lebten, Brot backten, ihre Felder bebauten oder Liebe machten.

Als Meister und Nutznießer des Kulturkolonialismus haben die Franzosen ihren eigenen Ägyptophilen hervorgebracht: Christian Jacq, Ägyptologe und internationaler Bestsellerautor. Diwans Leser englischer und französischer Literatur konnten von seinen Büchern nicht genug kriegen. In dem Versuch, mich in unsere Kunden hineinzuversetzen, las ich einen Band seiner beliebtesten Reihe, *The Stone of Light* (deutsch: *Stein des Lichts)*, der am Westufer des Nils spielt, in den Siedlungen jener Handwerker, die für die Grabmale im nahe gelegenen Tal der Könige arbeiteten. Ich war erstaunt über seine große Liebe zum Detail – was wohl den größten Unterschied zu wissenschaftlich weniger gut informierten Schriftstellern darstellt – und das Geschick, mit dem er echte historische Persönlichkeiten in seine fiktive Welt einflicht.

Die Tatsache, dass es ausgerechnet ein Franzose war, der mir die Augen für meine eigene Geschichte öffnete, unterstreicht eine traurige Gewissheit: Ägypter schreiben – mit sehr wenigen Ausnahmen – keine Romane, die im alten Ägypten spielen. Es ist in doppelter Hinsicht absurd, dass der Kolonialismus uns erst von unserer Vergangenheit abnabelt und uns dann zwingt, unsere ehemaligen Besatzer um Hilfe bei der Erforschung ebendieser Vergangenheit zu bitten. Wissenschaftler aus dem Westen gründeten das Fach der Ägyptologie und lehrten es später die Ägypter. Ein anderes Beispiel ist der »Antikendienst«, ein Regierungsprogramm, das Mitte des neunzehnten Jahrhundert gegründet wurde, angeblich, um den Handel mit ägyptischen Antiquitäten zu regulieren. Tatsächlich war es ein Instrument des Neokolonialismus: Das Programm wurde von französischen Gelehrten geleitet, ägyptische Forscher erhielten meist nicht einmal die Erlaubnis, in ihrem eigenen Land Ausgrabungen zu machen. Es dauerte bis in die 1950er-Jahre, bis erstmals ein Ägypter Leiter des Programms wurde. Ich war schon erwachsen, als ich die Büste der Nofretete endlich zu Gesicht bekam – im Neuen Museum in Berlin. Das British Museum, das den Stein von Rosetta besitzt (und über 50000 weitere Exponate aus der ägyptischen Antike, was die Sammlung zur größten außerhalb Ägyptens macht), weigert sich bis heute, ihn zu restituieren. Schweinepriester.

Je mehr ich darüber nachdenke, desto mehr frage ich mich, in welchem Ausmaß diese Abhängigkeit von importiertem Wissen unsere eigene Vorstellungskraft beschränkt. Sind Kolonialkulturen so sehr an Fremdbestimmung gewöhnt, dass wir solches Wissen als Geschenk annehmen, ohne es zu hinterfragen, ohne auch nur einmal die Richtigkeit oder Gegenseitigkeit anzuzweifeln? Autoren aus dem Orient erzählen nicht so viele Geschichten aus dem Westen wie westliche Autoren Geschichten aus dem Orient. Wem gehört die Vergangenheit? Den Erschaffern oder den Konsumenten der Geschichten? Tragen die Schreiber oder die

Leser die Verantwortung dafür, die Lücken zu schließen, die von der Entfremdung durch die Kolonialisierung zurückgeblieben sind?

***

»Ich kann Christian Jacqs *Champollion L'Égyptien* (deutsch: *Der lange Weg nach Ägypten)* nicht finden«, verkündete eines Nachmittags Dr. Medhat, ein feiner älterer Herr mit rötlichen Haaren und blauen Augen, der einer meiner Stammkunden war. »Haben Sie es vielleicht im Lager? Im Regal steht es nicht.« Verdattert nahm er sich die braun gerahmte Hornbrille von der Nase. In seiner Verzweiflung erinnerte er mich an mein zwölfjähriges Ich, das immer, wenn ein Agatha-Christie-Krimi zu Ende war, erst Ruhe fand, wenn der nächste Band bereitlag. Ich ging rüber zum Computertisch beim Café. (Das Regal noch einmal zu kontrollieren hätte Dr. Medhat als Beleidigung aufgefasst.) Er kam mir hinterher und sagte: »Sie sollten diese Bücher wirklich lesen.« Ich starrte konzentriert auf den Bildschirm. Mein Schweigen missverstand er als Interesse. »Je mehr ich über das alte Ägypten weiß, desto eher verstehe ich unser Ägypten der Gegenwart. Wussten Sie etwa, dass die Wendung ›das Rad neu erfinden‹ von uns stammt?« Ich schenkte ihm einen ungläubigen Blick, während er begeistert weitersprach. »Ja, wirklich, wir Ägypter erfanden das Rad in einer früheren Dynastie, doch dann geriet die Technologie mit der Zeit in Vergessenheit, sodass es Jahrhunderte später noch einmal erfunden werden musste.« Diese sympathische Anekdote widersprach meinem (zugegeben sehr beschränkten) Wissen.

»Ist das aber nicht sonderbar?«, warf ich ein. »Die alten Ägypter waren doch besessen davon, alles aufzuschreiben. Denken Sie nur an die Zaubersprüche, die Testamente, die Heilbehandlungen und Steuerprotokolle, die von den Schreibern festgehalten wurden. Unseren Hang zu Erbsenzählerei und Bürokratie haben wir von ihnen geerbt.«

»Da haben Sie recht, aber was die Sache mit dem Rad angeht, bin ich ganz sicher.« Er versenkte die Hände noch tiefer in den Taschen, als wollte er sich fester am Boden verankern. Er sah sich um, wobei sein Blick auf einen Tisch mit Neuerscheinungen fiel, darunter Alaa Al-Aswanis Sammlung arabischer Kurzgeschichten mit dem Titel *Friendly Fire*. Das auffällige Cover, auf dem eine Reihe altägyptischer Figuren und eine Dose Flit Insektenvernichtungsmittel abgebildet waren, provozierte Dr. Medhat zu einem Ausbruch, der weniger freundlich war. »Diese Unverschämtheit! Was erlaubt er sich, unsere glorreiche Vergangenheit in den Dreck zu ziehen? Der Fall von *Grandeur* zu *Décadence*, *c'est trop*!« Entgeistert lief er in großen Schritten um den Tisch herum.

»Ich glaube, Dr. Aswani meint es nicht böse. Er sagt lediglich, dass wir aufhören sollten, uns in unserer glorreichen Vergangenheit zu sonnen, und stattdessen an der Verbesserung der Gegenwart arbeiten. Wir sind zu Opfern unseres eigenen Pyramidensystems geworden: Wir setzen die rosa Brille auf und klopfen uns gegenseitig auf die Schulter, weil ›wir die Pyramiden gebaut haben‹. Dabei bemerken wir nicht, wie unser eigenes Haus über uns zusammenfällt.« Ich schenkte ihm mein allerbestes gewinnendes Lächeln. Mein Vater hatte mir beigebracht, dass man mit allem, was man sagt, davonkommen kann – egal was –, wenn man nur dazu lächelt. »Ist es denn zumutbar, dass die Nachkommen der Erbauer der Pyramiden heute in roten Backsteinungetümen leben, die illegal auf landwirtschaftlichen Flächen gebaut wurden und jeden Moment einstürzen könnten?«

»Aber selbst Platon war der Ansicht, dass verglichen mit den Ägyptern die Griechen nicht mehr als ein paar kindische Mathematiker waren«, erklärte er mit neu entfachtem Eifer.

»Es ist mir immer wieder ein Vergnügen, Dr. Medhat. Unser Kundendienst wird sich bei Ihnen melden, wenn *Champollion L'Égyptien* wieder da ist«, beendete ich das Gespräch mit einem neuerlichen Lächeln.

Dennoch ließ mich die Unterhaltung nicht los. Sein Patriotismus, und seine Lesegewohnheiten, entfernten ihn in meinen Augen immer weiter von dem Gelehrtenstatus, den er eigentlich anstrebte, was natürlich auch seiner Enttäuschung über die letzten fünfzig Jahre Regierungspfusch geschuldet sein konnte. Aber die Geschichte ist ein lebendiges Konstrukt, sie ist und bleibt Interpretationssache. So wie die Literatur auch. Zu wissen, warum wir lesen und welche Bedürfnisse das Lesen in uns befriedigt – Realitätsflucht, eine Vergangenheit wiederzufinden, die uns vorenthalten wurde, neu entfachter Nationalstolz –, kann sicherlich ein Schritt sein. Wichtiger ist jedoch vermutlich zu hinterfragen, *wie* wir lesen. Erkenntnis erwächst aus der Unbequemlichkeit, und ich bezweifle, dass Dr. Medhat je in der Lage war, sich aus seiner Komfortzone hinauszubewegen.

* * *

Wir bauten die Ägyptenabteilung mit Büchern über Heilige, Klöster, Kunst und Lebensweise der Kopten aus. In der Zeit zwischen dem dritten und dem siebten Jahrhundert n. Chr. vollzog sich in Ägypten ein kultureller Wandel von altägyptischen Religionsriten hin zum koptischen Christentum, eine Religionsbewegung, die bis heute die größte christliche Glaubensgemeinschaft im Land stellt. Dennoch gaben diese Bücher Anlass zu einigen geschmacklosen Wortmeldungen.

»Die Kunden beschweren sich, dass wir zu viele Bücher über die Kopten und zu wenige über den Islam führen«, erklärte mir Hossam, einer unserer Verkäufer, der mit dem weißen Spuckeklumpen, der sich immer in seinem Mundwinkel sammelte, nicht zu meinen Lieblingsmitarbeitern zählte.

»Ist das die Meinung der Kunden oder doch eher Ihre eigene? Aber wie dem auch sei, jeder darf denken, was er will. Jetzt sage ich Ihnen mal *meine* Meinung: Was heißt hier ›zu viele‹? Das Christentum kam im Jahr 33 n. Chr. nach Ägypten. Das Wort ›Kopte‹ leitet sich vom griechischen Wort für ›Ägypter‹ ab. Die antiken Ägypter wurden von den Hyksos, den Nubiern, Assyrern, Libyern, Persern, Griechen und Römern erobert. Die Kopten sind höchstwahrscheinlich ihre nächsten Nachkommen. Und die Muslime? Lassen Sie mich mal scharf nachdenken: Wann kamen die noch mal in unsere Ecke der Welt?« Ich stapfte davon, um wieder auf Normaltemperatur zu kommen.

Es gab noch viel mehr, was ich Hossam gerne an den Kopf geworfen hätte, aber ich hatte diese Diskussion schon oft genug geführt, um zu wissen, dass Argumente hier nicht weiterhalfen. Seine Bemerkung mag vielleicht harmlos gewirkt haben, doch dahinter steckte eine tiefe Kluft zwischen seinem und meinem Kulturverständnis: Er sehnte sich nach einer islamischen Hegemonie, die jede Andersartigkeit zurückweist und somit unsere gesamte Geschichte verleugnet. Die islamische Eroberung des römischen Ägypten erfolgte um das Jahr 640 n.Chr. unter dem Feldherrn Amr Ibn Al-'As. Nach Jahren der Belagerungen und Gefechte unterlag Ägypten den Besatzern, und eine langsame, staatliche gelenkte Islamisierung des Landes setzte ein. Als Erstes führte man die *Dschizya* ein, eine hohe Kopfsteuer, die allen auferlegt wurde, die sich weigerten, zum Islam zu konvertieren. Danach kam die Sprache: Arabisch ersetzte das Koptische und Griechische (die Sprache, die von den griechischen und römischen Besatzern in Ägypten gesprochen wurde) als überwiegende Umgangssprache, später wurde es vom Gesetz als Landessprache verankert. 1919 zogen ägyptische Revolutionäre mit Halbmond- und Kreuz-Symbolen durch die Straßen, um gegenüber den britischen Kolonialherren ihren Zusammenhalt zu demonstrieren. Von 1923 bis 1953 war auf der ägyptischen Flagge ein Halbmond mit drei fünfzackigen Sternen zu sehen. Der Halbmond stand für den Islam, die drei Sterne las man entweder als die drei Länder – Ägypten, Nubien und Sudan – oder die drei Glaubensrichtungen – Islam, Christentum und Judentum –, die friedlich miteinander lebten. Trotzdem fühlten sich Leute wie Hossam von nicht-muslimischen Glaubensminderheiten bedroht, obwohl nur einer von zehn Ägyptern Kopte ist.

Solche Spannungen nehme ich persönlich. Ich wuchs mit dem Versprechen von Solidarität und Einigkeit auf. Meine Mutter war koptisch und mein Vater muslimisch.

Bei ihrer Darstellung von Geschichte spannten sie einen sehr weiten Bogen, und die Entscheidung, uns die drei Sprachen Arabisch, Englisch und Französisch zu lehren, hatte nichts damit zu tun, dass sie von jeher in unserem Land vorherrschend gewesen wären, sondern damit, dass sie die letzten Ausformungen einer langen Reihe von Eroberungen darstellen, die sich über Tausende von Jahren in Ägypten abspielten. Es war keine persönliche Präferenz, sondern lediglich das Erbe des Kolonialismus. Doch in den letzten Jahrzehnten scheint die Akzeptanz von Anderem und die Toleranz für religiöse Diversität verpufft zu sein. Ich frage mich, ob Toleranz etwas ist, das man erlernt – so wie das Lesen, eine Gewohnheit, die Hind und ich bereits ganz früh verinnerlichten. Anderen blieb dieses Privileg vielleicht verwehrt.

★ ★ ★

Die kosmopolitische Geschichte von Kairo und Alexandria, mit dem unweigerlichen Einfluss ihrer griechischen, armenischen, italienischen und französischen Bürger, spiegelte sich in »Egypt Essentials« wider. Lucette Lagnados *The Man in the White Sharkskin Suit* erzählt die Geschichte ihrer jüdischen Familie und deren Auswanderung aus Ägypten, nachdem Nasser 1956 begonnen hatte, Ausländer zu verfolgen. Colette Rossant beschreibt in *Apricots on the Nile: A Memoir with Recipes* ihre Kindheit in einer jüdisch-ägyptischen Familie während der Kriegsjahre in Kairo. Penelope Lively, Tochter eines britischen Besatzers, betrachtet in *Oleander Jacaranda*, ihrem Porträt Ägyptens in den 1930ern und 1940ern, das Leben in Kairo durch die Augen eines Kindes.

Als englisches Mädchen beneidet sie die barfuß herumlaufenden Bauernkinder um ihre Freiheit; dass es dabei um Armut geht, begreift sie noch nicht. All diese verwickelten Lebensgeschichten reflektieren die Vergangenheit, ohne in Nostalgie zu verfallen. Sie bereichern – und verkomplizieren – die Geschichte unserer Nation. Ich hoffte, diese Vielzahl an unterschiedlichen Stimmen könnte die Einstellung von Lesern wie Hossam (wenn auch nur ein klein wenig) verschieben, indem sie ermutigt würden, es sich unbequem zu machen und zuzuhören.

Als wir uns dann dem Islam zuwandten, machten wir es auf Diwan-Art: Wir wichen von dem politischen Deckmantel ab, der die Glaubenssysteme verhüllte. Wir führten keine Bücher über die Hadithe, die Aussprüche des Propheten Mohammed, oder Texte über die verschiedenen Schulen der islamischen Jurisprudenz, die alle anderen Buchhandlungen überschwemmten. Stattdessen behandelten unsere Bücher die Maulid-Feste, die an den Geburtstagen der islamischen Heiligen gefeiert werden, den Sufismus, Lyrik, Kalligrafie, Architektur und Kunsthandwerk wie Holzarbeiten, Teppiche und Töpferei. Wir wollten uns selbst und andere dazu anregen, die Geschichte als sich wandelnde Einheit zu begreifen und nicht als eine leblose, lineare Aufzeichnung. Wir warben mit unserer Auswahl dafür, ein Fach, das fragmentarisch ist, auch in seinen Einzelteilen zu studieren.

Danach begaben wir uns auf weniger naheliegendes Terrain: Sammelbände mit ägyptischen Redewendungen, deren Titel lustige wortwörtliche Übersetzungen arabischer Weisheiten ins Englische waren: *The Son of A Duck is A Floater. Unload Your Own Donkey. Apricots Tomorrow.* In dem Versuch, sie wiederzugeben, lag eine entwaffnende Einfachheit. Die Sammlungen waren eine Art Volksarchiv, das solche Sprüche von einer Generation an die nächste weiterreichte. Die im umgangssprachlichen Arabisch der breiten Bevölkerung mündlich und schriftlich überlieferten Weisheiten wurden ins Englische übersetzt und machten die Bücher einem breiteren Leserspektrum zugänglich. Was sie so charmant machte, war ihre eigentliche Unübersetzbarkeit. Doch der Sprachtransfer förderte eine besondere Direktheit und Reibung zutage. So reichten die Grundsätze über die Gewissheit dessen, was sie aussagten, hinaus und erlangten eine neue, in sich ruhende Wahrheit.

Beim Betrachten der neu zusammengestellten Abteilung wurde Hind, Nihal und mir klar, dass sie ohne die Werke von Nagib Mahfuz nicht vollständig war, dem ägyptischen Nobelpreisträger und Autor der *Kairoer Trilogie*. Als die Werke von Mahfuz in der Buchhandlung eintrafen, stellte sie Ahmed – ein geborener Verkäufer, der mit seinem ordentlichen Äußeren, dem gewinnenden Lächeln und seiner schnellen Auffassungsgabe mein Lieblingsbuchhändler war – in alphabetischer Reihenfolge ins Regal. Ich trat von hinten an ihn heran und beobachtete, was er tat. Ohne sich umzudrehen, als spräche er mit dem Regal, fragte er mich, warum Yusuf Idris nicht in dieser Abteilung zu finden sei.

»Wissen Sie, Ahmed, er ist einer meiner Lieblingsautoren. Es war einer der vier arabischen Kandidaten für den Literaturnobelpreis, aber er hat ihn nicht bekommen.«

»Warum?«

»Denys Johnson-Davies, damals der führende Übersetzer arabischer Literatur ins Englische, fand, dass von ihm nicht genug ins Englische und Französische übersetzt sei.

Andere meinten, er sei ein Meister der Kurzgeschichte, aber in Schweden bevorzugte man Romane.«

»Fair ist das aber nicht.«

»Meine Tante backt die beste *Basbousa* der Welt, und trotzdem ist Tseppas mit seiner seelenlosen Version davon zu einer Bäckereikette herangewachsen. Es geht nicht um Fairness, sondern um Reichweite.« Ahmed nickte und wusste gleichzeitig, dass unser Gespräch damit beendet war. (Die Wahrheit ist, dass die *Basbousa* meiner Tante eine Katastrophe war. Ich hatte den Vergleich von Ziad ausgeborgt, einem unserer fünf Geschäftspartner, der ihn viele Male anstellte, um mich zum Schweigen zu bringen. Ziad war in vielerlei Hinsicht bemerkenswert, auch weil er wohl der einzige Mensch ist, den ich noch nie fluchen gehört habe. Ich habe mit Hind eine Wette abgeschlossen, dass seine Fassade eines Tages Risse bekommen und er einen Schwall von dreckigen Kraftausdrücken ausstoßen würde. Mein Glück ist nur, dass unsere Wette zeitlich unbegrenzt ist.)

* * *

Übersetzungen sind enorm wichtig. Der Zugang zu übersetzter Literatur nährt und stärkt die individuelle Vorstellungskraft. Für Autoren, die nicht auf Englisch schreiben und dennoch hoffen, Zugang zur Mainstream-Literatur zu finden, wie Yusuf Idris und Nagib Mahfuz, ist ihre Bedeutung vielleicht noch größer. Denys Johnson-Davies wurde nachgesagt, die Kurzgeschichten von Alifa Rifaat vor dem Schicksal der Vergessenheit gerettet zu haben. Leider sind mir auch viel zu viele gute Bücher begegnet, die aufgrund einer schlechten Übersetzung dazu verdammt waren, im linguistischen Fegefeuer zu schmoren.

Ahmeds Bemerkung zum Fehlen Yusuf Idris' half mir dabei, die Rahmenbedingungen für »Egypt Essentials« genauer festzulegen. Die Abteilung musste ständig in Bewegung bleiben. Ich betrachtete sie als einen Ort, wo die Gepflogenheiten meiner Familie weiterlebten. Unser Haus stand immer für alle offen: Jeden Freitag versammelte sich die Familie zum Mittagessen, und Freunde der Familie waren in abwechselnder Reihenfolge an unserem Tisch zu Gast. Ich musste mich selbst immer wieder daran erinnern, dass die Abteilung, ja die ganze Buchhandlung, niemals alles umfassen könnte, was über Ägypten je geschrieben worden war. Stattdessen waren wir Kubisten, die unterschiedliche Perspektiven und Blickwinkel auf dasselbe Thema anboten. Diese Bücher gaben den Lesenden die Gelegenheit, ihre eigenen literarischen Abenteuer zu erleben, an der Schnittstelle zwischen dem Autor, dem Leser und dem historischen Augenblick, in dem der Akt des Lesens vollzogen wird. Dasselbe Buch wird von zwei Lesern niemals gleich aufgefasst werden.

Für die wirtschaftliche Betrachtungsweise bestellten wir *Whatever Happened to the Egyptians?*, Galal Amins arabischen Bestseller in englischer Übersetzung. Als Studentin an der American University in Kairo hatte ich Dr. Galals Vorlesungen besucht und kannte ihn daher persönlich. Ich erinnere mich lebhaft an seine kräftige Statur und die heitere Art, mit der er vorne auf dem Podium stand, mit hoch aufstehendem Haar und wachem Blick. Wenn Studenten ihm Fragen stellten, drückte er beim Nachdenken alle fünf Fingerspitzen auf die Stirn. Er erklärte uns die jüngste

Geschichte unserer Nation, wie gründlich wir abgestiegen waren, von einst stolzen Erbauern der Pyramiden sowie Begründern von Mathematik, Bewässerungssystemen und Astronomie. Zwischendurch musste er immer wieder lachen. Je provokanter seine Antwort ausfiel, desto mehr Freude hatte er daran. Er knüpfte an den ungeahnten Erfolg seines ersten Buches mit einem weiteren Band an: *Whatever Else Happened to the Egyptians?*

Dr. Galal – ich würde seinen Namen niemals ohne den Doktortitel über die Lippen bringen, selbst nach dem Uni-Abschluss – beschrieb Ägypten als ein Land am Rande der Zermürbung. Anhand vieler historischer Beispiele – etwa der Verbreitung von Fernsehen und Telefon, der Weiterentwicklung der romantischen Liebe, dem Wandel von Geburtstagen, Zirkus oder Eisenbahn – stellte er unser von sozioökonomischen Kräften geformtes Land auf den Prüfstand. Als er Diwan nach der Revolution 2011 einen Besuch abstattete, schlug ich ihm einen Titel für sein nächstes Buch vor. Er beugte sich neugierig zu mir herüber, sodass ich ihm ins Ohr flüstern konnte: »What the Fuck Else Can Happen to the Egyptians?« Er schüttelte sich vor Lachen. Das war das letzte Mal, dass ich ihm begegnete, er starb im September 2018.

In »This World and the Next«, dem letzten Kapitel des zweiten Bandes, zitiert er eine Rede seines Vaters, eines bekannten Gelehrten, die dieser gehalten hatte, als Dr. Galal selbst noch ein Kind war. Es ging darin darum, wie Religion zwangsläufig eine Kultur der Resignation fördert und jeglichen politischen und sozialen Fortschritt untergräbt, indem sie uns ermutigt, Trost im Leben nach dem Tod zu suchen. War die Obsession der alten Ägypter mit dem Tod aus einer ähnlichen Dynamik heraus entstanden? Unsere Vorfahren bauten Pyramiden, um ihren Toten eine letzte Ruhestätte zu geben und um sie zu ehren. Sie schrieben das *Ägyptische Totenbuch* (ein Oberbegriff für Sammlungen von Zaubersprüchen, die den Seelen nach dem Tod den Weg weisen sollen). In unserer heutigen Zeit hat das Interesse der ägyptischen Bevölkerung, über den Tod zu lesen oder zu schreiben beziehungsweise darin Trost zu suchen, stark abgenommen, obwohl der muslimische oder christliche Umgang mit dem Tod die Rituale der alten Ägypter widerspiegelt. Der 40-Tage-Zeitraum etwa ist als Richtwert geblieben. Für meine Vorfahren war dies die Dauer der ersten Mumifizierungsphase (Dehydrierung). Heute dauert für Muslime und Kopten die Trauerzeit nach dem Tod eines geliebten Menschen vierzig Tage, in denen enge weibliche Verwandte Schwarz tragen. Am vierzigsten Tag wird ein Tag der Erinnerung abgehalten. Im siebzehnten Jahrhundert wurden Schiffe, auf denen man die Pest oder andere Krankheiten vermutete, vierzig Tage lang isoliert. Der Begriff Quarantäne war geboren.

* * *

Wenige Regalreihen unterhalb von Dr. Galal stießen neugierige Kunden auf Agatha Christies *Tod auf dem Nil*, diesen legendären Kriminalroman, der in den 1930er-Jahren zwischen Kairo und Oberägypten spielt. Der belgische Privatdetektiv Hercule Poirot befindet sich mit einigen recht illustren Mitreisenden auf einer luxuriösen Nilkreuzfahrt. Eine amerikanische Erbin wird ermordet. Poirot und sein Sidekick, Colonel Race, durchleuchten alle Personen an

Bord, und jeder scheint ein plausibles Motiv zu haben. Das Buch haben wir als zeitweiligen Gast zu den »Egypt Essentials« geholt, nicht als ständiges Familienmitglied. Krimis fanden in den frühen 2000ern bei arabischen Lesern, ähnlich wie Fantasy oder Science Fiction, wenig Anklang. Beliebtere Genres waren Belletristik, Geschichte und Politik, Biografien oder Lyrik. *Tod auf dem Nil* bildete da eine Ausnahme. Das Buch zog die Kunden von Diwan magisch an, weil sie sich nach den alten Geschichten ihrer Eltern und Großeltern aus dem Ägypten der 1930er-Jahre sehnten.

Mit Nostalgie, einem Dauergast in den Herzen so vieler Ägypterinnen und Ägypter, verkauft man Bücher. Minou rügte mich oft wegen der Art von Literatur, die wir in ihren tollen Tragetaschen verkauften: die Geschichten von Jungfrauen in Not, die von einem strahlenden Helden mit dem Körper einer Marmorstatue vor einem elenden Bösewicht gerettet werden mussten, der ihr ans Korsett wollte, die Selbsthilferatgeber, die Dating-Tipps. Alles Bücher, die − man muss es so offen sagen − die Machtposition und Gewaltausübung weißer Männer tolerierten. Natürlich war sie auch mit den Fotobänden nicht einverstanden, die in traditionell kolonialistischer Manier sehnsuchtsvoll auf die ägyptischen Landschaften schielten. Wie immer beachtete ich sie gar nicht und kaufte weiter für die »Egypt Essentials« ein: Alain Blottières *Vintage Egypt: Cruising the Nile in the Golden Age of Travel*, Andrew Humphreys' *Grand Hotels of Egypt* plus Folgeband, *On the Nile in the Golden Age of Travel* etc. etc., weil ich wusste, dass sie weggingen wie die warmen Brötchen. Diese Bände handeln von all den legendären Besuchern, die gegen Ende des neunzehnten Jahrhunderts, in den guten alten Zeiten also, nach Ägypten gereist waren – Amelia Edwards, Rudyard Kipling, Florence Nightingale, Arthur Conan Doyle, Jean Cocteau –, und erzählen, was sie dort taten und wo sie wohnten. Tausende von ausländischen Reisenden packten damals jedes Jahr ihre Traumvorstellungen zusammen und setzten die Segel, um sich an ägyptischen Ufern mit dem bereits verwestlichten Jet-Set des Landes und jenen Europäern zu vermischen, die sich in Kairo und Alexandria niedergelassen hatten. Geschäfte und Restaurants eröffneten, um dem opulenten Geschmack dieser Leute gerecht zu werden. Gerne ließ man sich auch fotografieren: beim Kamelreiten in der Wüste, im sportlichen Bugatti am Fuße der Pyramiden, beim Tee-Nippen im Mena House Hotel oder unterwegs auf dem Nil an Bord einer dampfbetriebenen *Dahabiya*.

Für mich geht die Bedeutung von *Tod auf dem Nil* jedoch über die reine Vergangenheitssehnsucht hinaus. Als Jugendliche lieh ich die Romane von Agatha Christie in der Bücherei der All Saints' Cathedral aus. Als mir klar wurde, dass sie etwa zehn Jahre zuvor gestorben war, überkam mich eine große Trauer ob der Sterblichkeit von Schriftstellern. So beschloss ich, alles zu lesen, was Agatha Christie je geschrieben hatte. Das war die Geburtsstunde meiner lebenslangen Eigenheit, Bücher zu horten und Bibliotheken zusammenzustellen. Bis heute ist *Tod auf dem Nil* mein Lieblingskrimi von Agatha Christie, er passte so gut zu mir. Als Ägypterin und Schülerin einer Bildungseinrichtung, deren britische Überlegenheit keine Kompromisse kannte, war ich stolz, dass Agatha Oberägypten als würdigen Schauplatz für ihr Buch auserkoren hatte. Ich war damals zwölf. Mit neun – das erfuhr ich irgendwann später –

verfasste Chimamanda Ngozi Adichie noch Geschichten, in denen die Figuren Äpfel essen, Ginger Beer trinken und im Schnee herumtollen, weil das in den englischsprachigen Büchern, die sie las, eben so beschrieben wurde, dabei waren diese Dinge ihrer eigenen Realität in Nigeria völlig fremd. Jahrzehnte später hörte ich sie über »die Gefahr einer einzigen Geschichte« sprechen und fand mich in ihren Worten persönlich wieder. Meine von der eigenen Muttersprache isolierte Schulausbildung ließ mich glauben, dass Ägypten und seine Menschen in der Literatur der Weißen keinen Platz hätten, weil uns ihre Literatur nicht gehörte und sie an unserer nicht interessiert wären.

* * *

Wenn Touristen bei Diwan einkauften, nahmen sie oft voller Begeisterung eine Ausgabe von *Tod auf dem Nil* mit und ließen uns an ihren Plänen einer bevorstehenden Nilkreuzfahrt teilhaben. Oder sie saßen auf der Terrasse des Hotels Cataract und posierten als Hercule Poirot und Colonel Race für ein Foto. Sie schlenderten an der Suite vorbei, in der Agatha Christie einst abgestiegen war und die heute ihren Namen trägt. Ich musste bei diesen schrulligen Touristen-Inszenierungen immer schmunzeln. Als Kinder nahm unsere Mutter Hind und mich auch einmal mit auf eine Reise nach Assuan, in dem Versuch, uns mit unserer antiken Geschichte vertraut zu machen, gemeinsam ein Abenteuer zu erleben und unseren Stolz auf das kollektive Erbe Ägyptens zu wecken. Später führte auch ich meine Töchter Zein, die damals zehn war, und Layla, acht, auf dieselbe Reise. Wir saßen auf der schattigen Terrasse des Cataract, so wie Agatha, ihre Schnüffler und unzählige Touristen vor uns, und sahen zu, wie sich die glühende Sonne im Nil spiegelte. Ich erklärte meinen Kindern, dass die alten Ägypter die Sonne als Dreifaltigkeit verehrt hatten: Wärme, Licht und Leben. Mit nickenden Köpfen schlürften die beiden weiter an ihrer Limonade. Ich nahm meine Flasche *Sakarra Gold* zur Hand, auf deren Etikett die Stufenpyramide von Sakarra abgebildet war, und füllte mein Glas auf.

Abschließend schlug ich vor, dass wir uns gemeinsam die Verfilmung von *Tod auf dem Nil* ansahen. Ich hatte den Streifen Mitte der 1980er-Jahre dank unseres damals nagelneuen VHS-Players auf Video angeschaut. Ich erinnerte mich noch gut an den Papp-Schuber mit dem Foto von Peter Ustinov als Poirot, den Blick gen Horizont gerichtet, hinter ihm der imposante Kopf der Sphinx. Der Hintergrund zeigt, was der eingeschränkte Blick Hollywoods als Essenz Ägyptens erachtete: eine Pyramide, Feluken, die über den Nil segeln, und den Raddampfer SS Memnon (1904 für Thomas Cook gebaut). Die Gesichter der weiteren Darstellerinnen und Darsteller säumten das Cover: Bette Davis, Mia Farrow, Angela Lansbury, David Niven, Maggie Smith, Sam Wanamaker. Sie alle reisten nach Ägypten, wohnten im Cataract und drehten bei den Pyramiden von Gizeh und in den Tempeln von Luxor. Meine Töchter hatten von keinem dieser Hollywoodstars je gehört. Die altbekannte Unsicherheit aus Kindestagen, die den Wert meiner eigenen Kultur anzweifelte, kroch wieder in mir hoch, diesmal zur Verteidigung der Filmgrößen, die ich damals mit meinen Eltern bewundert hatte. Ich zog mein Smartphone heraus und googelte den Film, auf der Suche nach einem Detail, das ihre Aufmerksamkeit erregen könnte.

»Wayne Sleep schuf die Choreografie für den Tango«, verkündete ich begeistert.

»Was ist ein Tango?«, fragte Zein desinteressiert.

»Und wer ist Wayne Sleep?«, legte Layla eins nach, um das Spiel mitzuspielen.

»Damals mussten sie schon um vier Uhr morgens in die Maske, damit sie nicht über Mittag bei 54 Grad Celsius Filmaufnahmen machen mussten.« Stille. »Obwohl der Film in den späten 1970ern gedreht wurde, wollte man eine Stimmung wie in den 1930ern erschaffen.«

»Mom, nicht böse sein, aber gibt es davon keine moderne Version? Irgendwas mit Lara Croft vielleicht?«

»Lara Croft kann mich mal, und ihr mich auch!«, fauchte ich und sah meine Niederlage ein. Vielleicht schenkte ihnen das Internet eine Form der Mobilität, die Fragen der Zugehörigkeit oder des kulturellen Wertes schlichtweg hinfällig machte. Meine Kinder wuchsen in einer Generation auf, die nicht gezwungen war, sich mit einer Politik kultureller Selbstentwertung und des Hierarchiedenkens auseinanderzusetzen. Ihre Welt existierte nur in der Gegenwart, unbelastet von allem, was vorher war. Ihnen präsentierte sich unsere damalige Welt vielleicht sogar als eine ordentliche, postkoloniale Ära, schließlich wurden ja selbst von Unruhen geprägte Zeiten im Nachhinein kuratiert, digitalisiert und gefiltert.

* * *

Wie meine Töchter war auch Diwan ein Kind der Globalisierung. Der Großteil unserer englischsprachigen Bücher reiste aus weit entfernten Ländern an, wie Touristen, die niemals in ihre Herkunftsländer zurückkehrten. Wir bestellten sie in Großbritannien und Amerika über ein vertracktes Netz internationaler Vertriebsvertretungen, die sie dann in Lagerräumen für uns zusammenführten. Sobald eine kosteneffiziente Anzahl erreicht war, überquerten diese Bücher Wasser und Land, bis sie schließlich entweder am Flughafen in Kairo oder im Hafen von Alexandria landeten. Dort hatten sie ihre erste Begegnung mit der Bürokratie, passierten den Zoll und die Zensur. Danach langten Hunderte von Kartons im Warenlager von Diwan an, die ausgepackt und deren Inhalt mit Diebstahlsicherungen, einem Strichcode und Preisschildern versehen werden mussten. Importierte Titel waren wesentlich teurer als arabische Bücher von einheimischen Verlegern. Ein ägyptischer Roman kostete in den frühen 2000ern im Durchschnitt zwanzig ägyptische Pfund. Im Gegensatz dazu wurde *Tod auf dem Nil*, das im Einzelhandel für 8.99 US-Dollar erhältlich war, für 54 ägyptische Pfund weiterverkauft, ein Preis, der nach der Geldentwertung im November 2016 auf satte 162 Pfund hochschoss. Eine Welle von E-Mails, Verhandlungen und Meinungsverschiedenheiten über Rabatte, Nettopreise und sogenannte »short ships« – Buchhändlerjargon für gewisse Abweichungen zwischen Packstücken und beigefügten Rechnungen – begleitete jede Lieferung. Doch noch nervenaufreibender war, wie lange dieser ganze Prozess dauerte: Von der Bestellung bis zum Erhalt des Buches konnten gut und gerne vier Wochen bis vier Monate vergehen. Dann erst konnte es sich der Titel in den Regalen von Diwan gemütlich machen.

Wenn die Bücher also endlich ihr Ziel erreicht hatten, ließ ich ihnen die Aufmerksamkeit zukommen, die müden

Reisenden gebührt. Ich dachte mir ausgeklügelte Schaufensterarrangements aus, bei denen scheinbar gegensätzliche Titel miteinander in einen lebhaften Diskurs traten. Schließlich ist auch das Bücherverkaufen ein Dialog, und wie das mit Dialogen eben so ist, erfordern sie immer Menschen, die sie auslösen, vorantreiben, daran teilnehmen, sie unterbrechen oder auch nur belauschen. Buchhändler tun mehr, als ihre Berufsbezeichnung verrät: Sie betätigen sich abwechselnd auch als Bewahrer, als Kuppler und als Begründer oder Entdecker von neuen Trends.

★ ★ ★

Vielleicht kann man das Lesen mit dem Reisen vergleichen. Wir begeben uns in ferne Länder, um das Andere besser zu verstehen. Wenn wir das tun, begegnen wir uns selbst, denn wir sind der Filter, durch den wir die Erfahrung betrachten, wie die Linse einer Kamera. Eines meiner Lieblingsporträts von Ägypten ist Waguih Ghalis *Snooker in Kairo*. Die ursprünglich auf Englisch verfasste und 1964 erschienene Geschichte spielt während der Herrschaft von Nasser. Der Erzähler Ram, der aus der privilegierten Oberschicht stammt, ist vor Kurzem aus England in ein Ägypten zurückgekehrt, das er nur schwer verstehen kann. Die Figur von Ram ist an den Autor angelehnt, der nur fünf Jahre nach der Veröffentlichung des Romans Suizid verübte. Anfangs wurde das Buch als ein Meisterwerk der Migrantenliteratur gefeiert, geriet dann aber jahrzehntelang in Vergessenheit. Zwanzig Jahre lang war es vergriffen, bevor es neu aufgelegt wurde. Wie auch andere Bücher in »Egypt Essentials« lässt *Snooker in Kairo* die Grenzen, die wir im Kopf zwischen den Ländern ziehen, verschwimmen. Waguih, der seine ägyptische Heimat auf Englisch beschreibt, fühlt sich nicht dazu verpflichtet, Ägypten zu erklären. Stattdessen thematisiert er eine Erfahrung, die seine Leser teilen: den Wunsch dazuzugehören, und die Angst, sich unterwegs selbst zu verlieren. Waguih erzählt von einem Ägypten vor meiner Zeit, was in mir die Geschichten wachruft, die ich als Kind von meiner Mutter hörte. Vom Nachmittagstee im *Groppi*, dem feinsten Restaurant von Kairo, das gleichzeitig auch Tearoom, Konditorei und Deli war. Dort kauften sie und ihre Familie im Sommer Eis und aßen im Winter herrliche Cremetorten. Genau in diesem Restaurant trifft sich nun Ram, der Erzähler, mit seinen Freunden zum Whisky. Meine Mutter und Ram fuhren auch beide mit der Straßenbahn von Zamalek zu den Pyramiden. Es war die Linie Nummer 15, die einst, vorbei am Baehler-Palais, die frühere Fouad-I.-Straße entlangfuhr. Meine Mutter bewegte sich in Kairo mit dem Bus oder der Straßenbahn, nahm den Zug in andere Städte. Mit Wagen für die Erste und die Zweite Klasse schuf man eine räumliche Trennung der sozialen Schichten. Heute werden öffentliche Verkehrsmittel nur noch von Menschen benutzt, die sich den (notwendigen) Luxus eines Autos nicht leisten können.

In unseren englischsprachigen Abteilungen gab es zwei Arten von Bestsellern: die Neuerscheinungen, die von der New York Times oder der Sunday Times zu uns herüberschwappten, und die alternden Klassiker, die meist einen Bezug zu Ägypten hatten, wie eben *Tod auf dem Nil* oder *Snooker in Kairo*. Diese Bücher wurden sogar von meinen einheimischen Kunden gekauft, als brannten sie darauf, sich selbst zu betrachten, und sei es durch den Spiegel der Fantasie eines westlichen Schriftstellers. Ich kann das gut nachvollziehen. Auch ich bin stolz darauf, dass Ägypten zu internationaler Bekanntheit aufgestiegen ist. Doch die Freude hat einen bitteren Nachgeschmack: Wenn deine arabische Sprachkenntnis von zahlreichen Ausbildungsjahren in englischer und französischer Sprache unterdrückt worden ist, wird ein winziger Einblick in die ägyptische Seele – mit der Hoffnung, ein Stück davon zurückzugewinnen – vielleicht wirklich nur durch die Worte eines anderen möglich.

»Egypt Essentials« war eine kleine Abteilung, die viele Fragen aufwarf, ohne den Anspruch, sie zu beantworten. Ich trug verschiedene Ansichten meines Heimatlandes an einem Ort zusammen, als wäre ich auf der Suche nach irgendetwas. Die breit gefächerte Zusammenstellung stellte den Kolonialherren die Kolonisierten gegenüber, den Historikern die Romanschreiber und den Einheimischen die Exilanten. Entgegengesetzte Realitäten existierten Seite an Seite in einem Land der geteilten Welten: extremer Konservatismus und ein Liberalismus ohne Wurzeln, beschämende Armut und noch beschämenderer Reichtum. So war es immer, und so wird es bleiben. In meiner Erinnerung, und in Kairos Straßen, wird die Gegenwart die Vergangenheit niemals ganz verdrängen können. Sie wachsen aber auch nicht zusammen. Wie zwei zoffende Nachbarn existieren sie lustvoll nebeneinander, in gemeinsamer Uneinigkeit.

KAPITEL 3

Kulinarik

Kochbücher nahmen in unserem Laden nur eine einzige Wand ein, dennoch hatten sie eine wesentlich größere Bedeutung für unser Leben, als die bescheidene Auswahl glauben machte. Bei der Zusammenstellung der englischen Kulinarikabteilung (Hind kümmerte sich um das arabische Pendant) befragte ich meine Familie und Freunde. Sie verrieten mir ihre Favoriten: Julia Child, Mary Berry, Nigella Lawson, Jamie Oliver, die »Barefoot Contessa«, Madhur Jaffrey und Ken Hom. Etwas aus der Reihe tanzten außerdem *The Momo Cookbook* (deutsch: *Couscous & Co.*) und die *River Café*-Reihe, die einen Trend weg von einzelnen Starköchen hin zu weiter gefassten VIP-Restaurantmarken andeuteten. Meine Mutter zeigte sich entsetzt über das Fehlen des *Larousse Gastronomique*. Obwohl ich erst skeptisch war, behob ich den Lapsus und stellte fest, dass das Buch sich zum Dauerbrenner entwickelte, trotz seines Umfangs und seiner strengen Kochanleitungen. Sobald ich das Gleichgewicht zwischen verschiedenen Geschmäckern, Stilen und Moden gefunden hatte, startete ich den Versuch, die Standardwerke mit Lokalem zu durchmischen.

Während meiner Erforschung der nahöstlichen und ägyptischen Küche entpuppte sich Claudia Roden als meine absolute Königin. Sie wurde 1936 in Ägypten geboren und begann ihre Karriere mit *A Book of Middle Eastern Food* (deutsch: *Die Küche des Vorderen Orients).* Seither ist sie die unangefochtene Nummer eins. Die Sprache ihrer Buchtitel spiegelte ihr herausragendes Wissen über unsere Küche wider: *Claudia Roden's Invitation to Mediterranean Cooking, Claudia Roden's Foolproof Mediterranean Cooking* bis hin zu dem etwas poetischeren Titel *Tamarind and Saffron: Favorite Recipes from the Middle East.* Viele Ägypter kürten sie zur kulinarischen Botschafterin unseres Landes, obwohl sie niemals ein ganzes Buch nur der ägyptischen Küche gewidmet hatte. Stattdessen mixte sie alle Länder der Region in einer großen, internationalen *Tajine* zusammen.

Meine Suche nach einem spezifisch ägyptischen Kochbuch in englischer Sprache brachte nur ein einziges Werk hervor, nämlich Samia Abdennours *Egyptian Cooking: A Practical Guide* aus dem Jahr 1985. Doch langsam begann die Welt der Küche auch auf andere Genres überzugreifen und schwappte in Memoiren oder Biografien über, allen voran in Colette Rossants *Apricots on the Nile,* das schon in »Egypt Essentials« zu Gast gewesen war. Das Buch ließ die Geschmäcker und Aromen aus der Kindheit der Autorin für mich lebendig werden und löste in mir die Lust nach mehr solcher persönlichen kulinarischen Rückblenden aus. 2005 traf *My Egyptian Grandmother's Kitchen* von Magda Mehdawy ein. Neben Familienrezepten und überlieferten Erzählungen beschreibt sie darin die Techniken der Weinherstellung im alten Ägypten, liefert Erklärungen und Anekdoten zu kulturellen Phänomenen oder feste Menüs für bestimmte Feiertage.

Feste definieren sich darüber, was wir zu ihrem Anlass

essen. An *Sham en-Nessim* (wörtlich übersetzt »den Wind einatmen«) wird in Ägypten seit 2700 v. Chr. der Frühlingsbeginn gefeiert. Wir picknicken, essen *Fesich* (fermentierten Fisch), *Ringa* (Hering), Eier und Frühlingszwiebeln. Das Fest findet immer am Tag nach dem koptischen Osterfest statt, wird aber von allen Ägyptern gefeiert, ungeachtet der Religion. An *Eid al-Adha* gedenken die Muslime Abrahams, der bereit war, seinen Sohn zu opfern, um Allahs Willen zu befolgen. Anstelle des Sohnes ließ der Herr ihn jedoch ein Lamm opfern. Am Morgen werden nach dem Festgebet überall in Ägypten Lämmer geschlachtet und ihr Fleisch in drei Teile geteilt: ein Drittel für die Familie, ein Drittel für Freunde und Verwandte und ein Drittel für die Armen.

Obwohl unsere Küche und unsere Kultur untrennbar miteinander verknüpft sind, hatte ich Schwierigkeiten, ägyptische Kochbücher aufzutreiben. Enttäuscht über meine magere Ausbeute fragte ich meine Mutter, die eine spektakuläre Köchin war, von wem sie ihre kulinarischen Fähigkeiten erlernt habe.

»Ich habe deinem Vater beim Kochen zugesehen. Er hatte da ein paar Spezialrezepte. Lammhaxe mit Zimt und Wacholder, eingelegte Gurken mit Steckrüben, oder sein *Fuul* mit *Tehina*. Und dann hatte ich natürlich noch Fatma.«

»Aber am Anfang, als ihr geheiratet habt…«

»Ich hatte nur ein einziges Kochbuch: *Abla* Nazira. Es war sehr einfach und Bestandteil jeder Brautausstattung, auch bei meinen Freundinnen.« Sie erzählte mir mehr davon: »Ich hatte eine Freundin, die *Abla* Naziras Kochbuch verwendete, es aber immer abstritt. Und eine andere Freundin war besonders schlau. Jedes Mal, wenn ich sie um ein

Rezept bat, erklärte sie mir alles bis ins kleinste Detail, aber irgendwann fand ich heraus, dass sie immer eine grundlegende Zutat wegließ, damit niemand so gut kochte wie sie.«

»Clevere Dame.«

»Nur solange sich die anderen hereinlegen ließen«, konterte meine Mutter.

* * *

Nazeera Nicola – auf Arabisch wird sie *Na'ula* ausgesprochen – wurde von Generationen von Ägypterinnen und arabischen Frauen liebevoll *Abla* (das Wort für »Lehrerin« oder respektvoll für eine ältere Dame) Nazira genannt. Ihr Buch *Usul al-Tahi, Principles of Cooking,* war das erste große Koch- und Rezeptbuch im arabischen Raum. *Abla* Nazira studierte an der Fakultät für Hauswirtschaft in Kairo. 1926 erhielt sie vom Bildungsministerium, gemeinsam mit einigen anderen herausragenden Studentinnen ihrer Einrichtung, ein Stipendium für ein weiterführendes Studium im Ausland. Entgegen der geltenden Konventionen – schließlich wurde von Frauen damals erwartet, zu Hause zu bleiben – erlaubte ihr die Familie, ans Gloucestershire Training College of Domestic Science zu gehen, wo sie drei Jahre lang Kochkunde und Handarbeit studierte. Nach ihrer Rückkehr nach Ägypten unterrichtete sie erst an der Saneya-Mädchenschule und wurde später Generalinspektorin im Bildungsministerium. *Usul al-Tahi,* ihr gefeiertes Buch, das sie gemeinsam mit Bahiya Osman verfasste, ging aus einem Wettbewerb für ein Kochbuch mit Bildungscharakter hervor, der vom Bildungsministerium ausgeschrieben worden war. Nach der Erstveröffentlichung 1953 avancierte es zu *dem* Standardwerk der arabischen Welt und wurde mehrmals neu aufgelegt, modernisiert und um zusätzliche Kapitel mit neuen Rezepten und Methoden erweitert.

Ab den 1940er-Jahren wurde *Abla* Nazira zu einer bekannten Stimme im ägyptischen Radio. Zwischen 1941 und 1952 war sie an sechs Lehrbüchern als Co-Autorin beteiligt, und 1973 wurde sie für ihre Leistungen im Bereich der Frauenbildung mit einer Medaille geehrt, die an die Eröffnung der allerersten staatlichen Schule für Mädchen hundert Jahre zuvor, im Jahr 1873, erinnern sollte. Als sie 1992 im Alter von 90 Jahren starb, war sie längst eine Ikone der Hauswirtschaft, deren Arbeit Generationen beeinflusste.

Hind führte *Abla* Nazira in ihrer Kochbuchabteilung. Das Buch war auf Hocharabisch verfasst, dessen blumiger Text nur mit wenigen Illustrationen geschmückt war. Ich durchforstete zahllose Listen und Datenbanken auf der Suche nach einer englischen Fassung, aber es gab keine. Ich bat Amir, Hinds Assistenten (und späteren Großkunden), für mich noch einmal nachzuforschen, in der Hoffnung, dass ein einheimischer Verlag eine Übersetzung herausgebracht haben könnte. In der arabischen Verlagswelt der frühen 2000er waren Datenbanken wie Flaschengeister: Wir wussten, dass es sie gab, und hätten uns sehr gefreut, welche in unserem Leben zu haben, doch wir machten uns keine Illusionen, dass das je der Fall sein würde.

»Soll dieses Buch für Diwan sein oder für deinen Privatgebrauch?«, fragte mich Amir etwas erstaunt.

»Beides. Warum?«

»Ich kann dich mir einfach nicht mit einer Schürze vor dem Herd vorstellen, *ya Ustasa*.« Und da hatte er natürlich recht. Damals bestand mein Kochrepertoire aus hartgekochten Eiern und Rühreiern, und wenn ich etwas backen musste, stresste mich das so sehr wie ein Besuch des Steuerfahnders. Nummer eins – er war Amerikaner – kochte eine unvergessliche Lasagne. Zur Hochzeit versuchte seine Mutter, die in South Carolina lebte, begeisterte Golferin und Präsidentin des Gartenbauvereins war, mein Defizit mit einem Geschenk auszugleichen: *Joy of Cooking*. Ich wusste nicht recht, wie ich auf ihre in Schönschrift auf die Innenklappe des rot-weiß karierten Buchumschlags geschriebene Widmung reagieren sollte:»Der Weg zum Herzen eines Mannes führt über den Magen.« Ich behielt für mich, dass das nicht meine bevorzugte Route war. Stattdessen witzelte ich über ihr Bild von mir als Perle des Hauses: in einer adretten Schürze, aus englischer Spitze zum Beispiel oder im Vichy-Karo, und femininer Föhnwelle. Den Drang, ihr eine reinzuhauen, konnte ich erfolgreich unterdrücken.

1999, drei Jahre nach meiner Hochzeit, kehrte Hind mit einem druckfrischen Kochbuch von Jamie Oliver aus London zurück. (Damals ahnte ich noch nicht, wie viele Schweißausbrüche mir der *Naked Chef* nach der Eröffnung von Diwan noch einbringen würde …) Bücher wie dieses – auf Englisch, nicht lebensnotwendig, vorlaut – hätte man in den bestehenden Buchläden Kairos niemals gefunden. Vor Diwan hätte niemand gedacht, dass es dafür einen Markt gibt. Und es gab auch keinen. Doch in *mein* Leben kochte sich Jamie Oliver hinein – wild gestikulierend, schmeißend und hackend, mit seinen verrückten Hemden und dem Charme eines Lausbuben, der sich über einen Spritzer Balsamico oder einen Klecks Ricotta scheckig freut. Er pfiff auf das Ausmessen von Millilitern und Teelöffeln, sondern setzte vielmehr auf so exakte Angaben wie »ein bisschen«,

»ruhig ein bisschen mehr« oder »eine Handvoll«. Ihm verdanke ich das Selbstbewusstsein, einfach in die Küche zu spazieren und sie zu meinem Territorium zu erklären, was ich in meinem vorehelichen Zuhause niemals gewagt hätte.

⋆ ⋆ ⋆

Als Kinder hatten Hind und ich eine Nanny namens Fatma. Sie war Diabetikerin, diktatorisch veranlagt, unbeugsam in ihren Traditionen und ein lieber Mensch. Sie lebte in al-Matariya, einem Viertel, das nördlich des reichen Vorortes Heliopolis und südlich des Bezirks El Marg liegt und an das Gouvernement Al-Qalyubiyya grenzt. Doch untertags war ihr Reich unsere Küche. Einmal besuchten Hind und ich sie in ihrem Zuhause und spielten auf dem Dach ihres einfachen Wohnhauses mit ihrem Sohn Fußball. Als uns Fatma danach zum Mittagessen *Kofta* servierte, bat ich sie um Ketchup, woraufhin ihr Ehemann sich erkundigte, was denn das sei. Die Straßen, die zu ihrem Haus führten, waren nicht asphaltiert, aber breit und sauber – damals waren Kairos Verkehrswege noch nicht unter der Last von chaotischer Überbevölkerung und dem Fehlen grundlegender öffentlicher Infrastruktur zusammengebrochen. Die Kluft zwischen unseren Lebensstilen war jedenfalls damals noch nicht so abgrundtief. Heute erlauben sehr wenige Eltern ihren Kindern, mit dem Nachwuchs ihrer Hausangestellten zu spielen. Die Unterschiede sind den Gemeinsamkeiten längst über den Kopf gewachsen.

Als Hind und ich älter wurden und keine Nanny mehr brauchten, wurde Fatma unsere Köchin und wesentlich furchteinflößender als zuvor. Meine Mutter übte mit ihr ein Repertoire an Rezepten ein, bis sie darin perfekt war. Mein Vater traute sich das ein oder andere Mal ebenfalls in die Küche und kochte eines seiner Lieblingsgerichte, doch seine eigentliche Aufgabe lag in der Beschaffung der Rohstoffe. Solange ich denken kann, kaufte ich mit meinen Eltern an den verschiedenen Ständen der Straße des 26. Juli ein. Der kurze Austausch zwischen Händler und Kunde begründete über die Jahre ein dauerhaftes, freundschaftliches Verhältnis. Mein Vater kaufte sein Fleisch bei Bolbol, dem Fleischer, der auf irgendeine Weise mit Fares, dem Mann hinter der Fischtheke nebenan, verwandt war. »Bolbol« ist üblicherweise ein Spitzname für Nabil, aber ob er wirklich so hieß, weiß ich nicht. Jedenfalls konnte er Konversationen auf Französisch, Englisch, Deutsch, Italienisch und Spanisch führen. Man munkelte auch, dass er eine Villa in Südfrankreich besäße. Er und mein Vater grüßten einander immer auf dieselbe Weise: Bolbol sprach meinen Vater als »König« an, und mein Vater nannte ihn *Basha*. Dann trat mein Vater hinter den Ladentisch und sah sich verschiedene Fleischstücke an. Es kümmerte ihn nicht, dass die Manschetten seiner maßgeschneiderten Hemden dabei lauter Blutflecke bekamen. Bei ihren Fleischdiskussionen nutzten sie eine Art Geheimcode. »Aber ohne Schrift«, beharrte mein Vater und verlangte damit, dass alle weißen Sehnen herausgeschnitten werden sollten. Bolbol schenkte ihm ein wissendes Lächeln. Wenn er sich dann an die Arbeit machte, stand mein Vater direkt neben ihm, schielte ihm über die Schulter und überwachte das Putzen und Zurechtschneiden des Fleisches. Er sträubte sich dagegen, diese spezielle Aufgabe meiner Mutter zu übertragen, die Bolbol lieber anrief und ihm eine Liste von Fleischstücken zur Lieferung nach Hause durchgab. Mein Vater vertraute keinem Stück Fleisch, das er nicht höchstpersönlich ausgesucht hatte. Er ließ es gerade so durchgehen, dass meine Mutter Obst und Gemüse telefonisch bestellte, obwohl er sie oft tadelte, nicht selbst auf dem Markt eingekauft zu haben. Rückblickend ist mein Vater der erste anspruchsvolle Kunde, der mir in meinem Leben unterkam. Er brachte mir bei, wie man mit Händlern ins Gespräch kommt, sie runterhandelt oder ausfragt, ohne sie zu erniedrigen.

Nach dem Einkauf brachte mein Vater die Zutaten nach Hause zu Fatma, die jahrzehntelang unsere Familienköchin blieb. Als später ihr Ehemann gestorben war und ihr Sohn heiraten wollte, bot sie dem Paar ihre Wohnung an und zog zu uns, was ihre Stellung als Mitglied der Familie weiter festigte. Ihr Sohn kam oft vorbei, um sie zu besuchen, aß dann am Küchentisch zu Mittag und sammelte ihren Lohn ein. Fatmas Bruder war der Fahrer meiner Eltern, und wie Fatma war auch er Analphabet. Doch im Gegensatz zu Fatma rauchte er Haschisch. Als Fatmas Augen ihr schließlich den Dienst verweigerten, schlugen meine Eltern vor, 'Amm Beshir, unser *Sofragi* (eine Art Hausdiener, der sich um allgemeine Instandhaltungsarbeiten kümmert), solle unter ihrer Aufsicht das Kochen übernehmen. 'Amm Beshir war Nubier, ein kleiner, gebückter Mann mit schütterem Haar. In meiner Erinnerung war er ein alter und abgekämpfter Mann, der bei jedem Glas Alkohol, das er getrunken hatte, zum Schluss noch einmal den Kopf in den Nacken warf, um den letzten Tropfen herauszuholen, bevor er es in die Spüle stellte. Er hatte vier Söhne, eine dahinsiechende Mutter, die stets versprach, dieses Leben hinter sich zu lassen, es aber nie tat, eine Frau, die ihn drangsalierte, und mehr Enkelkinder, als er zählen wollte. Fatma brachte ihm bei, wie man Lebensmittel vorbereitet, wäscht und schneidet. Meine Mutter fand es faszinierend, wie Fatma andere dazu brachte zu tun, was sie sagte. Auch mein Vater war ein leidenschaftlicher Koch und drückte sich gerne in der Küche herum. Fatma, die sich ihrer Machtposition bewusst war, verteidigte den Raum wie eine Festung. Meine Mutter und 'Amm Beshir, die sich beide wortlos unterordneten, hielten sich raus, bis der Konflikt sich irgendwann von alleine löste. Als Fatma gestorben war, begann mein Vater, 'Amm Beshir herumzukommandieren, wie es früher Fatma getan hatte. Als dann mein Vater starb, ersetzte ihn meine Mutter als Oberbefehlshaberin. Obwohl Hind und ich uns dieser Hierarchien gar nicht bewusst waren, machten wir als Kinder instinktiv einen weiten Bogen um die Familienküche. Hind, die meines Vaters Liebe zum Kochen und die hartnäckige Geduld meiner Mutter geerbt hatte, trat mit Ende vierzig wieder in die Küche ein – als Auszubildende im Cordon Bleu.

* * *

Familienköchinnen und Großmütter wurden von Promi-Köchen ersetzt, den Stars aus Ägyptens frisch gegründeten Satellitensendern. Sie brachten eine ganze Flut von Kochbüchern hervor, die in umgangssprachlichem Arabisch geschrieben und mit stylischen Fotos versehen waren. So sorgten sie dafür, dass Hinds arabische Kochbuchabteilung immer mehr meiner englischen glich. Diese berühmten Köche übten eine ungeheure kulinarische Macht aus: Die Leserinnen vertrauten ihren Vorschlägen blind. Auf den Autorenfotos der Bücher sah man die durchweg männlichen Köche wie bei ihren TV-Sendungen in professionellen Küchen posieren, herausgeputzt mit traditioneller weißer Kochmütze und zweireihiger Jacke. Weibliche Köchinnen wurden oft frisch vom Friseur, stark geschminkt und mit einem leicht geneigten Kopf präsentiert, um an die Freuden des häuslichen Lebens zu erinnern. Interessanterweise – wohl weil ihre Shows im Satellitenfernsehen gezeigt wurden – erweiterten diese neuen Stars ihr ägyptisches Kochrepertoire um Gerichte aus der ganzen Region, um mehr Menschen anzusprechen, wie Claudia Rhoden es schon Jahrzehnte zuvor in ihren Kochbüchern gemacht hatte.

Als Nächstes traf der Trend des ägyptischen Restaurant-Kochbuches in Kairo und bei Diwan ein, mit einiger Verspätung, was der Zentralität der Heimküche in unserer Esskultur geschuldet war. Im Jahr 2013 zeichnete ein Kairoer Restaurant, das sich unweit von Diwan die Straße runter befand, seine Rezepte in einem Buch auf: *Authentic Egyptian Cooking: From the Table of Abou El Sid.* Das darauffolgende Jahr bescherte uns *Cairo Kitchen: Recipes from the Middle East Inspired by the Street Food of Cairo.* Übersetzungen ins Arabische gab es bei diesen Büchern nicht, weil sie ihr Zielpublikum nicht im einheimischen Buchmarkt suchten. Dennoch kauften auch englischsprachige Ägypter diese Bücher, aus Stolz oder, wie ich vermutete, aus einer Mischung von Nationalismus und Narzissmus. International betrachtet passten diese Bücher perfekt in den Boom der »Fusion-Küche«, die regionaltypische Geschmacksrichtungen für globale Märkte kommerzialisiert und kombiniert.

* * *

Diwans Kochbuchabteilung stand für mich als Symbol einer simplen Erkenntnis, die sich bei mir nach Jahren, in denen ich Fatma, meine Eltern und Hind beobachtet hatte, herauskristallisiert hatte: In Ägypten ist Essen viel mehr als nur Nahrungsaufnahme. In unserer Büroküche trafen sich oft Grüppchen von Mitarbeitern, je nach Rang und Status zusammengesetzt, und schmissen für ein gemeinsames Frühstück zusammen. Mit dem Geld kauften sie eine Auswahl von verschiedenen Broten, Käse, Oliven, *Fuul* und *Taamiya*-Sandwiches. *Lo'ma haneya tekafi meyya*, scherzten sie: Wer einen Bissen mit Freuden teilt, macht hundert Menschen satt.

* * *

Die alten Ägypter beerdigten ihre Toten mit Essen, damit sie im Jenseits versorgt waren, hochrangige Beamte erhielten natürlich üppigeren Proviant.

* * *

1977 kippte das Sadat-Regime die Subventionen für Grundnahrungsmittel, die Folge waren Ausschreitungen, bei denen die ägyptische Bevölkerung aus Protest auf die Straße ging. Daraufhin führte die Regierung die Subventionen sofort wieder ein.

* * *

Essen verbindet Familien: Das Highlight des Ramadan, des heiligen Fastenmonats, ist das Fastenbrechen, das bei Sonnenuntergang mit Freunden und Familie zelebriert wird. Am Ende dieser gemeinsamen Abende wünschen die Gäste ihren Gastgebern »*Sofra dayma*«, viele weitere Mahle. Diese wiederum wünschen »*Damit hayatik*«, viele weitere Lebensjahre.

★ ★ ★

Essen kann das eheliche Glück festigen oder erschüttern: Die Entscheidung eines Paares, ob man das traditionelle Freitagsessen mit seiner oder mit ihrer Familie verbringen will, ist häufig Ursprung von Konflikten. Nihal identifizierte inkompatible Pärchen stets mit der Bemerkung, sie kämen von unterschiedlichen Tafeln.

★ ★ ★

Als mein Vater starb, kochten Freunde und Verwandte das Essen für den Empfang, der nach der Beerdigung stattfindet – so will es die Tradition. Am Tag nach seinem Tod schickte Bolbol zu Ehren meines Vaters dessen Lieblingsstück. Ohne Schrift.

★ ★ ★

Speisen, Köche und Essen im Allgemeinen gehören zu den häufigsten Themen in ägyptischen Sprichwörtern, die bevorzugt als Vehikel für den Transfer von Weisheiten von einer Generation in die nächste eingesetzt werden. Zum Beispiel das »gebrannte Kind«: Wer sich einmal die Zunge an der Suppe verbrannt hat, pustet auch in Joghurt. Oder

95

zum Thema Gastfreundschaft und Freundschaft: Eine mit Liebe angebotene Zwiebel schmeckt so köstlich wie eine Lammhaxe. Oder zum Karma: Wer Gift braut, wird es selbst kosten. Zum Thema »zuerst zuschlagen«: Verspeise ihn zum Mittagessen, bevor er dich zum Abendessen verschlingt. Zur Bedeutung einer herzlichen Begrüßung: Ein Gruß, der von Herzen kommt, ist besser als jedes Mahl. Und ein Spruch für all jene, die das Entgegenkommen anderer nicht zu schätzen wissen: Er isst und vergisst.

* * *

Wie diese Volksweisheiten wurden auch Rezepte mündlich weitergegeben. Mit dem Tod älterer Generationen und der Ablehnung kulinarischer Traditionen durch Jüngere gerieten alte Rezepte in Vergessenheit. Die Nische jener Frauen, die eine Chance bekamen, ihr Wissen niederzuschreiben – wie *Abla* Nazira mit ihren *Principles of Cooking* –, blieb relativ klein. Dennoch veränderte ihr Einfluss auf nachfolgende Generationen die Kochbranche, selbst wenn sie dafür kaum Anerkennung bekam. Ihre Worte und ihr Erbe blieben auf das Reich der Küche begrenzt, als Futter für unerschrockene Hausfrauen, die sich von ihren anspruchsvollen, arbeitsintensiven Rezepten nicht abschrecken ließen. Fatma war Analphabetin und lernte Rezepte auswendig. Messbecher brauchte sie dabei nicht, sondern verließ sich rein auf ihr Gefühl. Ihre Vormachtstellung in der Küche und ihre Position in unserem Haus entsprangen dem schwer fassbaren Wesen ihres Wissensschatzes. Die besagte Freundin meiner Mutter sparte nicht an Details ihrer Rezepte, aber hielt immer diese eine Zutat zurück, um ihre Vorherrschaft zu sichern. All diese Verhaltensweisen hatten mit Macht zu tun, schufen sie, festigten sie, schützten sie. In einem Land mit einem Hang zur Zensur zeugt es von einer gewissen Ironie, oder subversiven Energie, solche Geheimnisse für sich zu behalten. Denn: Was man nicht aufschreibt, kann einem niemand nehmen.

* * *

Es war ein Kochbuch, das mich eines Tages ins Büro des Zensors führte. An einem strahlenden Sonntagmorgen im Sommer des Jahres 2004, als ich mich bereits als sehr belesen, aber noch nicht allzu versiert im Leben erachtete, erhielt ich einen panischen Anruf von einem unserer Spediteure. In den zwei Jahren seit der Gründung von Diwan waren wir mit allerlei Situationen konfrontiert worden, die wir angesichts der vermeintlichen Harmlosigkeit der Buchhandelsbranche niemals vorausgesehen hätten. Durch die Eröffnung von Diwan wurden auch Hind, Nihal und ich zu anderen Menschen. Als Immigrantinnen im Land der Geschäfte wurde uns schlagartig klar, dass wir uns an diese neue Welt anpassen mussten, wollten wir, dass Diwan überlebte. Wir verstanden, dass wir von einem kollektiven Ökosystem aus Kräften und Widerständen abhängig waren. Das galt vor allem für so befremdliche Bereiche wie die Geschäftswelt, die Bürokratie oder die Verwaltung, Konstrukte, die wir noch zur Genüge kennenlernen sollten.

Als die Verkaufszahlen stiegen und der Lesegeschmack unserer Kundinnen und Kunden immer anspruchsvoller wurde, steigerte sich auch die Zahl der aus dem Ausland importierten Bücher. Einmal ließ uns der Spediteur wissen, dass eine Lieferung aus Großbritannien am Zoll hängen geblieben sei, weil die beinhalteten Titel angeblich die »öffentliche Moral« gefährdeten.

Die für die Lieferung verantwortliche Person – also ich – wurde gebeten, der Mogamma am Tahrir-Platz (wo sieben Jahre später die ägyptische Revolution ihren Lauf nehmen sollte) einen Besuch abzustatten.

Ich fragte meinen Anwalt, Dr. Mohamed, in der Sache um Rat.

»Es gibt keinen Grund, sich zu fürchten, *Ustasa*. Man will Sie dort lediglich kennenlernen. In nur zwei Jahren ist die Bekanntheit von Diwan beträchtlich gewachsen. Es war klar, dass sich Ihre Wege irgendwann mit der Zensur kreuzen. Stellen Sie sich das Ganze einfach vor wie einen Hund, der einen Fremden im Haus seines Herrchens beschnuppert«, beruhigte er mich.

»Mir ist bei Dingen, die ich weder verstehen noch lenken kann, nicht wohl.« (Die formale Sprache benutzte ich ganz bewusst. Wenn man mit männlichen »Autoritätspersonen« spricht, ist es üblich, solche Anstandsregeln einzuhalten.)

»Dann wird Ihr Aufenthalt auf Erden ein mühsamer sein. Vertrauen Sie auf den Willen des Herrn.« Dann bat er Adham, einen Juniorpartner seiner Kanzlei, mich zu diesem »freundschaftlichen« Besuch beim Zensor zu begleiten.

Präsident Mubarak war stolz darauf, dass es in Ägypten unter seiner Führung keine Zensur gab. So durften wir alles sagen und tun, was uns gefiel, solange es nicht gegen die Regeln verstieß. Als gesetzestreue Bürger wussten wir, dass es verboten war, etwas zu sagen, zu schreiben oder zu drucken, das die öffentliche Moral beleidigte, die nationale Einheit oder die gesellschaftliche Ordnung gefährdete, beziehungsweise den guten Ruf des Landes bei der ausländischen Presse beschmutzte. Ein Zuwiderhandeln konnte eine Inhaftierung, Strafzahlungen oder den Entzug von Lizenzen zur Folge haben. Mubarak lenkte unser Leben und unser Heimatland im Geiste eines altbewährten ägyptischen Sprichwortes: Bestrafe die Gefesselten, und es wird sich hüten, wer in Freiheit lebt.

Im Jahr 2008 wurde der oppositionelle Journalist Ibrahim Eissa zu zwei Monaten Gefängnisstrafe verurteilt. Die Anklage lautete auf Präsidentenbeleidigung, hatte er doch über Mubaraks schlechten Gesundheitszustand berichtet. Gegen ihn wurden Zivilrechtsprozesse eingeleitet, das Medienecho war groß. Am Ende wurde er von Mubarak begnadigt. Natürlich wanderte Eissa als angesehener Vertreter der »vierten Gewalt« nicht ins Gefängnis. Die ganze Show diente nur dazu, alle gewöhnlichen Bürger daran zu erinnern, dass die Regierung die Macht hatte, sie zu bestrafen.

Früher dachte ich, dass die Undurchsichtigkeit der Gesetze und die Willkür, mit der sie gedeutet wurden, unbeabsichtigt wären. Doch nach fast zwei Jahrzehnten als Unternehmerin in Ägypten weiß ich: Es ist so gewollt. Die alles durchdringende Ungewissheit und die endlosen Verzögerungen waren Mittel zur Kontrolle. Du siehst aus der Ferne zu, immer in dem Wissen, dass du selbst eines Tages an die Reihe kommst. Und bis dahin unterziehst du dich einer panoptischen Selbstzensur und wägst jedes deiner Worte sorgfältig ab, als ob du unter Dauerbeobachtung stündest.

* * *

Mein Fahrer Samir – ein abgebrühter Kenner des Kairoer Verkehrstumults – zirkelte am Tag meiner Vorladung beim Zensurbüro durch die verstopften Straßen von Mohandissin. Von überall in der Stadt hallten Gebetsrufe aus hoch aufragenden Minaretten zu uns herüber. Das hinderte Samir jedoch nicht daran, gelegentlich den ein oder anderen Kraftausdruck durch das hinuntergekurbelte Fenster zu schmettern. Die Auswahl reichte von »Du Esel!« über *Ya Chawal*! bis hin zu meinem persönlichen Favoriten: »Du bist weniger wert als eine gebrauchte Rasierklinge!« Samirs spezielle Verachtung galt den Minibusfahrern, die dafür bekannt waren, unter dem Einfluss jeder nur erdenklichen Droge unterwegs zu sein, die ihnen gehörig den Geist vernebelte. Ich hingegen konnte keinen Unterschied zwischen der haschischbedingten Missachtung menschlichen Lebens dieser speziellen Fahrerkategorie und anderen Lenkern erkennen – Samir mit eingeschlossen.

Seine Geringschätzung erstreckte sich auch auf Fußgänger. Ich schrie erschrocken auf, als plötzlich ein Mann wie aus dem Nichts auftauchte und sich mitten durch den Verkehr auf die andere Straßenseite schlängelte. Samir hätte ihn um ein Haar erwischt. In Kairo gab es keine Zebrastreifen, Fußgänger mussten also schon die Geschicklichkeit eines Olympioniken an den Tag legen, wenn sie überleben wollten, geschweige denn ihren Zielort erreichen: Sie sprangen auf fahrende Busse auf, quetschten sich hinein, um Platz für weitere Passagiere zu schaffen, und stiegen dann in voller Fahrt mitten im Fließverkehr wieder aus. Ampeln zeigten etwas völlig anderes als die Polizisten, die häufig mitten in den Kreuzungen standen. Es herrschte Chaos. Wir nutzten die Straßen als Ort des Protests, egal ob im Kollektiv oder als Individuum: So wurde die Missachtung von Verkehrsregeln eine Form des zivilen Ungehorsams, vergleichbar mit unserem kreativen Umgang mit der Bürokratie.

Samir war ein Jahr älter als ich. Scherzeshalber sagte ich manchmal zu meinen Freunden, er sei der einzige Mann außer meinem Vater, der mir je von Nutzen gewesen sei. Für mich und viele andere in meiner gesellschaftlichen Blase war es kein Luxus, in Kairo einen Fahrer zu haben, sondern eine schiere Notwendigkeit. Ägypten ist eine klassendiskriminierende Gesellschaft, in der die Kluft zwischen dem, was ein Mensch verdient, und dem, wie er lebt, nicht überbrückbar ist. Samir übernahm die Einzahlung meiner Rechnungen: Telefon, Strom, Wasser, Grundsteuer. Er erneuerte Lizenzen und Mitgliedschaften. Er setzte sich mit den Behörden auseinander. Diese verantwortungsvollen Aufgaben brachten lange, fächerförmige Warteschlangen mit sich und erforderten ein filigranes Netzwerk persönlicher Kontakte. Seit ich den Großteil meiner Zeit mit Arbeiten verbrachte, ersetzte mich Samir in vielen Dingen: Er setzte meine To-do-Liste auf, machte meine Einkäufe, feilschte mit Bolbol, dem Fleischer, brachte meine Bügelwäsche zu Akrams Hütte auf der gegenüberliegenden Seite von Zamalek und organisierte einen Liefertermin, bei dem ich dann auch endlich mal zu Hause war. Wenn ich in einem Meeting war und nicht ans Telefon gehen konnte, rief meine Mutter bei Samir an, der ihr dann meinen Terminplan für den Tag durchgab. An Tagen, an denen ich schon vor acht Uhr dreißig zu arbeiten begann, fuhr er meine Töchter in den Kindergarten, kaufte ihnen gegen meinen ausdrücklichen Wunsch Chips und stellte sicher, dass sie ihre Brotdosen nicht im Auto vergaßen.

Samir fand, dass es ihm zustand, zu den meisten Themen ungefragt seine Meinung zu äußern. Etwa zu meinen Problemen mit Nummer eins: »Der Schatten eines Mannes ist besser als der eines Baumes.« Nicht ohne einzuschränken: »Aber eine Frau wie du spendet genug Schatten für sich selbst und die Menschen, die sie umgeben.« Oder zu Mitarbeitern, die das Unternehmen bestahlen: »Der Schwanz eines Hundes wird niemals stillstehen.« Zu Menschen, die eine zweite Chance verdient hatten: »Nicht alle Finger an einer Hand sind gleich.« Wir verbrachten viele Stunden gemeinsam im Kairoer Stadtverkehr, wenn wir von einem Meeting zum nächsten fuhren. Dem ist geschuldet, dass Samir mehr über mich wusste als Nummer eins, immerhin der Vater meiner Kinder. Samir hörte sämtliche Telefongespräche mit an, die mit lauter Beichten, Streitereien und Beschimpfungen gespickt waren. Gelegentlich klopfte er, während ich am Telefon war, mit dem Finger auf das Handschuhfach vor mir, um seine Kommentare dazwischenzuflüstern. Er war vorlaut, ein bisschen schräg und ließ sich von verbalen Entgleisungen, egal welchen Ausmaßes, niemals die Stimmung vermiesen. Ungeachtet seines nachlässigen Auftretens (viel zu lautes Lachen, watschelnder Gang, schlampig rasierter Schnurrbart, fettige schwarze Haare und ein abgebrochener Vorderzahn) war er erstaunlich berechnend. Mit der Zeit wurde ihm bewusst, welche Macht er durch das Mithören anderer Leute Gespräche anhäufte, und er lernte, wann er Informationen weitergeben und wann er sie besser für sich behalten sollte. Ich vertraute ihm. In einer Gesellschaft, die von Klatsch und dem Handel mit Informationen lebte, hütete er meine Geheimnisse wie seine leiblichen Kinder.

Samir hielt und parkte den Wagen in dritter Reihe vor dem Gebäude, in dem sich das Büro von Adham, dem jungen Anwalt, befand. Während er wartete, verzichtete er darauf, die Warnblinker einzuschalten oder den Motor abzudrehen. Stattdessen stieg er aus, zündete sich eine Zigarette an und hielt eine zweite dem Polizisten hin, der sich eben näherte, um ihm einen Strafzettel anzudrohen. Er deutete auf den laufenden Motor und zeigte auf ein beliebiges Fenster im Bürogebäude, zündete die zweite Zigarette an und steckte sie dem Polizisten zwischen die Finger. Sie plauderten.

Ich blieb unterdessen auf dem Platz sitzen, der mir am liebsten war: dem Beifahrersitz. Frauen und Vorgesetzte saßen normalerweise hinter dem Fahrer, um die gewünschte Distanz zwischen Boss und Angestellten herzustellen. Ich hätte mich also auch hinten niederlassen können, aber Adham hätte es als Anmaßung empfunden, neben einer Frau zu sitzen. Ihm den Beifahrersitz anzubieten hätte ebenfalls gegen die ungeschriebenen Gesetze verstoßen. Als Gast musste ihm nämlich der bequemste Platz angeboten werden, und das war nun mal der Rücksitz.

Wir überquerten die Kasr-al-Nil-Brücke, die ins Stadtzentrum führte. Samir und Adham diskutierten die aktuelle Lage: die Stromausfälle in den ärmeren Vierteln der Stadt, den steigenden Kilopreis für Tomaten und die neuesten Gerüchte, die sich um Mubaraks Sohn Gamal rankten, den Thronfolger der Arabischen Republik Ägypten. Wir bogen am Tahrir-Platz rechts ab in die Abdelkader-Hamza-Straße, wo die Mogamma, jener Gebäudekomplex, der als Epizentrum der ägyptischen Bürokratie galt, in ihrer kolossalen Farblosigkeit aufragte. Als Teenagerin war ich schon einmal dort gewesen, nachdem ich meinen Personalausweis verloren hatte. Damals hatte es mich einen ganzen Monat gekostet, meine Geburtsurkunde aufzutreiben, Polizeiberichte auszufüllen und dem Staat zu beweisen, dass ich existierte. Dabei erlernte ich die hohe Kunst der Bestechung. Der Trick war, ein ausreichend zweideutiges Angebot zu unterbreiten für den Fall, dass jemand Verdacht schöpfte. Gab man zu wenig, war es eine Beleidigung, gab man zu viel, riskierte man, ausgebeutet zu werden. Als mein Antrag endlich fertig war, schob ich ihn gemeinsam mit einer Zwanzig-Pfund-Note unter der Glasscheibe durch. Er wurde genehmigt. In den Jahren danach wurde mir bewusst, dass Bestechung auch so eine Form des zivilen Ungehorsams ist: eine stillschweigende Übereinkunft zwischen Bürgern und Bürokraten, mit der dem offiziellen System der Regierung, in dem wir alle leben, eine Absage erteilt wird.

Wenn Gebäude ein Gedächtnis haben, hoffte ich, dass die Mogamma ihres verloren hatte. Der Betonkoloss, dessen Aufgabe es sein sollte, die staatliche Verwaltung zu zentralisieren und Bürgern die Möglichkeit zu geben, alle Behördengänge schnell und effizient zu erledigen, wurde an dem Platz errichtet, der nach dem Abriss der britischen Kaserne im Jahr 1945 frei geworden war. Für das Gebäude konnten wirklich nur Architekten eine Begeisterung entwickeln, denn es war ein Inbegriff von Eintönigkeit und der Tod jedweder Individualität. In seinen 1309 Zimmern wurden mehr als 20 000 Menschen pro Tag abgefertigt. (Die Mogamma war eigentlich sandfarben, aber in meiner Erinnerung war sie einfach immer nur grau.) Kafka schrieb: »Jede Revolution verdunstet und hinterlässt einen Bodensatz Bürokratie.«

Wir wurden in den neunten Stock geschickt, wo sich das Hauptbüro der Zensurbehörde befand. Ich legte meine Handtasche auf das Transportband der Sicherheitsschleuse und sah hoch in die Gewölbebögen. Wir wandten uns nach rechts zum imposanten Treppenaufgang, dessen Stufen abgenutzt und staubig waren. Gemäß der Geschlechterkonventionen ging Adham voraus. Es wäre nicht angemessen gewesen, vor ihm zu gehen und ihm meine Rückansicht zu präsentieren. Dieses Privileg wurde nur Unbekannten zuteil.

Wir passierten ein Stockwerk nach dem anderen: Passamt, Lizenzen, Geburts- und Todesbescheinigungen, Pensionen. Der muffige Geruch nasser Teppiche. Der säuerliche Gestank von Schweiß. Im neunten Stock sagte man uns, dass unser Büro in den dreizehnten Stock verlegt worden sei. Dort angekommen sah ich zu, wie Adham auf den *Farasch* zuging, ihn nach der Toilette fragte und ihm bei der Gelegenheit einen Fünfer zusteckte. Ich gab vor, es nicht zu bemerken. Wenige Minuten später geleitete uns der *Farasch* ins Büro des Beamten und ließ uns in den Metallstühlen vor dem Schreibtisch Platz nehmen. Aus einem gerahmten Bild schaute uns Mubarak entgegen, so war das in allen Regierungsbüros üblich. Adham sprach in sanftem Ton, während er den Beamten daran erinnerte, dass wir auf seine freundliche Einladung hin gekommen seien, um die verspätete Lieferung für den Buchladen Diwan zu besprechen.

Wenn schon Bestechung eine Kunst war, dann war der Umgang mit einem Beamten die Königsdisziplin. Als Frau war es meine Aufgabe, seiner Institution meine Ehrerbietung zu erweisen – und auch seiner Männlichkeit –, doch gleichzeitig sollte ich keine Angst zeigen, was als Schuldeingeständnis gewertet werden könnte. Adham sprach in meinem Namen, um den Beamten nicht gegen uns aufzubringen. Er schmeichelte ihm, redete ihm gut zu, schmiedete vorsichtig ein Bündnis.

Der Beamte blätterte durch die Papiere seiner Akte und zog irgendwann eine orangefarbene Rechnung heraus. Ich erkannte das Pinguin-Logo oben auf der Seite. Der Zensur war der Penguin Verlag als Herausgeber der *Satanischen Verse* bekannt, aber dieses Buch zu bestellen hätten wir uns niemals getraut. Im Geiste ging ich alle Bücher von Penguin durch auf der Suche nach dem Übeltäter: *Lolita*? *Lady Chatterley* mit ihrem Liebhaber? *1984* konnte es nicht sein, das war schon bei mehreren Lieferungen durchgegangen. Schließlich legte der Beamte Adham die Rechnung vor, auf der ein Titel angestrichen war. Daneben stand ein Satz in unleserlichem Arabisch. Als Adham mir das Blatt weiterreichte, steckten wir die Köpfe zusammen. Der Beamte wandte seine Aufmerksamkeit wieder der offenen Akte zu, während Adham und ich miteinander flüsterten.

»*Ustas* Adham, dieser Titel ist nicht wörtlich gemeint.«

»Was soll ich ihm sagen?«

»Was ich eben gesagt habe.«

»Was haben Sie noch mal eben gesagt?«

Der Beamte murmelte irgendeinen arabischen Satz über die Tugend der Geduld und unterbrach so unser Gespräch.

»Diese Sache entspricht nicht den Erwartungen, die wir an ein angesehenes Unternehmen wie Diwan haben, und an eine junge Frau wie Sie«, begann der Zensor erneut und nahm mich damit zum ersten Mal aktiv wahr.

»Natürlich nicht. Wie Sie sicher wissen, *ya Basha*, ist Diwan eine Institution, deren Ziel es ist, den Geist aller Ägypter zu bilden und zu erleuchten. Wir sind heute hier, um Ihnen und Ihren hehren Zielen zu dienen.« An dieser Stelle sah Adham mich an, damit ich auch etwas sagte, aber ich konnte nicht. Adham atmete hörbar aus und sprach weiter. »*Basha*, in Ägypten sind wir stolz auf unsere Frauen. Sie sind gute Ehefrauen und gute Mütter. Ihnen ist sicher bewusst, wie wichtig es für viele ist, mit den neuesten Moden aus dem Ausland vertraut zu sein…« Adham ließ seinen unfertigen Satz ausklingen. Unterdessen fixierte ich den Teppichboden und versuchte zu erkennen, wo das Muster endete und der Schmutz begann. Ich rieb mit dem Daumen über meinen Ehering, den ich auf dem Ringfinger trug.

»Wir von der Zensurbehörde sind immer am Puls der Zeit, überall im Land. Wir kennen die Moden, *bevor* sie entstehen«, erwiderte der Bürokrat.

»Natürlich, aber im Westen lässt die Moral zu wünschen übrig.«

»In der Tat, es ist verwerflich. Sehen sie sich nur die Frauen dort an. Wie kann ihr Gott sie nur so hinnehmen?«

»*Alhamdulillah ›ala koll shay*‹«, legte Adham nahe.

»*Alhamdulillah ›ala koll shay*‹«, bestätigte der Zensor.

»In Amerika dreht sich alles nur um Sex und nackte Haut. Die Menschen dort besitzen nicht die Weisheit des Islam, oder der Zensurbehörde, um sie zu schützen«, sprach Adham weiter, während der Beamte betroffen nickte. »Nur das ist der Grund, warum sie zu solch billigen Methoden greifen müssen, um Bücher zu verkaufen. Doch wer sind wir, um über andere zu richten? Wie schon der Prophet, Frieden sei mit ihm, sagte: ›Du hast deine Religion, ich habe meine.‹ Wissen Sie, *ya Basha*, niemand ist nackt in diesem Buch. Sie werden es kaum glauben, aber *The Naked*

Chef von diesem Jamie Oliver, es ist nur ein Kochbuch! So ein Unsinn! Aber was soll man machen? Wir leben in beschwerlichen Zeiten, und jetzt ist auch noch das Internet in unsere Häuser eingezogen und verbreitet immer größeres Übel.«

Während wir unsere Sachen zusammenpackten, um zu gehen, versprach Adham noch, dem Zensor für seine Kinder ein paar Malbücher zu schicken, als Dank für die Ehre, ihn kennengelernt zu haben. Ich wusste, dass uns das Büro bei der nächsten Lieferverzögerung, die es unvermeidlich geben würde, einfach anrufen würde. Jetzt, wo die Zweifel des Zensors zerstreut waren, konnte ich sorglos die ganze Palette von *Naked Chef*-Titeln bestellen, sobald sie erschienen: *Kochen für Freunde, Genial Kochen, Essen ist fertig! Jamie's Kitchen, Jamie kocht Italien, Jamies 5-Zutaten-Küche …* Mein Pakt mit Jamie half mir dabei, die ersten fünf Jahre der Ehe und des häuslichen Lebens zu überstehen. Seine Rezepte zeigten mir den Weg in die Küche und nahmen mir die Angst davor.

* * *

Einige Jahre später, als ich schon eine recht abgebrühte Buchhändlerin war, spazierte ich am Tag vor dem Geburtstag des Propheten Mohammed, der ein landesweiter Feiertag war, in die Büros eines anderen Verwaltungsgebäudes. Samir folgte dicht hinter mir, beladen mit einem Stapel Kartons voll traditioneller Geburtstagsnaschereien. Typischerweise waren darunter verschiedene Varianten von Sesam-, Pistazien- und Mandelriegeln mit Zuckerglasur, außerdem türkischer Honig. Es gab auch eine Puppe, die

»Braut des Geburtstags«, und einen berittenen Sultan, beide aus Zucker. Samir positionierte sich jeweils an der Ecke der Büronischen und überließ mir den Gang in die Mitte des Raumes. »*Sabah al-foll!* Ich brauche diese Vollmacht noch vor heute Mittag, und ich weiß doch, wie beschäftigt Sie alle sind. Als Zeichen unseres Respekts möchte Diwan Ihnen allen eine Schachtel Süßes anbieten, die Sie mit Ihrer Familie genießen können!«, brüllte ich quer durch das Großraumbüro und gab Samir ein Zeichen. Es war zum laut Loslachen, wie er den Stapel daraufhin mit einem einladenden Lächeln an den Mitarbeitern vorbeibalancierte. Das bürokratische Verfahren wurde blitzschnell aufgenommen und innerhalb von zwanzig Minuten abgeschlossen.

»Das wird Ihnen helfen, Ihre Figur zu halten«, sagte Samir zu der korpulenten Dame, die an der Kasse die offene Lade mit den zerknitterten Pfundnoten bewachte, Safe gab es dort keinen. »Machen Sie Ihre Frau doch glücklich und kommen Sie zur Abwechslung mal nicht mit leeren Händen nach Hause«, witzelte er, als er die Schachtel mit den Süßigkeiten lächelnd auf einem dreibeinigen Hocker neben dem Schreibtisch eines Beamten ablegte.

* * *

Finanziell war Diwan zwar kein riesiger Erfolg, aber definitiv ein moralischer Sieg, ein gelungenes Marketing-Experiment und ein Triumph unbeugsamen Willens. Wir führten ein hochkarätiges, arbeitsintensives Unternehmen, ohne Abkürzungen zu nehmen. Wir hatten eine Filiale mit einer Handvoll Mitarbeitern, die unsere Öffnungszeiten von fünfzehn Stunden pro Tag abdeckten. Einen Großteil der Arbeit, die hinter den Kulissen anfiel, erledigten wir selbst. Um nicht in die roten Zahlen zu rutschen und Betriebskosten einzusparen, opferten wir oft unsere eigenen Gehaltsschecks. Vielleicht taten wir das unbewusst auch, weil wir immer noch an unserem Wert für das Unternehmen zweifelten, das wir selbst gegründet hatten.

Trotz aller Widrigkeiten hatten wir den vielen Zweiflern und bösen Zungen bewiesen, dass es für eine moderne Buchhandlung in Ägypten eine Überlebenschance gab. Und wie das mit Pionieren eben so ist, hatten wir den Weg auch für andere geebnet. Nachahmer und billige Kopien entstanden nach und nach überall in der Stadt. Als unser Umsatz an diese neuen Läden abzufließen begann, die ihre Waren für ein oder zwei Pfund billiger anboten, mussten wir eine Entscheidung treffen. Entweder wir ließen unser Flaggschiff von diesen Trittbrettfahrern verdrängen, die es mit ihrer Nachahmung von Diwan zwar ernst meinten, jedoch nicht die gleiche Begeisterung für das Lesen aufbrachten, oder wir mussten Geld für eine großangelegte Expansion auftreiben und versuchen zu vervielfältigen, was eigentlich einzigartig war. Wir wollten unsere Reichweite vergrößern, waren aber nicht sicher, ob es möglich sein würde, den besonderen Zauber unseres ersten Ladens zu wiederholen und gleichzeitig seine Authentizität zu erhalten. Nur weil der erste Laden zum Erfolg geworden war, hieß das noch lange nicht, dass auch die anderen überleben würden. Außerdem wusste ich – obwohl es niemand direkt aussprach –, dass wir uns alle drei davor scheuten, noch mehr Verantwortung zu übernehmen. Unser Leben war schon unstet genug.

Wir hatten von einem Buchladen geträumt, und der

Traum war in Erfüllung gegangen. Warum waren wir damit nicht zufrieden? Zum ersten Mal in unserem Leben standen unsere eigenen Interessen dem entgegen, von dem wir dachten, es wäre das Beste für Diwan. Wir hatten bisher immer an einem Strang gezogen, jetzt nicht mehr. Nihal wollte, dass alles so blieb, wie es war. Die ehrgeizige Hind glaubte an die Expansion als einzigen gangbaren Weg: ganz oder gar nicht. Und ich teilte jeweils die Meinung derjenigen Person, mit der ich zuletzt gesprochen hatte. Wie unsere alte Köchin Fatma, die nach ihrer Beförderung so stark und dominant geworden war, hatte auch ich mich durch Diwan verändert, wenn auch zunächst kaum wahrnehmbar. Ich drängte Nihal, Mitarbeiter, die sich nicht gut machten, zu feuern, ohne ihnen eine zweite Chance zu geben. Ich war besessen von Verkaufszahlen. Plötzlich drehten sich all meine Beziehungen nur noch um gemeinsame To-do-Listen. Ich wusste, dass es irgendwo einen Mittelweg zwischen verwöhnter Hausfrau und gewinnsüchtiger Businesstyrannin geben musste und hoffte, ihn zu finden.

Doch eines war klar: Wenn wir wollten, dass Diwan überlebte, mussten wir Kompromisse bei unseren Idealen eingehen. Ich hatte bereits einen Anfang gemacht, etwa damals im Zensurbüro, als ich mich selber klein machte und Adham für mich sprechen ließ, von Mann zu Mann. Damals wusste ich, dass dies der einzige Weg war, den *Naked Chef* zu retten, und mich selbst. Es war ein kleines Opfer, aber was, wenn der Einsatz größer wurde? Wie viel würde ich hinnehmen, um unangenehme Dinge zu regeln? Was war ich bereit, für Diwan aufzugeben?

KAPITEL 4

Business und Management

Letztendlich war es Nihal, die unser neues Zuhause entdeckte. Eines Tages nahm sie Hind und mich beiseite, um ein Geständnis abzulegen: Sie war bei der Besichtigung einer wunderschönen, modernistischen, dreistöckigen Villa aus den 1950er-Jahren gewesen. »Mit Garten. In der Nähe von Heliopolis' Hauptstraße. Sie hatte einfach was von Diwan. Ihr müsst sie euch unbedingt ansehen.« Obwohl sie nach wie vor Bedenken hatte, die einzigartige und vertraute Atmosphäre des Stammhauses zu wiederholen, hatte sie nun doch begonnen herumzustöbern. Wir waren übereingekommen, dass unser nächster Standort, sollten wir je einen weiteren eröffnen, weit weg von Zamalek sein müsse. So grenzten wir die Suche auf *Maṣr el-gedīda* (Neues Ägypten) ein, eine wohlhabende Gegend, die auch unter dem Namen Heliopolis – griechisch für »Sonnenstadt« – bekannt ist. 1905 als Rückzugsort für die Reichen am Rande von Kairo erbaut, war Heliopolis vom belgischen Baron Edouard Louis Joseph Empain gegründet worden, der sich in Kairo niederließ, nachdem er Yvette Boghdadli, eine lokale Salonlöwin, kennen und lieben gelernt hatte. Gerüchten zufolge ließ er Heliopolis extra für sie bauen.

»Du glaubst doch auch daran. Und es ist uns praktisch in die Hände gefallen. Ich finde, wir sollten es wagen.« Mit Hinds Worten begaben wir uns auf eine Reise – eine Reise von unserem Leben als Buchhändlerinnen zu einem als Businessfrauen. Noch in derselben Woche besichtigten wir die Villa. Abseits von der Hauptstraße, aber doch gut sichtbar und einladend, haftete ihr eine Atmosphäre bescheidener Erhabenheit an. Oberhalb eines einfachen Gartens führte eine Reihe Stufen zum Haupteingang. Als wir unter dem Türbogen hindurch ins Gebäude traten, war ich mir endgültig sicher. Es fühlte sich einfach richtig an. Hier konnten wir uns unsere Zukunft vorstellen. Der Raum schien derartige Überlegungen zu begünstigen. Während wir die Kassettendecken betrachteten, sahen wir vor unserem inneren Auge bereits die Mahagoniregale mit ihren Edelstahlsockeln. Der hohe, vornehme Raum schrie förmlich nach einer kunstvollen Beleuchtung; später, nachdem wir den Deal abgeschlossen hatten, entwarf Minou für uns einen mit Diwans Schriftzug bedruckten Kronleuchter, den wir im Mittelpunkt der Wendeltreppe aufhängten. Kurz gesagt, wir hatten uns verliebt. Und wie bei Verliebten so üblich, verfielen wir in Träumerei: Wir wollten mehr erreichen, neue Räume erobern, uns verwirklichen und uns selbst sowie unser Glück auf die Probe stellen. Es folgten Monate der Planung, in denen wir uns um den Papierkram, die Lizenzen und die Einrichtung kümmerten, uns mit Minou trafen, neues Personal einstellten und ausbildeten. Wir entwarfen eine neue Einkaufstüte, deren Logo Heliopolis' architektonische Wunder zeigte: den im hinduistischen Stil gehaltenen Palast des Baron Empain und *El Korba*, das vom belgischen Architekt Ernest Jaspars entworfene Einkaufsviertel mit seiner Kombination aus islamischer und Art-Deco-Architektur.

Am Samstag, den 8. Dezember 2007, fünf Jahre und neun Monate nach der Gründung Diwans in Zamalek, eröffneten wir offiziell unseren zweiten Standort. Es war ein Meisterstück, wie es die Welt noch nicht gesehen hatte, eine absolute Wahnsinnstat: eine dreistöckige Villa voller Bücher. Bei der Gestaltung von Heliopolis hatten wir Zamalek stets im Hinterkopf; wir bemühten uns um Kontinuität in den einzelnen Abteilungen und unserem Café, passten den Laden aber auch an das neue Viertel an. Es folgten geschwisterliche Rivalitäten, nur diesmal zwischen den beiden Läden. Wir hatten sowohl alte als auch neue Angestellte zwischen den beiden Zweigstellen hin und her geschoben – mit unterschiedlichen Ergebnissen. Einige vom Personal waren der Meinung, nichts könne dem Original das Wasser reichen, andere wollten sich im neuen Laden beweisen. Hind, Nihal und ich versuchten all das in die Bahnen eines gesunden Wettbewerbs zu lenken, während wir gleichzeitig mit Panik wahrnahmen, welche Auswirkungen das Ganze auf unsere Familie hatte.

Von nun an verbrachten wir drei unsere Zeit wechselweise mal in diesem, dann wieder in jenem Laden; ganze Tage hielten wir uns im Café von Heliopolis auf – genauso wie es anfangs auch in Zamalek gewesen war. Auf unseren einstündigen Fahrten zwischen den beiden Geschäften trotzten wir dem furchtbaren Verkehr auf der Brücke des 6. Oktober. Während dieser täglichen Pendelfahrten wurde sogar mein Auto zu einem provisorischen Büro umfunktioniert. Als unser Arbeitspensum immer größer und unsere Zeit immer knapper wurde, mussten Hind, Nihal und ich uns eingestehen, dass wir nicht jede Entscheidung gemeinsam fällen konnten. Wir mussten unsere Verantwortungsbereiche klarer abgrenzen.

Nihal übernahm die Verwaltung der beiden Cafés, des Personals, der Instandhaltung, der Räumlichkeiten sowie die Leitung der Abteilung für Schreibwaren und Impulskäufe. Hind überwachte die geschäftlichen Transaktionen, unsere Warenlager und alles Arabische (Bücher, Musik, Film). Und ich war für unsere englischen und französischen Bücher, das Marketing und die Finanzen zuständig. Jede von uns wurde von den Bereichen angezogen, für die sie brannte, war aber auch einverstanden, etwas zu übernehmen, das sie hasste (siehe »Finanzen«).

Als Diwan mit der Zeit immer größer wurde, hatten wir zunehmend Schwierigkeiten, Schritt zu halten. Die Arbeitslast, ohnehin schon ernüchternd, verdoppelte sich. Wir machten kleine Fehler. Wir setzten unser Vertrauen in unser Personal. Die meisten waren sehr engagiert, aber manche waren unehrlich. Einige bestahlen uns sogar. Und die ganze Zeit über zweifelten wir an unseren eigenen Fähigkeiten. In unseren späteren Jahren machten wir immer wieder auch größere Fehler. Unsere Einbußen stiegen um ein Vielfaches. Und wir schrieben sie großzügig ab.

* * *

Das Einräumen der Regale erforderte mit steigender Anzahl mehr Sorgfalt denn je. Kaum hatte ich einen Bereich ordentlich sortiert, brachte eine Kundin das ganze System wieder durcheinander: Für irrelevant befundene Bücher wurden verpflanzt und ungewollte Titel willkürlich aufeinandergestapelt. Doch ich hatte meine Freude daran, das Chaos zu beseitigen, mit einer Ausnahme: die Abteilung Business und Management. Obwohl oder vielleicht gerade weil ich ein Unternehmen besaß, hatte ich kein Interesse an Büchern zu diesem Thema – ganz im Gegensatz zu Diwans Kunden. Titel aus diesem Bereich verschwanden haufenweise. Angesichts der wachsenden Nachfrage erweiterte ich die Abteilung und gliederte sie nach thematischen Schwerpunkten auf: *Finanzen, Management, Marketing, Persönlichkeitsentwicklung* und *Erfolgsgeschichten*. Da ich mit der Zeit zunehmend von Büchern überschwemmt wurde, von deren Autoren ich noch nie gehört hatte, erfand ich ein Spiel: Ich stellte mir vor, wie mein Vater sie beurteilt hätte. Warren Buffet (den amerikanischen Investor und momentan viertreichsten Menschen der Welt) und Robert T. Kiyosaki (den Autor der Reihe *Die Geheimnisse des Geldes*) hätte er bewundert, da war ich mir sicher, und zwar, weil sie dem finanziellen Wohlergehen einen höheren Wert beimaßen als dem sozialen Status. Da mein Vater zeitlebens mehr Achtung vor praktisch als vor theoretisch erworbenem Wissen hatte, konnte ich mir sein Misstrauen gegenüber Unternehmensberatern und Professoren wie Jim Collins, Stephen Covey und Philip Kotler nur allzu gut vorstellen. Und weil er wusste, dass komplizierte Probleme nach umfassenden Maßnahmen verlangen, hätte er für Bücher, die schnelle Lösungen versprechen, wie *Der Minuten-Manager*, nur Spott übriggehabt. Ich lächelte, als ich mir die Abneigung meines Vaters gegen einen unserer Bestseller vorstellte – *Wie man Freunde gewinnt: Die Kunst, beliebt und einflussreich zu werden*. Ihm war es immer scheißegal gewesen, wem er auf welche Weise auf die Füße trat.

Mit der Zeit fiel mir eine Besonderheit auf. Seltsamerweise tendierte die Kundschaft der Businessabteilung zum Kauf von Hardcover-Ausgaben. In den anderen Bereichen beschränkte sich diese Tendenz auf Bücher von J. K. Rowling, Dan Brown und ihre heiß ersehnten Fortsetzungen. Anders als Amerikaner kauften Ägypter generell selten gebundene Bücher – unser Markt war und ist sehr preisempfindlich. Für den Großteil der Bevölkerung galt sogar schon ein Taschenbuch als unbezahlbarer Luxus. Die meisten Ägypter hatten kaum genug Geld für Lebensmittel, Kleidung, Unterkunft, Bildung und Gesundheitsfürsorge. Und falls doch mal etwas übrig blieb, gab man es nicht für Bücher aus. Darüber hinaus war die Wirtschaft immer noch angeschlagen, nachdem die Zentralbank 2003 beschlossen hatte, das ägyptische Pfund frei »floaten« zu lassen, es also vom Wechselkurs des Dollars zu lösen, woraufhin es an Wert verlor. Ein beliebtes Sprichwort brachte die Situation auf den Punkt: Das Auge begehrt, was die Hand nicht zu fassen vermag. Sprich, es wurden noch weniger teure Hardcover-Ausgaben verkauft – außer im Businessbereich. Ich fragte mich, woran das liegen mochte. Gehörten diese Schinken etwa standardmäßig zur Büroausstattung? Präsentierten Geschäftsmänner sie wie ihre gerahmten College-Zeugnisse, um ihren Unternehmen eine Atmosphäre des Erfolges und der Gelehrsamkeit zu verleihen? Nach dem Motto: Geschäftsmänner können es sich leisten, Bücher zu kaufen?

Auf der Suche nach Antworten begab ich mich auf Hinds Seite von Heliopolis. Ihre arabischsprachige Businessabteilung war vollgestopft mit den Übersetzungen meiner englischsprachigen Bestseller. Bücher von arabischen Autoren gab es zu diesem Thema seltsamerweise nicht.

»Kann ich dir irgendwie weiterhelfen?«, fragte Amir mit einem Lächeln. Amir, einst ein *Darbuka*-Spieler in einer umherziehenden Band und nun Hinds Einkäufer für die arabische Abteilung, sah gut aus; er war groß, hatte den Teint einer reifen Dattel, nach hinten gegelte Haare und trug eine Brille mit Drahtgestell. Das Auffallendste an ihm war jedoch seine schnelle Auffassungsgabe. Er schien jeden, den er traf, um den Finger zu wickeln.

»Ja. Wo finde ich die Businessbücher von arabischen Autoren?«

»Die gibt es nicht. Zumindest noch nicht, aber das kannst du ja ändern, *Ustasa*!«, witzelte er. »Okay, Scherz beiseite – es gibt Ibrahim Elfiky, aber der schreibt mehr über Persönlichkeitsentwicklung als über Businessthemen.«

»Fragen die Kunden nicht nach einheimischen Autoren?«

»Nein. Die lesen lieber die Ausländer.« Amir kniff die Augen zusammen, während er vor sich hin sinnierte. »Ich glaube, dem Rat eines Einheimischen würden sie nicht trauen. Da lesen sie lieber die Erfolgsgeschichten der Amerikaner.« Ihre Skepsis war sehr wohl begründet. Dank Nassers Reformen waren Unternehmen beschlagnahmt und dem Volk als Gemeinschaftseigentum versprochen worden. So wurden aus ehemals florierenden Firmen ineffiziente Beamtenapparate, denen Menschen vorangestellt waren, die keine wirkliche Handlungsmacht und kein echtes Eigentumsrecht verspürten. Nach seiner Wahl im Jahr 1970 führte Sadat, der damit die schwächelnde Wirtschaft retten wollte, die *Infitah*-Politik ein; der Begriff *Infitah* bedeutet wörtlich übersetzt »Öffnung« und steht für eine auf Öffnung der Märkte ausgelegte Wirtschaftspolitik, die private (und meist ausländische) Investoren anlockte. Mubarak, der nächste Präsident, rief ein

Privatisierungsprogramm ins Leben, das ebenfalls darauf abzielte, die staatlichen Eigentumsrechte an den vielen Unternehmen abzustoßen, deren Wert aufgrund von schlechter Verwaltung und Korruption gesunken war.

»Harte Arbeit allein führt nirgendwohin«, fuhr Amir fort. »Bestechung aber schon. Wir wissen aus Erfahrung, dass man Geschäftsmännern nicht trauen kann; sie sind wie fette Katzen, die durch Betrug reich geworden sind. Erfolg ist für uns kein Grund zu feiern. Er ruft zwar Neid hervor, aber wir sind uns auch darüber im Klaren, dass dabei eine gewisse Skrupellosigkeit im Spiel gewesen sein muss.« Er hielt inne, als wollte er eine Frage beantworten. »Bete, dass Diwan das verkraftet. Hoff lieber mal, dass euer Laden nicht zu erfolgreich wird.« Seine Worte waren wie das Echo der wiederholten Warnung meines Vaters: »In diesem Leben ist es besser, wenn du dich ruhig verhältst und hoffst, dass dich niemand bemerkt.«

Während ich mich daranmachte, das Lager mit neuen Businesstiteln aufzustocken, dachte ich an Amir und meinen Vater. Gleichzeitig wurde es zu einem immer persönlicheren Projekt. Einst eine zwanghafte Leserin belletristischer Literatur, hatte ich noch in Diwans ersten fünf Jahren dem Drängen und den Forderungen meiner neuen Persönlichkeit als Businessfrau – eine Bezeichnung, die mir mit zunehmendem Wachstum unseres Unternehmens (mit unserem neuen Büro und Personal, den neuen Abteilungen und jetzt auch noch dem neuen Standort) immer mehr anhaftete – allmählich nachgegeben. Ich gab mir zwar alle Mühe, scheiterte jedoch daran, mich selbst als Geschäftsperson zu sehen. Auf der Suche nach Antworten griff ich wie immer zum Buch. In der Hoffnung, auf ihren Seiten etwas zu finden, das mich leiten würde, gehörte ich bald zu Diwans hingebungsvollsten Leserinnen von Business- und Managementbüchern, was alle, mich selbst aber am meisten überraschte. (Meine Erfahrung mit Sachliteratur beschränkte sich bis dahin auf die Bücher zum Thema »Gender Studies«, die ich im College gelesen hatte.) Obwohl es den Büchern nicht gelang, mich zu begeistern, las ich weiter, angetrieben von meiner Unsicherheit und der Hoffnung auf Selbstoptimierung. Mit Zahlen hatte ich es nie. Worte lagen mir mehr. Ich hatte keine Ahnung von Businessplänen, Nettoprofiten, Bruttogewinnen und Führungsebenen. Ich wusste nur, dass meine Pläne dazu führten, dass ich Grenzen überschritt.

Beim Lesen stieß ich auf meine Nicht-Existenz. Was meinen kulturellen Kontext anging, waren die Bücher blind; Menschen wie ich waren in der Übersetzung verloren gegangen. Keiner dieser Autoren bot Strategien im Umgang mit ägyptischer Bürokratie. Standardleitfäden wie Ratschläge zur Budgetplanung konnten dem eigenartigen Albtraum keine Rechnung tragen, den es bedeutete, umgeben von Chaos aus dem Nichts ein System zu erschaffen (wie zum Beispiel ISBN-Nummern oder Umsätze). Welcher Rat konnte mir schon helfen angesichts der Tatsache, dass es jedes Mal, wenn eine Sendung am Flughafen in Kairo ankam, eine Woche bis hin zu drei Monaten dauerte, bis diese freigegeben wurde – abhängig von Kapazitäten, Personal, fehlendem Papierkram und einem Wirrwarr aus Regulierungen. Wie sollte ich Stabilität garantieren, wenn alles, was unter Fixkosten hätte fallen sollen, freie Variablen waren? Wie sollte ich mit Arbeitskräften umgehen, die lieber als Angestellte der Regierung gearbeitet hätten, für einen Chef also, der zwar weniger zahlte, dafür aber auch weniger verlangte? Oder mit Kundschaft, die Diwan für eine Bibliothek hielt und versuchte, Bücher zurückzugeben, nachdem sie sie gelesen hatte? Praktische Mittel waren nutzlos in einer unpraktisch veranlagten Landschaft, die nur einer Regel zu folgen schien: *in schā' Allāh, bukra, maalesh*. Die Worte spielen mit den typisch bürokratischen Antworten, die man auf Anfragen erhält: So Gott will, morgen, vergiss es. Und dann gab es da ja auch noch die zusätzliche Dimension des sozialen Geschlechts. Diese männlichen Autoren, Geschäftsleute und Unternehmer waren alle in diese Welt gekommen, ohne jemals infrage zu stellen, dass sie ihnen gehörte, wohingegen ich mir teilweise sogar schon in meinem eigenen Laden fehl am Platz vorkam.

Ich fragte mich, ob die Bücher meinen Kunden etwas brachten. Welche Lektionen zogen sie daraus? Viele ägyptische Firmen waren eine One-Man-Show, getrieben von einer starken männlichen Führungspersönlichkeit. Unsere Kultur ist an Pharaonengestalten gewöhnt. Zu delegieren wird als Zeichen der Schwäche gewertet; so geht man das Risiko ein, über den Tisch gezogen zu werden. Woanders verstehen die Menschen vielleicht, dass eine Zusammenarbeit die Effizienz erhöht und die Angestellten selbstständiger werden lässt. Rein theoretisch stimme ich dem auch zu, aber dennoch fällt es mir schwer zu delegieren. Ich kann das nicht mal darauf schieben, dass ich ein Kontrollfreak bin, denn ich wurde aus gutem Grund kontrollsüchtig: Ich konnte nicht darauf vertrauen, dass andere meine Arbeit gemäß meinen Erwartungen ausführten. Vielleicht war das Leistungsniveau, das ich anstrebte, einfach unerreichbar. Nur Hind und Nihal konnten verstehen, warum ich immer noch darauf bestand, die Bücher selbst in die Regale zu räumen, obwohl ich doch so viele andere Verpflichtungen hatte: Es war nun mal so, dass sich der Großteil meines Personals vor einer alphabetischen Sortierung der Titel drückte. Ihnen erschien es völlig ausreichend, die Regale schnell abzustauben, bevor sie ihnen wieder den Rücken kehrten. Da ich mich also nicht auf andere verlassen konnte, hatten alle Aufgaben die gleiche Bedeutung für mich: Kleinste Arbeitsschritte hielten mich nachts ebenso wach wie Mammutaufgaben.

Erfolg und Anerkennung waren beides Ziele, denen ich mich mit gemischten Gefühlen näherte. Ich teilte Amirs Misstrauen gegenüber Ersterem und erinnerte mich nur zu gut an die Warnung meines Vaters vor Letzterem. Doch mit beidem schlug ich mich nun herum. Zamalek erlangte mittlerweile auch international immer größere Bekanntheit, weshalb neben unseren Stammgästen täglich auch immer mehr Touristinnen bei uns einkauften. Heliopolis war ein größerer Laden, eine physische Manifestation unseres Erfolges. In den Augen Anderer war plötzlich auch *ich* als Mrs Diwan erfolgreich. Die Sichtbarkeit, die mit meinem Dasein als Mrs Diwan einherging, war ein bisschen beklemmend. Vielleicht lag das Problem in der Sprache: Neue Wörter, Titel und Identitäten konnten keinen echten Eindruck von der Realität vermitteln. Auf der einen Seite hatte ich das Gefühl, wertgeschätzt zu werden – wahrgenommen, bestätigt. Kann es Erfolg überhaupt geben, wenn er von niemandem sonst bemerkt wird? Auf der anderen Seite empfand ich unglaubliche Angst bei dem Gedanken, dass mein größter Traum gerade meinem Kopf entrissen und in die Welt hinausgetragen wurde. Die unglaubliche

Verletzlichkeit, die entsteht, sobald man einen persönlichen Gedanken öffentlich macht, quälte mich und wurde durch den neuen Laden noch verstärkt. Doch ich konnte nun mal nicht an zwei Orten auf einmal sein. Ich musste loslassen. Also bat ich meine Freundin Yasmin um Rat. Der lautete, ich solle aufhören zu grübeln. »Die ewige Grübelei schmälert nur, was ist. Sie ist nichts als Ablenkung. Du musst endlich mal einsehen, dass ein Gedanke nichts weiter ist als das – ein Gedanke. Du hast schon immer viel Wirbel gemacht. Akzeptier doch einfach mal die Ruhe. Verabschiede dich von alten Narrativen, die dir nicht länger dienen. Ich verspreche dir, dass sich neue auftun werden.« Und als ich ihre Worte sofort auf meine To-do-Liste schrieb, blaffte sie mich an: »Verdammt noch mal! Wenn du mal aufhören würdest, so viel zu tun, dann könntest du vielleicht mal anfangen, einfach nur zu sein.«

* * *

Ich erinnere mich noch gut an ein unseliges Meeting eines Sommermorgens im Jahr 2008 – mit einem Mann, der aus Diwan ein Franchise-Unternehmen machen wollte. Es war außergewöhnlich heiß an diesem Tag. Samir hatte weit weg vom Laden geparkt. Als ich Heliopolis betrat, spürte ich, dass sich die Kraft der Sonne in meiner Erscheinung – mit rosigen Wangen und feuchten Haaren – widerspiegelte. Ich lege extremen Wert auf Pünktlichkeit und verabscheue Menschen, die ständig zu spät kommen. Vor der Treppe, die zur Villa hinaufführt, blieb ich stehen und warf einen Blick auf die Uhr, um sicherzugehen, dass ich bis zum Meeting noch ein paar Minuten Zeit hatte. Wohl wissend, dass die

Tische des Cafés im Außenbereich an einem Tag wie diesem nur von verzweifelten Rauchern besetzt sein würden, beschloss ich, eine Runde durch den Garten hinter dem Haus zu drehen und nach dem Rechten zu sehen. Zufrieden stieg ich die Stufen zur Villa hinauf, trat durch den Torbogen und blieb einen Moment im Gang stehen, um mich im Luftzug der Klimaanlage abzukühlen. Während mein Blick über die Auslage gegenüber dem Kassenterminal wanderte, fiel mir das Durcheinander der dort ausliegenden Bücher auf. Ich nahm es mit Missfallen zur Kenntnis und stieg, um Minous Kronleuchter kreisend, die Wendeltreppe zum zweiten Stock hinauf. Ebenfalls von Minou erdacht, hingen an den Wänden um mich herum Porträts großer Denkerinnen und Macher unterschiedlicher Herkunft und aus den verschiedensten Disziplinen und Zeiten: Scheich Muhammad Abduh (Ägyptens liberaler Reformator des Islam), Simone de Beauvoir, Marie Curie, Mahatma Gandhi, Pablo Picasso, Malcolm X, Mayy Ziyadeh und viele andere mehr. Als ich ins Café kam, sah ich Nihal, die tief versunken in Eckhart Tolles *Jetzt! Die Kraft der Gegenwart* an einem Tisch in der Mitte saß. Meine Augen suchten immer ganz automatisch den Blick der ihren, die grün und geduldig waren. Sie legte ihr Lesezeichen zwischen die abgegriffenen Seiten und das Buch auf den Tisch.

»Warum will unser Personal eigentlich nicht einsehen, dass gut sortierte Auslagen ansprechend wirken? Sie machen es möglich, dass die Kundschaft auf Bücher aufmerksam wird und sie dann vielleicht, hoffentlich, verdammt noch mal kauft, damit wir die Scheißlöhne zahlen können!«, klagte ich. »Ich dachte ja schon, dass die Bücher beim Eingang schlecht sortiert sind, aber die bei den Treppen sehen aus wie die Orangenpyramiden von den Obstverkäufern. Wir haben das doch letzten Monat erst besprochen.«

»Sag das der Marketingabteilung und lass das mit dem Micromanagement.« Nihals Gesichtsausdruck blieb gelassen. Sie goss Wasser in das leere Glas vor mir. »Ich liebe Eckhart Tolle. Den solltest du auch mal lesen.«

»Meine momentane Bettlektüre ist *How to Write a Successful Business Plan* und *Die Sieben Wege zur Effektivität*. Ich bin gerade erst fertig geworden mit *Die Mäusestrategie für Manager. Veränderungen erfolgreich begegnen.* Und weißt du was? Ich kann Veränderungen trotzdem nicht ausstehen. Und Selbsthilfebücher erst recht nicht.«

»Pass auf, dass deine Leidenschaft für Diwan nicht deine Leidenschaft für's Lesen erstickt«, sagte sie, während sie mit einer kleinen braunen Glasflasche gegen ihre Handfläche klopfte. Sie schraubte den Deckel auf und träufelte fünf Tropfen in mein Wasser. »So, wie wir sind, sind wir erfolgreich. Man kann nicht alles planen«

»Du weißt ganz genau, dass ich nicht an diesen homöopathischen Mist glaube.« Ich hob mein Glas hoch und sah zu, wie die Tropfen sich auflösten.

»Macht nichts. Es wirkt trotzdem.«

»Ich bin mir nicht mal sicher, ob mir diese Businessbücher überhaupt irgendetwas bringen. Sie sprechen mich irgendwie nicht an und haben absolut nichts mit meiner Situation zu tun.«

»Dann lies doch einfach wieder Belletristik. Vielleicht findest du darin eher, wonach du suchst.«

»Wo bleibt eigentlich der Franchise-Typ? Ich hasse es, wenn Leute zu spät kommen.«

»Der Verkehr ist aber auch furchtbar.«

»Wenn er nicht zufälligerweise Tourist ist, weiß er das genauso gut wie wir.«

»Hind ist auch noch nicht da. Reg dich doch darüber auf«, sagte Nihal neckisch.

»Hind hat mich und uns alle über die Jahre sehr gut abgerichtet. Wir wissen ganz genau, was wir von ihr erwarten können«, antwortete ich resigniert. Da sie zeit ihres Lebens gegen unseren Vater rebellierte, der Pünktlichkeit als Voraussetzung des Menschseins begriff, war Hind noch kein einziges Mal zu früh oder auch nur pünktlich zu einem Event erschienen. Während unserer Kindheit und Jugend war ich immer fünf Minuten vor jedweder Zeit, die uns unser Vater genannt hatte, zu Hause gewesen; für Hind dagegen war ein Zeitplan nichts weiter als eine willkürliche Ansammlung von Zahlen, die dazu diente, ignoriert zu werden. Bis heute fahren wir getrennt zu denselben Meetings. Ich bestehe darauf, fünf Minuten früher da zu sein, ihr macht es nichts aus, wenn sie fünf Minuten zu spät kommt. Und dann streiten wir.

Während die Minuten langsam verstrichen, fing ich den Blick eines unserer Angestellten im Kundenservice auf und lenkte ihn auf die unordentlichen Auslagen. Shahira, unsere dienstälteste Managerin in Zamalek, die die Nachforschungen zu meiner Ballerina angestellt hatte, ermahnte mich immer wieder, nicht zu streng mit unseren neuen Angestellten zu sein. Ihrem Rat folgend versuchte ich tief durchzuatmen; um dann meine gesamte Frustration in seine Richtung zu lenken, indem ich unverhohlen die Buchauslage und dann wieder ihn anstarrte. Irgendwann marschierte ich doch zu ihm hinüber, um meine Unzufriedenheit kundzutun. Als ich zurückkam, sprach Nihal mit einem jungen

Mann, der einen kurios schlecht sitzenden Anzug mit viel zu breiten Schulterpolstern und gekürzten Hosen trug. Sein unheimlich weißes Gesicht mit den braunen Augen war von einem bemerkenswerten Bart umrahmt; nur der dazugehörige Schnurrbart fehlte noch. Er hatte etwas Unehrliches an sich. Sogar sein lockeres Outfit wirkte gekünstelt.

»Der Verkehr muss heute Morgen ja furchtbar sein« – ich eröffnete das Gespräch eher mit einer Salve als mit »Salve«. Er lächelte, entschuldigte sich aber nicht. Wir boten ihm Tee, Kaffee oder türkischen Kaffee zur Auswahl an. Er lehnte ab und begann mit seinem Vortrag.

»Diwan hat sich ja in Nullkommanichts einen Namen gemacht. Ich hätte mir nie träumen lassen, dass Ägypter so viel lesen oder überhaupt gewillt sind, ihr Geld für Bücher auszugeben.«

»Ein Sprichwort besagt: ›Ägypter schreiben Bücher, die Libanesen veröffentlichen sie, und die Iraker lesen sie‹«, konterte ich. »Wir haben hier einen Ort des Erlebens geschaffen, und deshalb sind wir erfolgreich.«

»Entschuldigt, dass ich zu spät bin«, sagte Hind, während sie beiläufig auf den letzten freien Stuhl schwebte. Sie musterte unseren Gast aufmerksam und drängte darauf, das Meeting ohne weitere Unterbrechung fortzusetzen.

»Ja, und Sie setzen einen hohen Maßstab. Einer meiner Lieblingsbusinessgurus sagt: ›Das Gute ist des Großartigen Feind‹.« Er lehnte sich zurück, als erfreute er sich an seiner eigenen Gewitztheit.

»Unser Feind ist die Durchschnittlichkeit«, bot ich ihm an.

Endlich kam der Mann auf den Punkt. Wir sollten uns eine Welt voller Diwans vorstellen: Mini-Diwans in Wohnwagen in ländlichen Gegenden; Kiosks in Shoppingzentren; kleinere Verkaufsstellen an Universitäten und Gegenden der mittleren Einkommensklasse; und sogar eigenständige Diwan-Cafés. Ich erinnerte ihn daran, wie klein wir noch waren mit unseren zwei Läden, zwischen denen ein Altersunterschied von gerade mal fünf Jahren bestand. Aber dennoch – die Vorstellung einer regionalen Ausbreitung Diwans hatte etwas Verlockendes.

»Die Größenordnung, die Sie da anpeilen, ist ein bisschen ...« – ich verstummte und ließ mein Schweigen für sich sprechen. Doch er ließ sich nicht beirren. »Diwans Moment ist gekommen. Denken Sie an Jack Welchs Worte: ›Nimm dein Schicksal selbst in die Hand, oder es tut jemand anderes für dich‹.« Die Vorstellung, dass aus dem Mund dieses Kerls etwas Aufschlussreiches kommen könnte, widerstrebte mir.

Während unser schmieriger Gast die Kunst des Franchising erläuterte und uns wissen ließ, welchen bescheidenen Betrag sein Unternehmen dafür einstecken und welchen Dienst wir Gott und dem Land damit erweisen würden, lauschte Nihal aufmerksam. Wahrscheinlich übte sie sich in achtsamer Akzeptanz, wie sie von ihrem damaligen Guru Eckhart Tolle proklamiert wurde. Nicht gewillt, die Verspätung des Mannes zu entschuldigen, sah ich immer wieder auf die Uhr. Nach genau vierzig Minuten schloss ich mein Notebook. Ich ließ es in den geöffneten Schlund meiner Tasche gleiten, die wie ein Schoßhündchen neben mir lag. Er hielt inne. »Ich sehe schon, dass ich zu viel Ihrer Zeit in Anspruch genommen habe. Hier ist meine Karte. Denken Sie über meinen Vorschlag nach; ich melde mich.« Auf dieses Stichwort hin standen Hind, Nihal und ich auf; ich streckte ihm die Hand entgegen. Er betrachtete sie, dann sah er mich verblüfft an. Ich ließ meine Hand, wo sie war. Er bot mir seinen Ellbogen. Fragend legte ich den Kopf schief.

»Ich gebe Frauen nicht die Hand.« Eine, zwei, drei, vier, fünf Sekunden verstrichen. Dann zwang ich mich zu einem breiten Lächeln.

»Dann vielleicht eine Umarmung?«, schlug ich vor. Fassungslos und außer sich wandte er sich ab und ging hinaus. Keiner von uns kam es in den Sinn, ihn zur Tür zu begleiten. Unser Gelächter hallte in Diwans Café wider. Ich fragte mich, ob es ihn die Treppen hinunterbegleitete. Es war mir aber auch egal.

»Und du warst beleidigt, weil er sich für seine Verspätung nicht entschuldigt hat!« Nihal schlug ungläubig die Hände zusammen, ihre Augen funkelten fröhlich.

»Ich persönlich bin ja enttäuscht, dass du ihn nicht einfach umarmt hast«, meinte Hind.

»Oder ihm den Ellbogen ins Gesicht gerammt habe! Vielleicht hilft der homöopathische Mist ja doch?«, sagte ich vergnügt.

Während wir unsere Sachen einsammelten, sprach Nihal aus, was ich dachte: »Wie kommt ein Mann darauf, ein von Frauen gegründetes und geführtes Unternehmen in ein Franchise verwandeln zu wollen, wenn er denkt, Frauen seien es nicht mal wert, dass man ihnen die Hand gibt?«

»Weil er es kann«, sagte Hind und schloss ihre Tasche mit einer Endgültigkeit, die unserem Gelächter und jeder weiteren Diskussion ein Ende setzte.

Rückblickend betrachtet hätten wir die Zeichen eigentlich erkennen müssen: der lange Bart ohne Schnurrbart, die Hosenbeine, die gekürzt worden waren, damit sie den Dreck auf dem Boden nicht berührten. Beides erinnerte an Bräuche, von denen die Salafisten glauben, sie entsprächen der *Sunna* – der Handlungsweise – des Propheten. Der Salafismus, eine der Erweckungstheologie zugehörige Bewegung des sunnitischen Islam, entstand Ende des neunzehnten Jahrhunderts als Reaktion auf den westlichen Imperialismus. Er tritt für eine Rückkehr zu den Anfängen des Islam ein, als noch »reinere« Formen der Verehrung gängig waren. Die hier beschriebene Situation hatte sich jedoch vor der Revolution zugetragen, und dementsprechend hatten unsere ägyptischen Mitbürger ihr wahres Gesicht noch nicht gezeigt; so blieben diese Zeichen religiöser Zugehörigkeit unbemerkt. Die Mubarak-Regierung unterstützte vor allem die etablierte Form des Islam. Die Mitglieder religiöser Splittergruppen passten sich an und gaben ihre Einstellung nur durch subtile Signale preis, die lediglich ihre Glaubensbrüder zu lesen vermochten. Sie führten ein unauffälliges Leben, propagierten aber dennoch ihre strenge religiöse Praxis und warteten auf ihre Chance: Und die sollte kommen. Mit dem Fall Mubaraks ließen ganze Gruppen, deren Bezug zum Islam bis dahin bestenfalls als schwach beschrieben werden konnte, die Masken fallen und offenbarten das ganze Ausmaß ihrer Macht. Ich habe während Mubaraks dreißigjähriger Amtszeit keinen einzigen Menschen kennengelernt, der für ihn gestimmt hätte – oder überhaupt wählen gegangen wäre. Und doch kehrte er nach jeder Wahl mit einem Sieg von 97 Prozent ins Amt zurück. Im Jahr 2011, als er abgesetzt wurde und Wahlen und Referenda stattfanden, die nicht manipuliert waren, wurde uns allen klar, wie wenig wir doch von unseren ägyptischen Mitbürgern wussten. Bis wir gezwungen waren, uns der vollen Bedeutung dieses abgelehnten Händedrucks bewusst zu werden, sollten jedoch noch drei Jahre vergehen.

★ ★ ★

Hind, Nihal und ich hatten sehr unterschiedliche Führungsstile. Wir kämpften mit den Strukturen und den Verletzungen, die wir dabei hinterließen. Ich kann nicht besonders gut mit Menschen. Wäre Diwans Erfolg von meiner Fähigkeit, Freunde zu gewinnen und Menschen zu beeinflussen, abhängig gewesen – wir wären kläglich gescheitert. Im Klartext: Als Kollegin oder Chefin war ich eine Bitch. Ich weiß, ich weiß, das ist ein furchtbares Wort. Aber ich verwende es mit Stolz. Ich bin nun mal eine schwierige Person. Ich bin weder unkompliziert noch einfältig. Das Memo, das mir nahelegte, ich solle so sein, hat mich nicht erreicht. Ich war eine ungeduldige, anspruchsvolle und absolut herrische Chefin – und mit dem Alter ist das nur noch schlimmer geworden. Ich handelte strategisch, übte Druck auf meine Mitarbeiterinnen aus und trieb sie zu besseren Leistungen an. Und ich entschuldigte mich nicht dafür, denn was immer ich anderen auch abverlangte, erwartete ich zuallererst von mir selbst. Hind und Nihal hatten das verstanden und ließen mich in Ruhe. Nichts machte mich so wütend wie eine halbherzig erledigte Aufgabe. Wer genauso hart arbeitete wie ich, konnte sich meines unerschütterlichen Respekts und meiner Loyalität sicher sein. Bei denen, die es nicht taten, war ich schon bald für meine Boshaftigkeit bekannt. Über deren Ausmaße wurde ich mir erst nach Jahren bewusst, als ich erfuhr, dass man mir den Spitznamen »Terminator« verpasst hatte. Zu Meetings mit Leuten, für die sie nichts übrighatten, sandten Hind und Nihal deshalb immer mich als ihre Vertreterin, denn ich war absolut unfähig, zu verhandeln oder zu vermitteln. Unter Diwans Angestellten witzelte man, dass der Ausgang jeder Situation davon abhinge, wer von uns sich ihrer annähme. Hind, eine wortkarge Frau, war hart, aber fair. Wer sie hinterging, der hatte ein Problem. Der Sohn von Ziad, einem unserer fünf Gründungspartner, machte einen Sommer lang ein Praktikum bei Diwan, bei dem er Bücher stapelte und Kundenbestellungen alphabetisch sortierte. Er beschrieb unsere Dynamik seinem Vater gegenüber in einem Satz: »Nadia macht zwar viel Wirbel, aber es ist Hind, die dir still und leise die Kehle durchschneidet.« Nihal setzte mit ihrem ruhigen Auftreten immer ihren Willen durch, wobei es ihr aber auch irgendwie gelang, dass am Ende alle zufrieden waren. Wie Shahira war sie ein äußerst empathischer Mensch, der andere gern feierte.

Als unser Bestand mit der Zeit immer größer wurde, stellten wir neues Personal ein, das für die Dateneingabe zuständig war und in fortlaufenden Schichten in unserem »Warenlager« arbeiten sollte. Der überladene Raum, der sich im Hinterzimmer unseres Büros im Baehler-Palais befand, war vollgestopft mit Leuten, die an Computern saßen und sich durch Kartons wühlten, die darin enthaltene Ware im System vermerkten und zwischen Heliopolis und Zamalek aufteilten. Immer wieder traten Fehler auf. Eines Morgens – ich war gerade dabei, die Auslagen neu zu bestücken und Bücher aufeinanderzustapeln – packte mich die Wut, als ich entdeckte, dass die Bücher falsch beschriftet und die

Sicherungsetiketten nicht sauber angebracht worden waren. Ich rief Shahira an, die neben ihren Verpflichtungen als Zamaleks Geschäftsführerin auch das neue Personal anlernte. Indem ich ankündigte, dass ich den Angestellten, die für die Dateneingabe verantwortlich waren, drei Tage Lohn streichen würde, brachte ich meine Unzufriedenheit zum Ausdruck. Direkt danach legte ich auf und ließ somit keinen Raum für Diskussionen. Noch am selben Nachmittag ging ich in Zamalek vorbei, um die Regale zu überprüfen. Zufrieden setzte ich mich an einen der Tische im Café und beobachtete den Kundenstrom; während ich da so an meinem Computer saß und arbeitete, kam Shahira auf mich zu.

»Ich finde, du solltest das Personal nicht wegen kleiner Fehler finanziell abstrafen. Das ist eine schlechte Managementstrategie. Das schafft nur eine Atmosphäre der Angst anstatt Loyalität und Kreativität.«

»Du magst den Kuschelkurs ja toll finden. Aber ich schlag da hin, wo's wehtut.« Ich sah nicht zu ihr auf. Sie setzte sich mir gegenüber.

»Morgen wird keiner vom Dateneingabeteam zur Arbeit kommen.«

»Warum? Hab ich sie mit meiner disziplinarischen Maßnahme vergrault?«, fragte ich, ohne sie anzusehen.

»Nein. Ich habe einen Betriebsausflug geplant.« Ich war fassungslos. Ich wusste, dass sie Selbsthilfebücher las und dass sie an Problembewältigung durch teambildende Maßnahmen und Rollenspiele glaubte, aber das ging definitiv zu weit. Außerdem war mir sofort klar, dass sie mit Nihal unter einer Decke steckte.

»Wie du willst, aber bei der Lohnkürzung bleibt es. Würdest du dich jetzt bitte verpissen und dich irgendwie nützlich machen?!«

Am nächsten Tag stand ich auf der Straße vor unserem Büro und rauchte eine Zigarette. Amir schlenderte herüber und stellte sich zu mir in die Raucherecke. Er steckte sich eine Zigarette in den Mund, ich gab ihm Feuer.

»Ich schätze mal, dieser Tagesausflug war nicht deine Idee.« Er grinste mich an.

»Was ich wirklich an dir schätze, Amir, ist dein Hang zu Klatsch und Tratsch.«

»Und du, *Ustasa*, bist eine ziemlich nachgiebige Diktatorin. Du bittest sie doch nicht, in Jeans und Turnschuhen und mit einer Flasche Wasser aufzukreuzen und machst dann einen Tagesausflug mit ihnen, damit sie sich ein bisschen vergnügen und eine Bindung zueinander aufbauen können. Das ist nicht dein Stil. Aber du hast Shahira auch nicht daran gehindert. Du hast es zugelassen.«

»Als ich mich selbstständig gemacht habe, hätte ich mir nie träumen lassen, dass ich so viele Babys bemuttern muss.«

»Du bist nicht ihre Mutter. Viel schlimmer: Du bist ihr Kindermädchen.«

»Und genau aus diesem Grund bin ich lieber in der Rolle des Pharaos, der die Peitsche schwingt«, witzelte ich, während ich meine Zigarette auf den Gehsteig schnippte. »Shahira ist diejenige mit der bedingungslosen Liebe, die all ihre Probleme löst.«

»Ihr Ansatz funktioniert auch; aber deiner funktioniert besser. Männer müssen auch als solche behandelt werden, vor allem, wenn sie für eine Frau arbeiten.«

* * *

Ach ja – Männer und ihre Chefinnen! Noch 1950, als das Verhältnis zwischen Großbritannien und Ägypten wegen der Suez-Krise extrem angespannt war, appellierte Nasser in einer seiner berüchtigten Fernsehansprachen an die Manieren der Briten. Ein BBC-Beitrag, in dem er als Hund bezeichnet worden war, hatte seinen Ärger erregt. Seine Antwort? Er erinnerte sie an jene Tage, als Graffiti die Mauern Kairos und Port Saids schmückten, welche die Briten beleidigten und das Herzstück ihres Empires trafen. Das Graffito, das bei den Briten damals für Empörung gesorgt hatte, lautete schlicht: »Euer König ist eine Frau.« Fünfzig Jahre später gilt ägyptischen Männern eine solche Bemerkung immer noch als ernstzunehmender Hohn. Selbst fünfzig Jahre später kommt die männliche Vorstellungskraft immer noch nicht mit einer Frau in einer Führungsposition klar.

Ägyptische Männer, die in ihren Zwanzigern oder Dreißigern waren, taten sich unter meiner strengen Herrschaft schwer – selbst wenn sie schon seit Jahren mit mir zusammenarbeiteten. Meine widerspenstige Lockenmähne machte deutlich, dass ich keinen Schleier trug, und ließ gleichzeitig etwas Wildes durchblicken. Und meine laute Stimme machte auch die letzte Hoffnung auf weibliche Zurückhaltung zunichte. Unsere Angestellten respektierten mich, doch hatten sie Schwierigkeiten, mein Verhalten mit ihren erlernten Vorstellungen von einer achtbaren Frau in Einklang zu bringen. Ihr Respekt war hauptsächlich ökonomischer Natur. Als eine von Diwans Gründerinnen zahlte ich schließlich ihren Lohn. Doch er hatte auch eine persönliche Komponente. Im Gespräch mit meinen Angestellten sagte ich nie, dass sie *für* mich arbeiteten. Stattdessen

erinnerte ich sie stets daran, dass wir *zusammen*arbeiteten –
auch wenn ich, wie schon gesagt, eine Bitch sein konnte.
Ich wusste, dass zwischen meinem männlichen Personal
und mir ein Großteil bei der Übersetzung verloren ging.
Das Ägypten, aus dem ich stammte und das ich bewohnte,
unterschied sich von ihrem Ägypten. Sie waren Jungs vom
Land, die auf der Suche nach Arbeit in die Stadt gekommen
waren; ich dagegen war ein Stadtmädchen, geboren und
aufgewachsen in Kairo. Sie gehörten zum größten Teil dem
muslimischen Glauben an; in meiner Familie waren unterschiedliche Glaubensrichtungen vertreten. Sie waren auf
staatliche Schulen gegangen; ich war in den Genuss einer
privaten Bildung gekommen, für die in fremder Währung
bezahlt worden war, und hatte zwei Hochschulabschlüsse.
Mein grenzenloses Selbstvertrauen verunsicherte sie.

Sie waren unsicher, wie sie auf Anweisungen von einer
Frau reagieren sollten, weil die einzigen Frauen, die sie
kannten, entweder ihre Mütter waren, die einen Narren an
ihnen gefressen hatten, oder ihre Ehefrauen, die ihnen ge-
horchten. In Nihal fanden sie eine sanfte Mutterfigur, der
sie es unbedingt recht machen wollten. Sie interessierte sich
für ihre Probleme und versuchte, bei Diwan Arbeitsplätze
für ihre Schwestern, Brüder, Cousins und Cousinen zu finden oder sie in den Unternehmen von Freunden unterzubringen. Diwan wurde zu einer richtiggehenden Fami-
lienangelegenheit. Die meisten Mitglieder unseres Personals
hatten irgendwo in der Firma einen Blutsverwandten.
Samirs Cousin arbeitete beim Sicherheitsdienst in Heliopolis, und Abbas, Hinds Chauffeur, hatte vier Cousins, die
über die beiden Läden, das Firmenbüro und das Warenlager
verstreut waren. Lange bevor er die Stelle als Hinds Fahrer

antrat, hatte Abbas bei Nihal als Koch gearbeitet. Von seiner Pasta Béchamel schwärmt sie heute noch. Nihals Cousine Nehaya, eine exzentrische, eiserne, Deutsch sprechende Touristenführerin, bekam bei uns eine Stelle als Einkäuferin für Büromaterial und den Multimediabereich. Nehaya und Shahira waren alte Freundinnen. Wie in den meisten Familien blieben Geheimnisse nicht lange geheim, und Klatsch und Tratsch fungierte als Währung. Wenn jemand vom Personal krank war und mehr brauchte als die staatliche Gesundheitsfürsorge, bekniete Nihal ihren Freundes- und Bekanntenkreis, um Überweisungen zu privaten Ärzten zu erwirken. Befand sich die Person in einer schwierigen Lage, schlug sie vor, dass wir als Geschäftsinhaberinnen die Kosten trugen. Solange Diwan klein genug war, schlossen wir den Laden für einen Abend im Jahr (an allen anderen hatten wir geöffnet); dann luden wir das gesamte Personal zum *Iftār* ein, dem allabendlichen Fastenbrechen während des Ramadans, zu dem sich traditionell Freunde und Familie versammeln. Wir verrechneten das nie als Betriebsausgabe, weil wir es als unsere Pflicht ansahen und unsere Angestellten als erweiterte Familie.

So gern die Männer Nihal mochten, so sehr verunsicherte sie Hind. Ihre Schweigsamkeit erwies sich als beunruhigend, vor allem in Kombination mit ihrem scharfen Adlerauge und den aufkeimenden Geschichten darüber, wie umstandslos sie mit jenen verfuhr, die Schwierigkeiten machten. Ihr ernsthaftes Wesen wurde zusätzlich hervorgehoben durch Amir, ihren Assistenten, der Humor und Begeisterung ausstrahlte. Wenn sie außerhalb des Baehler-Büros zu tun hatte, begleitete er sie. Er sorgte dafür, dass jegliche Interaktion reibungslos ablief, und setzte Entscheidungen um, die bei ihren Ladenbesuchen getroffen wurden; während derer inspizierte sie die arabische Abteilung, fragte das Personal vom Kundenservice über die Handbücher ab, die sie für den Bereich arabischer Neuerscheinungen erstellt hatte, und traf sich mit Verlegern, um die Präsentation ihrer Bücher zu besprechen sowie über Rabatte und Kreditbedingungen zu verhandeln. Trotz ihrer wortkargen Zurückhaltung bestach Hind durch ihre Bescheidenheit und Höflichkeit: Sie erhob sich, wenn sie Kundinnen und Angestellten die Hand gab. Außerdem stellte sie sich immer nur als Hind vor und vermied jeden Titel, ohne jedoch auf eine angemessene Begrüßung zu verzichten, was in einer klassenorientierten Gesellschaft gegen jedwede Konvention verstieß.

Ich bin mir nicht ganz sicher, was für ein Bild unsere männlichen Mitarbeiter von mir hatten – sich selbst einzuschätzen ist immer am schwierigsten. Ich nehme an, dass sie meine Angriffslust und meinen Humor wahrnahmen. Doch eigentlich war es mir auch egal. Ich hoffte einfach, dass mein unermüdlicher Einsatz – die einzig ehrliche Währung, die ich kannte – alle anderen Defizite ausgleichen würde. Entgegen der gängigen Geschlechterrollen und der Hierarchie am Arbeitsplatz schleppte ich zusammen mit unseren Angestellten Kisten, wann immer eine neue Lieferung ankam und eingeräumt werden musste. Wenn das Reinigungspersonal die Toiletten nicht richtig geputzt hatte, schnappte ich mir die Klobürste und erledigte die Aufgabe selbst, um unsere Maßstäbe noch einmal zu verdeutlichen. Ich war mir voll und ganz bewusst, dass sich ein Mann in meiner Position niemals zu einer solchen Demonstration herablassen würde, insbesondere bei einer so häuslichen und erniedrigenden Aufgabe wie dem Reinigen von Toiletten. Nicht einmal meine Schwangerschaft und das zusätzliche Gewicht konnten mich von körperlicher Arbeit abhalten. Ich war ein Bild für die Götter: eine 32-jährige imposante, kistenschleppende Buchhändlerin, die kein Blatt vor den Mund nahm. Und wie sie gafften! Ich war zu jung, um sie an ihre Mütter zu erinnern, doch um schwanger zu sein, war ich nach ägyptischen Standards definitiv zu alt.

Eines kühlen Sonntagmorgens im Januar 2006 erreichten die Spannungen zwischen mir und meinen männlichen Angestellten einen Höhepunkt. Ich war gerade auf dem Weg ins Büro und ging die Straße des 26. Juli hinunter; ich trug eine dunkelblaue Umstandsjeans, die gegen meinen vorstehenden Bauchnabel scheuerte. Es war das letzte Paar Hosen, das mir noch passte. Ein schwarzer ärmelloser Body hielt mein überquellendes Fleisch zusammen. Darüber hatte ich eine schwarze XXL-Strickjacke mit extrem großem Kragen geworfen, in der Hoffnung, damit meine eigene Massigkeit zu kompensieren.

Um das Gleichgewicht zu halten und mir selbst ein Gefühl der Stärke zu verleihen, hielt ich den Riemen meiner Laptoptasche fest umklammert. Bei jedem Schritt sagte ich mir: Ich werde in die Arbeit gehen, ganz gleich, wie unwohl, wie verletzlich ich mich auch fühlen mag. Ich war bereits einmal zuvor schwanger gewesen, mit Zein, aber damals hatte ich mich nicht so überwältigt, nicht so erschöpft und unausgeglichen gefühlt. Und ich befürchtete, dass den Menschen der Unterschied vielleicht auffallen könnte.

Direkt vor dem Laden näherte sich mir lächelnd ein junger Mann, um dessen dürren Oberkörper ein T-Shirt schlackerte, das vermutlich noch aus Michael Jacksons *Thriller*-Ära stammte. Seinem Alter und den ausgebleichten Jeans nach könnte er ein halbwüchsiger Schulabbrecher gewesen sein, der vielleicht eine Lehre bei einem Mechaniker oder Klempner machte. Zarte Schweißperlen sammelten sich auf seiner Stirn. Er kam näher, so nah, dass ich seinen Körpergeruch wahrnahm, unter den sich der Duft eines zitronigen Rasierwassers mischte. Er sagte irgendetwas, und ich nahm meine Kopfhörer aus den Ohren, um ihn verstehen zu können. Wahrscheinlich hatte er eine Frage zu Diwan. Ganz beiläufig und ohne seinen Schritt zu verlangsamen, wiederholte er, was er gesagt hatte: »Na, dich haben sie ja schön durchgefickt, du unanständiges Mädchen.« Blut schoss mir in die Ohren. Meine Sicht verschwamm zu pulsierenden roten Flecken. Ich spürte nichts mehr außer einer extremen Hitze. Ich sammelte all meine Kraft, soweit meine lähmende Wut dies zuließ, und schrie: »Ja, ich hab mich ficken lassen. Ich hab' meine Beine breit gemacht, genauso wie deine Mutter, die einen schleimigen Haufen Abschaum zur Welt gebracht hat, der sich als Mann verkleidet.« Obszönitäten sprudelten nur so aus mir heraus wie Luft aus einem offenen Luftballon. Ich wollte ihm nachrennen, aber mein voluminöser Körper bremste mich; ich wurde noch wütender – wütend auf meine Wut, die mir den Atem stahl, und wütend auf meinen Körper, der mich zur Unbeweglichkeit verdammte. Der junge Mann sprintete davon.

Zwei Reinigungskräfte von der Frühschicht beobachteten den Vorfall vom Foyer aus, das sie gerade putzten. Ich zeigte auf den Mann, der die Straße hinunterrannte, aber er war schon verschwunden. Eilends kamen sie zu mir. Mit der einen Hand umklammerte ich den verchromten Griff der offenen Tür, um meinen zusammengesackten Körper wieder aufzurichten; mit der anderen versuchte ich, meine Laptop-Tasche auf meine zitternde Schulter zu hieven. Der Stoßwelle meines Wutausbruchs folgend wanderte mein Blick weg von der Straße hinein in den Buchladen. Das Personal von der Frühschicht sah mich an, als wäre ich eine Fremde, die Ähnlichkeit mit einer ehemaligen Bekannten hatte. In einer Diwan-Uniform und mit einem Stapel Bücher in der Hand stand einer auf einer wackeligen Leiter, die ein anderer für ihn festhielt. Alle waren wie erstarrt, vollkommen sprachlos. Die Geschenkgutscheine noch in der Hand, wandte sich der Kassierer ab und starrte in seine Ladenkasse. Der Sicherheitsbeamte, der normalerweise bei den Metalldetektoren stand, um sicherzustellen, dass Diebe nur in bescheidenem Maße von uns stahlen, machte den ersten Schritt.

Er schob einen Stuhl in meine Richtung, der ein Quietschen von sich gab, als seine Beine über den Boden rutschten, und bedeutete mir, mich zu setzen. Breitbeinig, die Arme schlaff herunterhängend, legte ich den Kopf in den Nacken und atmete in kurzen und heftigen Atemzügen ein und aus. Während ich meinen Blick über die Bücherrücken in den Regalen gleiten ließ, fing ich mich langsam wieder: Jedes dieser Bücher schien eine Entscheidung zu symbolisieren, die ich getroffen hatte. Kurz darauf überkam mich die Panik erneut, als mir die Auswirkungen bewusst wurden, die meine Worte jetzt schon hatten: Ich spürte, wie meine enigmatische, gelehrte Persönlichkeit zurückwich und ein vulgäres Wrack an ihre Stelle trat. Ich hatte mein professionelles Image als eloquente und belesene Frau mit meinem Gossenjargon zerstört, mit Worten, die mein Personal niemals aus meinem Mund erwartet hätte. (Das mag überraschend kommen, nachdem ich in Gesellschaft von Hind und Nihal die ganze gottverdammte Zeit fluchte; vor meinem Personal hielt ich mich jedoch der Anständigkeit halber zurück.) Ich konnte es nicht rückgängig machen. Die einzige Option, die ich hatte, war, so zu tun, als sei es nie passiert. Den Vorfall direkt anzusprechen würde mir, da war ich sicher, als Schwäche, oder schlimmer noch, als Reue ausgelegt werden. Ich hätte gern mit Hind darüber geredet, aber ich wusste schon, dass sie mir raten würde, mich auf das Wesentliche zu konzentrieren und sparsam mit meiner Energie umzugehen. Also beschloss ich, das Ganze erst noch mal für mich durchzugehen: Diese Geschichte würde definitiv die Runde machen – die Spätschicht und das Zentralbüro würden davon erfahren, und jede Person würde sie noch ein bisschen ausschmücken, wenn sie sie weitererzählte. Sie würde vermutlich zu den Geschäften in der Nachbarschaft durchdringen, zur Bank von Alexandria an der gegenüberliegenden Ecke und zu Thomas Pizza nebenan. An irgendeinem Punkt würde sie unausweichlich durch ein neues Drama ersetzt – Unterschlagung oder irgendwelche krummen Geschäfte neben dem eigentlichen Betrieb. Ägypter haben es gern spannend – und nichts ist so spannend wie die belanglosen Vergehen und die Privatleben anderer. Also schob ich es beiseite und war ein bisschen schadenfroh bei der Vorstellung, wie enttäuscht Samir darüber sein würde, nur aus zweiter Hand von diesem Vorfall zu erfahren.

Am selben Nachmittag traf ich mich mit einer alten Freundin in Diwans Café.

»Du hast was gesagt?«, quietschte sie vor Lachen, mit Tränen in den haselnussfarbenen Augen. Sie versuchte, tief durchzuatmen, während ihr Blick auf meinem kugelrunden Bauch ruhte, der gegen die Tischkante stieß. Ein weiterer Kicheranfall schüttelte sie, als sie sich die Szene bildlich vorstellte.

»Würdest du dich bitte beruhigen? Du bringst mich in meinem eigenen Laden in Verlegenheit«, sagte ich, im Bewusstsein der missbilligenden Blicke, die von den benachbarten Tischen kamen.

»Der Zug ist heute Morgen abgefahren!«, lachte sie. Irgendwann beruhigte sie sich und seufzte. »Danke.«

»Für was? Die befreiende Komik?«

»Dafür, dass du dich gewehrt hast. Weißt du, wie oft ich schon belästigt worden bin? Und wie oft mir von wohlmeinenden Freunden und Familienmitgliedern gesagt wurde, dass es sich für eine Dame nicht gehört, etwas dagegen zu sagen? Frauen sollten sich aber wehren.«

»Trotzdem muss ich irgendwie verhindern, dass sich die Geschichte rumspricht. Ich will nicht, dass meine Mutter davon erfährt, sonst muss ich mir das den Rest meines Lebens anhören.«

»*Tante* Faiza wäre stolz auf dich. Das würde sie zwar wahrscheinlich nicht zugeben, aber sie wäre stolz.« Sie zögerte einen kurzen Moment. »Zumindest, sobald sie den ersten Schock überwunden hat.«

Ich fühlte mich ertappt, mein obszöner Geheimwortschatz war gegen meinen Willen ans Licht gekommen. Aber meine Freundin hatte recht: Die Selbstoffenbarung brachte unerwartete Erleichterung mit sich. Sowohl, was meine Selbstwahrnehmung anbelangte, als auch im Hinblick darauf, wie andere mich sahen, sollte sich dieser Sonntagmorgen als Wendepunkt erweisen. Sobald die Geschichte über meine vulgäre Reaktion bei Diwan und darüber hinaus die Runde gemacht hatte, brachte man mir eine ganz neue Form des Respekts entgegen. Mit dieser Art von Bewunderung verhielt es sich natürlich ähnlich kompliziert. Nur, wenn ich männlich konnotierte Verhaltensweisen an den Tag legte – also zum Beispiel fluchte –, sahen mich meine männlichen Angestellten als eine von ihnen und somit als jemanden, der ihren Respekt verdient hatte. Hatte ich mich also auf irgendeine Art ihren patriarchalen Normen gefügt? Ich hatte eine Grenze überschritten, nur um festzustellen, dass ich nach wie vor eingeschränkt war. Nicht länger den Drang zu verspüren, mich für mein Fluchen oder dafür, wer ich war, zu entschuldigen, war dennoch eine Erleichterung. Und langsam entwickelte sich meine derbe Ausdrucksweise zu einer Quelle der Macht. Jeder Fluch war eine kleine Rebellion gegen meine Familie, meine Schicht und die Erwartungen an mein Geschlecht. Während der Anstand allmählich seinen Griff lockerte, spürte ich, wie ich immer mehr zu mir fand und mich den Erwartungen meines Personals und sogar denen meines Vaters entzog, der selbst gerne geflucht und vor der Sichtbarkeit gewarnt hatte. Ich musste an Amirs Reaktion auf meine disziplinarische Maßnahme gegenüber den Angestellten denken. Ich hatte eine machiavellistische Lektion darüber gelernt, was es hieß, Männern in dieser Gesellschaft vorangestellt zu sein: Angst zu erzeugen war wesentlich wichtiger, als Bewunderung zu entfachen. Mit der Zeit lernte ich, diese Macht strategisch und in homöopathischen Dosen einzusetzen. Schimpfwörter waren wie ein Arsenal nuklearer

Waffen: Wenn alle wissen, dass du sie besitzt, musst du gar nicht unbedingt Gebrauch von ihnen machen.

* * *

Ungefähr zur selben Zeit wurde ich von anderen – in Zeitungsberichten, von der Kundschaft oder von Bekannten – in eine neue Schublade gesteckt, eine, die ich bereits von den Regalen der Businessabteilung kannte: die der Unternehmerin. Wie bei allen anderen Schubladen sträubte ich mich auch gegen diese. Weil mich aber interessierte, wie andere Frauen mit der Verantwortung und der Macht umgingen, die ihre Führungsposition mit sich brachte, vergrub ich mich wieder mal in meine Bücher. Noch vor Beginn des zwanzigsten Jahrhunderts gab es bereits Frauen, die kleine Unternehmen gründeten, um ihr Einkommen aufzustocken oder um den Verdienst zu ersetzen, den sonst ein Ehemann beigesteuert hätte. Da ihre Verpflichtungen zunächst mal dem Haushalt und ihren Kindern galten, waren auch die meisten ihrer ökonomischen Beschäftigungen häuslicher Natur: Schneiderarbeiten, die Herstellung von Haarpflege- und Kosmetikprodukten, Hausarbeit und Geburtshilfe. Bei meiner Lektüre stieß ich auf Sarah Breedlove, eine afroamerikanische Unternehmerin und Amerikas erste Selfmade-Millionärin. Unter dem Namen Madam C. J. Walker (ihren Namen hatte sie geändert, nachdem sie Charles Joseph Walker zu ihrem dritten Ehemann gemacht hatte) entwickelte und vermarktete Sarah Breedlove eine eigene Kosmetik- und Haarpflegelinie für schwarze Frauen. Als sie 1919 starb, hinterließ sie neben dem Vermächtnis ihres aktivistischen und sozialen Engagements ein Vermögen von 600000 Dollar; das entspricht heute in etwa einem Wert von neun Millionen Dollar. Sie war etwas Besonderes, eine Frau, welche auf wundersame Weise die Grenzen ihres eigenen Frauseins hinter sich gelassen hatte. Sie stand für mich auf der einen Seite der Skala weiblicher Arbeit. Auf der anderen standen die Arbeiterinnen des heutigen Ägypten – Mütter, Töchter, verlassene Ehefrauen und Witwen, die durch ihre jeweilige Stellung alle mehr oder weniger eingeschränkt waren. Eine von ihnen war Sabah, die Frau, die eine Zeit lang meine Wohnung putzte. Wie sie mit Nachnamen hieß, habe ich nie erfahren. Sie hatte für ein amerikanisches Ehepaar aus meinem Bekanntenkreis gearbeitet; als die beiden Kairo verließen, fragten sie mich, ob ich Sabah einstellen würde. Ich war sofort damit einverstanden, sie zögerte allerdings. Sie arbeitete nicht gern für Ägypter, weil sie die Erfahrung gemacht hatte, dass diese ihre Haushälterinnen nicht besonders gut behandeln. Als man ihr erzählte, dass Nummer eins Amerikaner war, änderte sie jedoch ihre Meinung.

Sabah war eine spindeldürre, flachbrüstige Frau mit einer Beweglichkeit, um die ich sie beneidete. Sie hatte einen blassen, sesamfarbenen Teint. Dass ihr ein Zahn fehlte, fiel mir nur dann auf, wenn sie lächelte, und das kam nicht allzu oft vor. Ihre treuesten Gefährtinnen waren ihre Zigaretten. Oft saß sie auf einem der Küchenstühle, eine Ferse an den Po geschmiegt, zog an ihrer Zigarette und sprach mit ihr – oder auch mit sich selbst (mit wem, war nie ganz klar). Sabah führte ein Doppelleben. Jeden Tag kam sie in einem langärmeligen Oberteil und einem bodenlangen Rock zu uns; ihr Kopf und ihr Nacken waren in einen bunten Schal gehüllt, der unter ihrem Kinn verschlungen war. Sobald sie jedoch in der Wohnung war, zog sie stattdessen ein zerrissenes, übergroßes T-Shirt und eine flatterige Hose mit hängendem Schritt und hochgekrempelten Beinen an. Ihre Haare band sie zusammen wie Rosie the Riveter. Mein Angebot, ihr eine Uniform zu kaufen, lehnte sie ab. Ich erklärte ihr, dass auch das Personal der Diwan-Filialen Uniformen trüge und ich erwartete, dass alle meine Angestellten präsentabel aussahen; Arbeit, ganz gleich welcher Form, sollte mit Stolz ausgeführt werden. Doch sie gab nicht nach. Ich nehme an, dass sie ihren Nachbarn erzählt hatte, sie arbeite als Kindermädchen, da eine Anstellung als Reinigungskraft gesellschaftlich nicht besonders angesehen war.

Sabah hatte den Schlüssel zu unserer Wohnung. Sie kam immer um Mittag herum – zum einen, weil sie gern lange wach blieb und fernsah, zum anderen, weil die roten Busse und Minibusse, mit denen sie von ihrem Stadtteil Haram zu uns fuhr, morgens völlig überfüllt waren. Sobald sie mit ihrer Arbeit fertig war, ging sie wieder. Unsere Wege kreuzten sich nur selten, was aber keine von uns störte. Den Boden wischte sie immer ganz zum Schluss. Als ich zum ersten Mal sah, wie sie den Putzlappen mit den Händen in großen Bögen hinter sich herzog – den Körper dabei tief vornübergebeugt –, kaufte ich ihr einen Wischmopp, um ihr das Ganze zu erleichtern. Sie dankte mir und ließ ihn von da an unberührt im Besenschrank stehen.

Alles, was ich über Sabahs Leben wusste, hatte ich von Samir erfahren, der zwischen seinen Botengängen hin und wieder eine mit ihr rauchte. Ich erfuhr, dass ihr Ehemann arbeitslos war und seinen Tag für gewöhnlich Shisha-rauchend im *Ahwa* verbrachte. Irgendwann verschwand er, was ihr das Leben zwar erleichterte, ihr aber auch die Gewissheit gab, dass sie von nun an allein für ihren Sohn und ihre alte Mutter sorgen musste. Ich wusste, dass 30 Prozent aller ägyptischen Haushalte von Frauen geführt wurden (geschiedenen, verwitweten oder alleinstehenden); sie waren die Hauptverdiener. Inwiefern unterschieden sich ihre Geschichten? Oder schlimmer noch, inwiefern ähnelten sie sich? Waren sie nicht alle selbstständige Unternehmerinnen? Sie mussten täglich kreative Lösungen für ihre Probleme finden und nahmen berufliche Risiken mit ungewissen Folgen auf sich. Frauen, die den Lebensunterhalt für ihre Familie verdienen mussten, waren maßlos überfordert, und dennoch meisterten sie ihre Lage, so wie Sabah – bis eines Tages ein Vorfall dieses extrem empfindliche Gleichgewicht ins Wanken brachte.

»Wir haben ein Problem«, zischte Samir unter seinem schlampig rasierten Schnauzer hervor, wobei er die Dramatik seiner Neuigkeiten sichtlich genoss.

»Was ist denn jetzt schon wieder?«, fragte ich und öffnete meinen Terminplaner, bereit, meiner Liste eine weitere Aufgabe hinzuzufügen.

»Sabahs Sohn ist im Gefängnis. Sie braucht dringend Bargeld, aber sie will dich nicht bitten, es ihr zu leihen.«

»Warum ist er im Gefängnis?«

»Ich weiß nicht«, sagte Samir, den Ahnungslosen spielend. Erschrocken hob ich die Augenbrauen, und er nahm seine Aussage sofort zurück. »Also, natürlich weiß ich es, aber Sabah würde mich umbringen, wenn ich es dir erzählen würde – ich habe beim Leben meiner Kinder geschworen, dass ich nichts sage.«

»Und warum will sie mich nicht fragen, ob ich ihr das Geld leihe?«

»Weil sie ohnehin schon in Schulden versinkt.«

»Dann sollte sie vielleicht mal aufhören, ihr Geld für Zigaretten auszugeben.«

»Das sagen Leute wie du immer. Ihr versteht einfach nicht, dass Zigaretten das einzig Schöne in unserem Leben sind ... na ja, das und das andere.«

»Und was hat sie jetzt vor?«

»Sie will sich einen zweiten Job suchen«, sagte Samir fassungslos.

»Aber sie schafft die Arbeit hier ja kaum. Dafür ist der Tag nun mal zu kurz.«

»Also, ich sage ja immer, dass du wie ein Baum bist, der anderen Schutz vor der erbarmungslosen Sonne bietet. Lass sie in deinen Schatten.«

Später an diesem Tag kam mir eine Idee, und so verließ ich das Büro früher als sonst. Bei einem Laden für Haushaltswaren bat ich Samir, kurz anzuhalten, und kaufte zwei teflonbeschichtete Cupcake-Bleche. Als ich zu Hause ankam, saß Sabah zusammengesunken am Küchentisch, die Schwere, die sie immer umgab, war irgendwie noch spürbarer als sonst. Der einzige Hinweis darauf, dass sie noch bei Bewusstsein war, war der Rauch ihrer Zigarette. Als sie meine Anwesenheit bemerkte, erhob sie sich und begann ziellos aufzuräumen. Ich bat sie, sich wieder zu setzen; sie tat mir den Gefallen.

»Ganz in der Nähe hat ein neues Café aufgemacht. Ich kenne die Besitzer und habe ihnen angeboten, Karottenkuchen für sie zu backen. Ich bringe dir bei, wie er gemacht wird, und handle den Preis dafür aus. Du kannst hier backen, während du putzt, und Samir kann die Cupcakes während seiner Botengänge abliefern. Du musst dich nur mit ihm absprechen. Am Anfang stelle ich die Zutaten. Was immer du an Geld machst, gehört dir. Sobald alles gut läuft, kannst du dir alles Nötige selbst besorgen.«

Ich wusste, dass ich ein Angebot gemacht hatte, das sie auch tatsächlich annehmen konnte. Als sie mich quer über den Küchentisch umarmte, spürte ich die Kälte ihrer Knochen. Dann bemerkte ich, dass sie weinte. Ich riss eine Seite aus meinem Notizbuch und reichte sie ihr zusammen mit meinem Stift, damit sie sich das Rezept aufschreiben konnte. Sie schüttelte den Kopf.

»Schreib du es mir auf. Groß und leserlich«, sagte sie.

Es dauerte nur zwei Monate, bis Sabah sich ihre eigenen Zutaten kaufen konnte; mit der Zeit gelang es ihr, täglich 192 Karotten-Cupcakes zu backen. Die Wohnung roch von nun an nach Zimt- und Vanilleglasur.

Ich musste an all die anderen Frauen denken, die das Leben zur Nichtexistenz verdammt hatte; ihre Schicksale spiegelten sich auf wunderbare Weise in der Figur der Judith Shakespeare wider, der fiktiven Schwester des berühmten Dramatikers, die Virginia Woolf in ihrem Essay *Ein Zimmer für sich allein* beschreibt. Während ihr Bruder zur Schule geht, bleibt sie zu Hause, eingeschränkt in ihrem Streben aufgrund ihres Geschlechts und den damit einhergehenden Erwartungen der Gesellschaft. Die Notwendigkeit ihrer späteren Heirat macht jede Karriere unmöglich. Hätte Sabah nicht auch Madam C. J. Walker sein können anstatt eine von Millionen Shakespearscher Schwestern mit ihren durchkreuzten Plänen und vereitelten Chancen? Warum werden Unternehmerinnen nur als Phänomen der Gegenwart wahrgenommen? Festgefahrene Narrative aus früheren Zeiten und kulturelle Sitten verleugnen dem Fortschritt zuliebe die Arbeit unserer Vormütter – ob nun häuslicher, professioneller oder anderer Natur; so werden jene unausgesprochenen Narrative unterdrückt, die uns erkennen lassen würden, wozu wir eigentlich fähig sind.

Und wie kommt es, dass ich mit Blick auf meine unternehmerischen Vorfahrinnen auf keine andere stoße als auf Walker? Hier steht man wieder vor demselben Problem: Es gibt nur ein einziges Narrativ, wenn in diesem Falle auch ein bahnbrechendes. Wo sind die ägyptischen Frauen in Führungspositionen? Sabahs Leben wurde nicht nur durch die zerrütteten Verhältnisse um sie herum erschwert, sondern auch, weil es in unserer kollektiven Vorstellung so gut wie keine Vorbilder gab. Und von den wenigen vorhandenen gaben sich einige lieber als Männer. Hatschepsut zum Beispiel, die fünfte Pharaonin der achtzehnten Dynastie, die als eine der erfolgreichsten Herrscherinnen des alten Ägypten galt – wohl auch deshalb, weil ihr Fokus eher auf dem Handel als auf der Eroberung von Land lag. Sie ließ sich mit männlichem Oberkörper und falschem Bart porträtieren. Der Glaube, dass Frauen in der Geschäftswelt – Frauen, die etwas zu sagen haben – nicht existieren, obwohl es solche Frauen im Verlauf der Geschichte immer wieder gegeben hat, ist mehr als hinderlich. Hind beispielsweise ist nach einer solchen Frau benannt worden: die Tochter von 'Utba ibn Rabī'a war in der arabischen Welt des siebten Jahrhunderts eine überaus mächtige Frau mit einem Vermögen von mehr als hundert Kamelen. Und trotzdem kennt man sie heute hauptsächlich als Erzfeindin des Propheten Mohammed und Tochter eines mächtigen Mannes.

Chadīdscha, eine andere mächtige Frau aus unserem Kanon, wird vor allem mit Männern und den von ihnen begründeten Traditionen in Zusammenhang gebracht und dementsprechend auch über sie definiert. Als Chadīdscha bint Chuwailid wurde die spätere Ehefrau des Propheten Mohammed in der zweiten Hälfte des sechsten Jahrhunderts in eine Handelsfamilie geboren, die dem über Mekka herrschenden Quraisch-Stamm angehörte. Sie genoss ungeheuren Respekt und war bekannt für ihre Gerechtigkeit. Nach dem Tod ihrer Eltern und ihrer ersten beiden Ehemänner führte Chadīdscha den Handel fort und vermehrte so das Vermögen, das ihre Eltern ihr hinterlassen hatten. Ihre Karawanen sollen länger gewesen sein als die aller anderen, die Geschäftsbeziehungen mit den beiden damaligen Handelszentren Syrien und Jemen unterhielten. Als sie Mohammed als Aufseher für eine Karawane nach Syrien engagierte, war sie schnell von seiner Ehrlichkeit und der Gewissenhaftigkeit, die er bei der Arbeit an den Tag legte, beeindruckt. Sie war zu diesem Zeitpunkt vierzig Jahre alt, er fünfundzwanzig. Auf ihre Bitte hin hielt ein gemeinsamer Freund in ihrem Namen um seine Hand an. Ihrem gewaltigen Reichtum hatte Mohammed es zu verdanken, dass er in der ersten Zeit seines Prophetentums ein Zimmer für sich allein hatte, wo er meditierte, das Wort Gottes empfing und die Gültigkeit seiner Offenbarungen hinterfragte. Weil sie an ihn glaubte, konvertierte sie als Erste zum Islam und ermöglichte es ihm somit, sich als Botschafter Gottes zu beweisen. Darüber hinaus war sie so etwas wie seine Managerin, die den Stress und den Druck von ihm nahm, die mit seiner neugefundenen Rolle einhergingen. Sie führten eine monogame Beziehung, die fünfundzwanzig Jahre hielt und aus der vier Töchter hervorgingen. Erst nach ihrem Tod im Jahr 619 n. Chr. schien ihm plötzlich Polygamie – zu jener Zeit eine gängige Praxis – eine gute Idee, woraufhin er zehn Frauen heiratete – Geliebte nicht miteingeschlossen. Trotz ihres weitreichenden Einflusses denkt man bei Chadīdscha hauptsächlich an eine pflichtbewusste Ehefrau. Auch ich hörte ihre komplette Lebensgeschichte das erste Mal als Erwachsene. Dass sie historisch gesehen so falsch eingestuft wurde, hallte in meinen eigenen gegenwärtigen Erfahrungen wider, zum Beispiel in der Begegnung mit dem Franchisegeber, der uns nicht die Hände schütteln wollte. Wenn der Prophet Mohammed kein Problem mit der Machtstellung seiner Frau hatte, wie konnte uns dieser Mann, der so sehr darauf bedacht war, die zu Zeiten des Propheten gültigen Gebräuche wiederaufleben zu lassen, also für so unwürdig befinden? So viele Männer verbringen ihre Zeit damit, die heiligen Schriften zu studieren, in der Hoffnung, etwas von dem heiligen Glanz möge auch auf sie abstrahlen. Dabei wenden sie diese religiösen Texte nur an, um schlechtes Benehmen zu rechtfertigen, während sich die nicht-religiösen Männer als moralische Instanzen darstellen, letztendlich aber dieselben grausamen Ziele verfolgen. Unsere Überzeugungen isolieren uns von anderen und machen uns blind gegenüber unserer eigenen Verlogenheit.

Das trifft auf Frauen natürlich genauso zu. Das Mangelbewusstsein fördert zwar den Wettbewerb, erstickt aber jedwede Solidarität. Das Leben hat Virginia Woolfs Behauptung bestätigt: »Frauen sind streng zueinander. Frauen können andere Frauen nicht leiden.« Obwohl die folgende Szene fünfzehn Jahre zurückliegt, kann ich sie einfach nicht vergessen. In Heliopolis kam eines Tages, als ich gerade dabei war, Bücher in die Regale zu räumen und die Auslagen neu zu bestücken, eine gepflegt wirkende Dame mittleren Alters auf mich zu.

»Ich möchte bitte mit dem Besitzer sprechen.«

»Ich bin eine von ihnen«, sagte ich, während ich den Haufen Bücher, den ich im Arm hatte, auf einem Tisch in der Nähe ablegte.

»Wohl eher die Sekretärin«, spottete sie. »Nun laufen Sie schon und holen Sie mir jemanden, der hier etwas zu sagen hat.« Ich stampfte die Treppen zum Café hinauf, bestellte mir einen Kaffee und rief jene zurück, deren Anrufe ich an diesem Tag verpasst hatte. Als ich schließlich in die Ladenräume zurückkam, war sie verschwunden. Ich weiß nicht, ob ihre Annahme auf der einfachen Arbeit beruhte, bei der sie mich beobachtet hatte. Oder ob ihre Härte der Beweis für die Indoktrination des Patriarchats war oder einfach nur widerspiegelte, dass sie anderen Frauen den Erfolg nicht gönnte. Was auch immer der Grund gewesen sein mag, es tat jedenfalls weh, weil es von einer Frau kam.

Obwohl wir mit dem Berg an Arbeit, den unsere neue Zweigstelle mit sich brachte, mehr als ausgelastet waren, sprachen wir schon darüber, einen weiteren Standort zu eröffnen. Wir waren ehrgeizig und hatten Lust auf mehr, und vielleicht war ich auch ein bisschen übermütig. Alles schien möglich. Darüber hinaus stand hinter unseren neuen Plänen aber auch ein altruistischer Gedanke: Wir wollten noch mehr Menschen erreichen. Inmitten der Expansion hatte ich Zein und Layla im Abstand von nicht einmal zwei Jahren auf die Welt gebracht, womit es noch mehr Schubladen gab, in die man mich stecken wollte: Pionierin, erfolgreich, Mutter, berufstätige Mutter. Ich hatte Schwierigkeiten, mich in diesen Bezeichnungen wiederzufinden, und hoffte einfach, dass ich irgendwann rückblickend dazu fähig sein würde. Solche Vorstellungen von Macht und Erfolg erschienen mir engstirnig, zu sehr beschränkt auf »echte« Berufe im Gegensatz zur unbezahlten Frauenarbeit. Haus- und Pflegearbeit fanden keine Beachtung, weshalb sich auch die Wertschätzung, die ich für meine Arbeit bei Diwan erhielt – sei es in Form einer Auszeichnung oder eines Berichts –, jedes Mal leer und bedeutungslos anfühlte.

★ ★ ★

Im Jahr 2014 kontaktierte mich *Forbes Middle East*; das Magazin hatte eine Liste der zweihundert einflussreichsten Frauen im Nahen Osten erstellt. Auf dieser Liste stand ich an sechzigster Stelle. Als ich fragte, wie man Einfluss messen könne, sagte man mir, dass man sich hierfür an einem komplexen Raster orientiert habe. Der Einfluss von Männern dagegen wurde schlicht an ihrem Vermögen gemessen, ebenfalls ein komplexes, aber unverhohlen numerisches Bewertungsschema. Ich fragte mich, warum.

Die einflussreichen Ehrenträgerinnen wurden allesamt zu einer Preisverleihung im One&Only-Resort auf Palm Jumeirah, einem künstlichen Archipel in Dubai, eingeladen. Das Hotel erstrahlte in solchem Protz und Prunk, dass es fast wie die Karikatur seiner selbst wirkte. Ich ging marmorne Flure entlang, bis ich die Zunge roten Teppichs erreichte, dessen Ränder Fotografien von den Würdenträgerinnen säumten. Noch mehr Marmor, Gold, Perlmutt und Alabaster schmückten den Festsaal. Üppige Orchideen zierten die kunstvoll gedeckten Tische. Das Ganze war eine

Hochzeit mit vielen Bräuten, ihren Brautjungfern und zu wenig Bräutigamen.

Gespannt taxierte ich die anderen einflussreichen Frauen. Die meisten waren in Begleitung ihrer besten Freundinnen, Töchter oder Mütter gekommen, und es versetzte mir einen Stich: Ich hätte Hind oder Nihal oder vielleicht sogar meine Mutter mitbringen sollen, der es immer irgendwie gelang, meinen Erfolgserlebnissen einen bittersüßen Beigeschmack zu verleihen. Wie zum Beispiel im Jahr 2011, als das *Time Magazine* ein Interview mit Hind und mir herausbrachte, inklusive eines Fotos von uns beiden »ungewöhnlichen Unternehmerinnen«. Der Stolz meiner Mutter über das *Time*-Debüt ihrer Töchter wurde jedoch von meinen schlampig gezupften Augenbrauen getrübt.

»Schatz, hättest du sie dir nicht noch machen lassen können?«

»Weißt du, Mum, wenn mein Erfolg irgendetwas mit meinem Aussehen zu tun hätte, dann hätte ich mich schon längst darum gekümmert, das kannst du mir glauben.«

Doch mal ganz abgesehen von Faizas Kritik – als ich mir die Kleider der anderen Frauen so ansah, kam ich mir tatsächlich ungepflegt und underdressed vor: Von Ballroben, wie Prinzessin Jasmin sie getragen hätte, über *Abayas* und Kleider, die eher der Tradition der Emirate entsprachen, bis hin zu Business-Anzügen war alles dabei. Ich trug ein khakifarbenes Wickelkleid aus Seide und bequeme Ballerinas. Man stellte mich einer Fernsehmoderatorin vor, die mich um Längen überragte und auf ihren High Heels wie ein Pendel hin und her schwankte. Sie manövrierte mich in einen Raum hinter den Kulissen, positionierte mich in einem gewissen Winkel mit dem linken Bein nach vorn und begann, mich vor laufender Kamera zu interviewen. Ich hasste mich selbst dafür, dass ich mir nicht die Mühe gemacht hatte, Make-up oder Puder aufzulegen, was ich prinzipiell nur für Hochzeiten tat: Im Gegensatz zum perfekt geschminkten Gesicht meines Gegenübers würde meines in den Aufnahmen glänzen.

Eine dröhnende Stimme kündigte die Ankunft von Scheich Soundso und den Beginn der Zeremonie an. Die einflussreichen Frauen wurden zu den Plätzen in den ersten Reihen geleitet, ihre Begleitungen zu den Tischen weiter hinten. Die Lichter wurden gedimmt; dramatische Musik und eine Lasershow folgten. Irgendwann wurde mein Name aufgerufen. Ich stand auf, kletterte auf die Bühne, schüttelte dem Scheich die Hand, nahm die mit goldenen Lettern gravierte Glastafel entgegen, lächelte in die Kameras und ging wieder. Sobald alle Awards übergeben worden waren, schlossen sich meine Hände um die kalte Tafel, und ich tippelte, ins Dunkel geduckt, zum hinteren Teil des Festsaals und stahl mich davon.

In den Monaten und Jahren, die folgten, ging mir das unbehagliche Gefühl, das diesen Abend überschattet hatte, immer wieder durch den Kopf: all diese Frauen, die von anderen Frauen für ihren Einfluss und ihre Stärke geehrt wurden, und kaum Männer in Sicht außer dem Scheich, der die Auszeichnungen verteilte. Es war wohl nicht nötig auszusprechen, was wir bereits wussten: dass sich Männer bei Feierlichkeiten zu Ehren von Frauen meistens nicht wohlfühlen und deshalb eher ungern teilnehmen. Als ich Anfang zwanzig war, besuchte ich anlässlich des Internationalen Frauentags viele hochtrabende Veranstaltungen. Die wenigen anwesenden Quotenmänner äußerten sich jedes Mal übertrieben und schmeichelhaft, was ihr ohnehin sichtliches Unbehagen nur noch stärker hervorhob.

Wochen nach der Verleihung erhielt ich ein Foto im A3-Format. Darauf zu sehen war ich; darüber das *Forbes*-Logo und die Worte *Die einflussreichsten Frauen des Nahen Ostens*. Meine fest verschränkten Arme strahlten sowohl Stärke als auch ein Gefühl der Beengung aus. Meine Töchter waren so stolz auf mich, dass sie das Bild in der Küche aufhängten – neben dem Kühlschrank, über dem Mülleimer.

KAPITEL 5

Schwangerschafts- und Elternratgeber

Nach Hind und meiner Mutter waren Diwans Bücherregale die Ersten, die von meiner Schwangerschaft erfuhren. Verstohlen angelte ich mir ein Exemplar von *What to Expect When You're Expecting* (deutsch: *Ein Baby kommt*) von ihren Brettern und verkroch mich dann wieder. Genau wie meine Mutter tastete ich mich an Veränderungen mit Vorsicht heran. Ich weiß noch, wie ich ihr von dem Buch erzählte – davon, wie ich mich ihm zufolge fühlen würde; von den körperlichen Veränderungen, die ich zu erwarten hätte; was ich während dieses temporären Umbruchs tun und lassen sollte – und wie bestürzt sie dabei dreinsah. Unterbewusst war mir natürlich klar, dass ich versuchte, das Unkontrollierbare zu kontrollieren. Ich hoffte, meine Selbstbestimmtheit wiederzuerlangen, indem ich meine Schwangerschaft in einzelne Aufgaben aufschlüsselte.

»Ich weiß noch, wie ich mit Hind schwanger war – ich hab Stunden im Wartezimmer meines Arztes verbracht und geraucht, um die Zeit totzuschlagen.«

»Du hast geraucht?«, fragte ich entsetzt.

»Natürlich. Ich hab auch weiterhin Scotch getrunken. Der Arzt meinte, das Rauchen oder das Trinken aufzugeben, würde nur für zusätzlichen Stress sorgen. Ich habe das mithilfe meiner Heiligen Dreifaltigkeit durchgestanden: Virginia Slims, Johnny Walker und Doktor Spocks *Säuglings- und Kinderpflege.*«

»Na, wenigstens hast du dich eingelesen«, sagte ich und versuchte mir einzureden, dass eine gute Gewohnheit von dreien eine akzeptable Bilanz sei. Unser Gespräch veranschaulicht die Kluft zwischen den Generationen. Am Anfang gab es bei Diwan noch keine gut sortierte Abteilung zum Thema Schwanger- und Elternschaft; meiner Internetrecherche und meinen Besuchen in ausländischen Buchläden zufolge war diese Rubrik jedoch eine absolute Notwendigkeit – die allerdings seitens unserer Kultur verkompliziert wurde. In Ägypten, wo die Verwandtschaft nahe beieinander lebt, stehen Mütter, Familien und Nachbarinnen den schwangeren Frauen zur Seite und kümmern sich um sie. Kindererziehung ist hier schon immer eine Angelegenheit der Gemeinschaft gewesen. Wir lernen nicht aus Büchern, sondern von anderen.

Hinds arabischsprachiger Bestand belegte diese Tatsache: Es gab gerade mal ein Regal, und darin standen hauptsächlich Nachschlagewerke zum Thema Kindernamen.

»Für mich war Dr. Spock eine Art Leitfaden für eure ersten Jahre; ich hab ihn nicht gelesen, um zu erfahren, dass mein Bauch größer wird«, antwortete meine Mutter verärgert. »Meine Mutter ist gestorben, als ich sechzehn war. Sie hat ihre Ratschläge mit ins Grab genommen.« Dafür beeinflussten die Ratschläge *meiner* Mutter wieder einmal mein Kaufverhalten – noch am selben Tag bestellte ich für Diwan Dr. Spocks *Säuglings- und Kinderpflege.* 1946 veröffentlicht, gehört es nach der Bibel zu den meistverkauften Büchern der Geschichte. Dr. Spock versicherte den Frauen, dass sie mehr wussten, als ihnen bewusst war: Er ermutigte sie, ihren Instinkten zu folgen, liebevoll mit ihren Kindern umzugehen und auf deren Bedürfnisse zu achten. Sein sanfter, aufgeschlossener Ton zahlte sich aus. Zum Zeitpunkt, als ich es las – also 50 Jahre nach seiner Erstveröffentlichung –, war das Buch bereits in 42 Sprachen übersetzt worden und hatte sich über 50 Millionen Mal verkauft. In Dr. Spocks sachlichem Leitfaden hörte ich die Ratschläge meiner Mutter widerhallen.

Ich weiß noch, wie ich sie fragte, ob sie irgendeine Art von Training absolviert hätte: »Vielleicht Yoga?« Was als Suche nach Ratschlägen begonnen hatte, war zu einer erweiterten Übung geworden, bei der Mutter und Tochter versuchten, ihre Bindung zu vertiefen. Da ich den Großteil meines Lebens damit verbracht hatte, gegen meine Mutter zu rebellieren, hatte ich nicht erwartet, dass ich dabei irgendwann an den Punkt gelangen könnte, an dem ich ihre Weltsicht befürwortete.

»Training? Wenn ich das schon höre.« Sie hielt inne und versuchte dann eine Erklärung. »Französinnen hören nicht auf, Brie zu essen, bloß weil sie schwanger sind, und Japanerinnen werden sicher nicht auf ihr Sushi verzichten. Das Einzige, was regelmäßiges Training braucht, ist der gute alte gesunde Menschenverstand.« Damals dachte ich, dass ihre Einstellung ein Relikt ihrer Zeit sei. Heute frage ich mich, ob sie nicht vielleicht recht hatte.

Ich beendete unsere Gespräche immer mit derselben Frage: Kann man denn überhaupt vom »guten alten« gesunden Menschenverstand sprechen? Besitzt dieser über eine Zeitspanne von drei oder vier Jahrzehnten hinweg tatsächlich allgemeine Gültigkeit? Ich habe meine erste Tochter Zein 2004 zur Welt gebracht, meine Mutter mich 1974 und ihre Mutter sie 1933. Wenn man von unserer gemeinsamen Erblinie einmal absieht – haben die Erfahrungen, die wir bei der Geburt unserer Kinder gemacht haben, überhaupt etwas gemein? Fotna Wahba, die Mutter meiner Mutter, brachte ihre sechs Kinder im Verlauf von 15 Jahren zur Welt; das erste 1926. Mithilfe ihrer Hebamme Ayousha wurden alle in ihrer am Nil gelegenen Wohnung in Zamalek geboren. Zwei der sechs Kinder – Zwillinge – starben unglücklicherweise: der Junge nach drei Monaten, das Mädchen, etwas widerstandsfähiger, nach sechs Monaten. Susannah, die Mutter meines Vaters, war ein grünäugiger Rotschopf aus einem winzigen Dorf bei al-Mansura, Napoleons erstem Außenposten während seiner kulturellen Invasion 1798. Ihre Schwangerschaftskarriere begann mit der Geburt meines Vaters im Jahr 1921, als sie etwa sechzehn Jahre alt war, und dauerte über fünfzehn Jahre an. Im Zuge dieser Arbeit brachte sie acht oder neun Kinder zur Welt, die alle zu Hause mithilfe einer Hebamme geboren wurden. Die Anzahl der Kinder variiert, je nachdem, mit wem man spricht. Mein Vater und seine Geschwister hatten das Glück, die Malaria- und Cholera-Epidemien zu überleben, die zu ihrer Jugendzeit über Ägypten hinwegfegten. Wie so viele Frauen, die weder der Ober- noch der Mittelschicht angehörten, lebte und starb Susannah, ohne dass sich heute irgendjemand von uns an ihren Nachnamen erinnern könnte.

In den 1960er-Jahren wurde die Hausgeburt mehr und mehr von der Geburt im Krankenhaus abgelöst. Der gesamte Vorgang wurde optimiert und auf maximale Effizienz ausgerichtet. Die Anzahl der Kaiserschnitte stieg; auch bei meiner Mutter – die, wie so viele zu ihrer Zeit, diesbezüglich nicht viel zu sagen hatte – entschied man sich dafür. Mittlerweile hat sich diese Tendenz sogar noch verstärkt: Heute sind in Ägypten kolossale 52 Prozent aller im Krankenhaus durchgeführten Geburten Kaiserschnitte (im Vergleich: In den Vereinigten Staaten sind es laut den *Centers for Disease Control and Prevention* – den Zentren für Krankheitskontrolle und Prävention – nur rund 30 Prozent).

»Ich hatte unglaublichen Durst, als ich aus der Narkose aufgewacht bin, und hab die Krankenschwester um Wasser gebeten. Aber die hat mich nur angeschaut und meinte: ›Seh ich vielleicht aus wie ein verdammtes Wasserrad?‹ Ich war allein, dein Vater war auf Reisen; ich hatte Angst und war dieser unmöglichen Person ausgeliefert.«

»Und was ist dann passiert?«

»Ich hab einfach die nächste Krankenschwester gefragt, die kam; sie hat überprüft, ob du irgendwelche Geburtsfehler hast. Immerhin war ich schon 41 Jahre alt. Nur wenige Frauen haben in dem Alter noch Kinder bekommen. Meine Freundinnen haben ihre Kinder alle zwanzig Jahre früher bekommen. Und dann gab es ja auch noch keinen Ultraschall. Da hätte schon einiges schiefgehen können.«

»Aber nicht, weil du getrunken und geraucht hast, sondern weil du über 40 warst?«

»Genau.«

»Du wusstest vor der Geburt also nicht mal, ob ich ein Junge oder ein Mädchen werde?«

»Eine alte Volksweisheit besagt, dass Frauen, die Mädchen bekommen, in der Schwangerschaft schöner werden. Ich wusste also, dass ihr Mädchen sein würdet.«

Kinder rebellieren gegen ihre Eltern. Während man in der sozialen Schicht und der Generation meiner Mutter schriftlichen Ratschlägen zum Thema Schwangerschaft aus dem Weg gegangen war, verschlang meine Generation alles, was damit zu tun hatte; was auch den Erfolg von *What to Expect When You're Expecting* erklären könnte, das – 1984 erstmals veröffentlicht – zum Wegbereiter anderer Schwanger- und Mutterschaftsratgeber wurde. In Diwans ersten Jahren konnte ich eine regelrechte Flut solcher Ratgeber, Handbücher und Leitfäden beobachten, die Antworten darauf gaben, wie man Kinder abstillen und füttern, ans Töpfchen gewöhnen, ins Bett bringen, an- und erziehen und disziplinieren sollte. Basierend auf Alter, Geschlecht und Anzahl der Kinder richteten sich einige von ihnen an bestimmte Zielgruppen. Ausnahmslos alle profitierten sie von dem relativ neuen Trend auf dem weltweiten Buchmarkt. Ich nahm diese Bücher mit Bedacht in meinen Bestand auf und erweiterte so meine Abteilung; währenddessen versuchte ich, die darin enthaltenen Ansichten mit jenen in Einklang zu bringen, die mir in meiner Kindheit vermittelt worden waren. Würde die moderne Obsession von der perfekten Schwangerschaft in Ägypten wirklich Fuß fassen können? Mir kam es vor wie die kapitalistische Pervertierung dieser grundlegenden Erfahrung des menschlichen Lebens. Ich sah zu, wie sich so etwas Alltägliches wie das Kinderkriegen in ein Spektakel verwandelte, das den Kauf von speziellen Klamotten, Gadgets und jetzt auch Büchern rechtfertigte.

Vor fast 50 Jahren, als Hind und ich noch klein waren, gab es noch keine Einwegwindeln, keine speziellen Flaschen, die Koliken vorbeugten, kein pädagogisch wertvolles Spielzeug und keine Umstandsmode, die kaschierte oder der Figur schmeichelte. Den gesamten Industriezweig gab es noch nicht. Unsere Mutter, eine ausgebildete Schneiderin und ein eingefleischter Fan der Mode der 60er-Jahre, nähte ihre Klamotten selbst – Umstands- wie Minikleid. Außerdem verbrachte sie zahllose Stunden damit, Stoffwindeln zu nähen, die sie vor jedem neuen Gebrauch auskochte, um sie zu sterilisieren. Selbst als sich die Welt um sie herum allmählich zu verändern begann, hielt sie an ihren Glaubenssätzen fest.

Nachdem Hind ihren ersten Sohn Ramzi auf die Welt gebracht hatte, erklärte meine Mutter der diensthabenden Geburtshelferin, dass Bier das beste Mittel sei, um die Milchproduktion anzuregen – geprüft und erprobt von den alten Ägyptern. Später, als ich mit meinem zweiten Kind Layla bereits sichtbar schwanger war, traf ich mich mit Freunden in einem New Yorker Bistro zum Abendessen. Ich bestellte ein Bier. Der Kellner verweigerte mir den Service. Als ich das meiner Mutter erzählte, war sie außer sich. Die Mütter ihrer Generation hatten keinen Grund gesehen, sich zu ändern, nur weil für sie eine neue Lebensphase begann.

* * *

Während meiner Schwangerschaft traten mir die Menschen in meinem Umfeld permanent zu nahe, berührten meinen Babybauch und gaben ungebetene Ratschläge. »Die ersten zwei Jahre solltest du auf jeden Fall stillen!«, »Bloß nicht stillen!«, »Muttermilchersatz ist ja praktisch flüssiger Müll«, »Halt dich fit!«, »Du darfst dich auf keinen Fall überanstrengen!«. Irgendwann hatte ich die Nase voll von all den gegensätzlichen Äußerungen, den Gadgets und den Ratgebern, die mir Unterstützung und Hilfe versprachen, mir in Wahrheit aber die Luft abschnürten. Vielleicht wusste meine Mutter doch mehr, als ich ihr zugestand. Ich war von ihren altmodischen Ansichten nicht richtig überzeugt, aber mir war auch klar, dass der gegenwärtige Materialismus und Perfektionismus kein Stück besser waren.

»Wie war das mit Dad?«, fragte ich sie irgendwann einmal ganz im Ernst.

»Ramzi?«, erwiderte meine Mutter überrascht. »Schwangerschaften sind doch Frauensache.« Das hat sich mittlerweile natürlich geändert. Auf der Suche nach neuen Titeln für unsere Schwanger- und Elternschaftsabteilung stieß ich immer wieder auch auf Bücher, die sich an Männer richteten. Bei Titeln wie *From Dude to Dad: The Only Guide a Dude Needs to become a Dad, Volume 1* lag der Fokus auf der Transformation, die mit dem Vater-Werden einherging (der unausgesprochene Wandel von »cool« zu »weniger cool« – vom »Dude« zum »Dad« – entging mir dabei nicht). Andere Titel versprachen Überlebenshilfe und Rettung, wie zum Beispiel *The Expectant Dad's Survival Guide: Everything you Need to Know* und *Diaper Dude: The Ultimate Dad's Guide to Surviving the First Two Years*. Das Bild von der Windel (das bei Titeln, die sich an Frauen richten, nicht auftaucht) und dem »Dude«, der damit herumfuchtelt, sollte dem Thema frischgebackener Vaterschaft einen humorvollen Beigeschmack verleihen. Ein weiteres beliebtes Buch mit dem Titel *Commando Dad: How to be an Elite Dad or Carer* malte sich die Vaterschaft als Schlachtfeld aus, also passenderweise als ein testosteronerfülltes Terrain. Natürlich gab es auch andere Bücher, die einen weniger komischen Ansatz verfolgten, wenn es darum ging, Männer in diese neue Phase ihres Lebens einzuführen. Doch ganz gleich, welchen Ton sie auch anschlugen – meine Mutter und ihre Generation empfanden schon die bloße Existenz solcher Bücher und die ihnen zugrunde liegenden Annahmen als bizarr. Letztendlich beschloss ich, bei Diwan keine Titel zum Thema Vaterschaft anzubieten. Dass ich Schwangerschaftsratgeber in unseren Bestand aufgenommen hatte, war bereits Glücksspiel genug. Ich wollte meine Zeit und meine Ressourcen für Titel aufwenden, die sich auch verkaufen würden.

* * *

Wie viele von uns handle ich oft auf eine bestimmte Art und Weise, ohne wirklich zu wissen, warum. Die Erkenntnis kommt immer erst im Nachhinein. Während ich meine Ausgabe von *What to Expect When You're Expecting* bezahlte, merkte ich betont beiläufig an, das Buch sei für eine Freundin. Nicht einmal, als ich es aussprach, wurde mir bewusst, wie sehr ich mich von jemandem, der »guter Hoffnung« war, distanzieren wollte. Es würde einige Zeit dauern zu ergründen, wie ich meinen Zustand annehmen oder leugnen könnte. Würde ich mich auf eine neue Persönlichkeit als schwangere Chefin mit dem *Willen zum Erfolg* einlassen können? Oder würde ich meine veränderten Umstände einfach ignorieren? Ich beschloss schnell, dass ich mit gutem Beispiel vorangehen und während meiner Schwangerschaft noch härter arbeiten wollte. Möglicherweise hatte ich insgeheim Angst davor, was mit mir passierte, und wollte es in den Augen anderer minimieren. Natürlich verfolgte mein Körper seinen eigenen Plan.

Bei Vorstellungsgesprächen stellte ich immer dieselbe

Frage, um mehr über den Charakter der Bewerber und Bewerberinnen zu erfahren: »Was wünschen Sie sich für Ihre Kinder?« Die Antworten reichten von »Ich will sie zu guten Muslimen erziehen« über ausdruckslose Mienen bis hin zu: »Ich hoffe, dass sie auswandern und sich in einem Land niederlassen, in dem ihre Chancen besser stehen.«

Dann gab es noch eine andere Frage, die ich immer stellte: »Nehmen wir an, Sie werden Teil der Diwan-Familie – könnten Sie auch die Spätschicht übernehmen oder nur die Frühschicht?« Außer am Morgen des ersten Tages von *Eid al-Adha* – dem islamischen Opferfest – hatten wir täglich von 9 bis 23 Uhr geöffnet, weshalb Schichten eine wichtige Rolle spielten. Ich fragte außerdem, weil ich mich mittlerweile so sehr an den anspruchsvollen Alltag der Ägypter gewöhnt hatte. Der Großteil meiner männlichen Angestellten hatte noch einen weiteren Job, um ihr Einkommen aufzubessern, oder besuchte nebenbei Computerkurse. Und wenn wir aufgrund von krankheitsbedingten Ausfällen oder Urlaubstagen Personal zwischen den beiden Läden hin- und herschieben mussten, wurde die Erstellung des Schichtplans erst recht zu einem Albtraum.

Die Antwort weiblicher Kandidaten lautete meist: »Solange es hell ist, kann ich arbeiten.« Ich wusste, was das bedeutete: Anständige Mädchen kommen nicht erst im Dunkeln nach Hause. Falls doch, werden sie von ihren Nachbarn dafür verurteilt, und dieses Urteil beschert ihnen einen Ruf, der ihre Aussichten, einen guten Mann zu finden, um einiges schmälert. Wer sich abends draußen herumtrieb, musste außerdem die öffentlichen Verkehrsmittel nutzen, wo Frauen praktisch der permanenten Schikane durch Fahrer und andere Passagiere ausgesetzt waren. Mir waren die

Kompromisse, die Frauen unter dem Patriarchat eingingen, hinlänglich bekannt: Sie konkurrierten um die familiären Ressourcen, waren ihren Brüdern jedoch immer untergeordnet; sie halfen bei der Hausarbeit und kümmerten sich um die Älteren; wo sie hingehen und wen sie treffen durften, war nicht ihre Entscheidung. Zu allem Überfluss war es – wie mir meine männlichen Mitarbeiter gern in Erinnerung riefen – finanziell gesehen günstiger, Männer einzustellen. Das liegt unter anderem am ägyptischen Arbeitsrecht, das Frauen bei den ersten beiden Kindern 90 Tage bezahlten Mutterschutz gewährt. Männer kommen dementsprechend auf wesentlich mehr Arbeitsstunden, insbesondere, weil es das grundlegende Konzept einer Elternzeit für Väter in Ägypten schlichtweg nicht gibt. Dass ausgerechnet Gesetze zum Schutz der Frauenrechte – zum Beispiel das Recht auf bezahlten Mutterschutz – zu weiterer Diskriminierung führten, schien mir wie der blanke Hohn. Auch wenn es absolut nervenaufreibend sein kann, Frauen einzustellen, entschied ich mich doch dafür, denn zum einen bin ich selbst eine Frau, und zum anderen möchte ich das Glück, das ich habe, gern an andere Frauen weitergeben.

Das Frauenbild unserer Gesellschaft beunruhigte mich: die Annahme, dass mit dem Einnehmen der Mutterrolle alle anderen Verpflichtungen unwichtig werden würden und es auch werden sollten. Bei mir war das jedoch nicht der Fall. Als ich mit Zein schwanger war, arbeitete ich bis zum letzten Tag vor meinem geplanten Kaiserschnitt. Und drei Wochen später stand ich schon wieder bei Diwan, bemüht, die katastrophale Unsicherheit zu ignorieren, die die Mutterrolle mit sich gebracht hatte, voller Sehnsucht nach der Ordnung der Regale, der Vertrautheit und der Sicherheit, die die Arbeit bot.

* * *

Einige dieser Gefühle kamen letztendlich nur durch ein Gespräch mit einer Fremden ans Licht. Im Jahr 2008 wurde ich von einem Frauenmagazin interviewt; Thema des Gesprächs war »das Komplettpaket« – wobei das Paket die Kombination aus erfolgreicher Karriere und Familie bezeichnete. Dabei war meine Situation bei Weitem nicht so glamourös. Ich war frisch geschieden von Nummer eins und versuchte, eine zweijährige und eine vierjährige Tochter – und eine sechsjährige Diwan – unter einen Hut zu bringen. Wir hatten gerade unseren dritten Standort in Maadi, einem Vorort sechzehn Kilometer flussaufwärts von Zamalek, eröffnet. Dort gab es jede Menge üppiger Grünanlagen. Unter den wohlhabenden Bewohnern des Ortes befand sich auch eine beträchtliche Anzahl von Menschen, die aus dem Ausland zugezogen waren. Um den Standort einer Bewährungsprobe zu unterziehen, eröffneten wir einen kleinen Kiosk im Carrefour City Centre, einem gerade neu erbauten Einkaufszentrum. Nachdem der Kiosk praktisch ein sofortiger Erfolg war, begannen wir mit der Suche nach einem richtigen Laden und ließen uns schließlich in der Neunten Straße nieder, Maadis Entsprechung zur Straße des 26. Juli. Da die Gegend für ihre Laufkundschaft bekannt war, nahmen wir den erstbesten Laden, der uns unterkam, obwohl er am eher zwielichtigen Ende der Straße lag. Wir setzten auf unseren Namen als Marke und hofften, dass er die Menschen anlocken würde, auch wenn wir uns abseits der ausgetretenen Pfade befanden. Doch nur wenige Monate nach der Eröffnung zweifelten wir an unserer Entscheidung. Die Laufkundschaft kam unregelmäßig und war auch nicht immer in Kauflaune – die Menschen aus dem Ausland schienen Bücher lieber auszuleihen oder zu tauschen, als neue zu kaufen –, und das noch bevor die Weltwirtschaftskrise ihre Auswirkungen auf multinationale Konzerne, von denen viele ihre Angestellten in Maadi untergebracht hatten, voll entfaltete. Abgesehen davon bereitete uns die Zuteilung des Personals und die Verteilung der Ware zwischen unseren drei Läden Schwierigkeiten.

Wir hatten uns auf ein Treffen im neuen Café in Maadi geeinigt. Die Journalistin hatte blondierte Haare und trug eine dicke Schicht Make-up; um ihren Oberkörper wickelte sich ein enges, geblümtes Top, dazu trug sie einen schwarzen Rock. Sie kam etwas zu früh, was sie mir gleich sympathischer machte. Sobald wir unsere Cappuccinos bestellt hatten, begann sie, mir die üblichen unpersönlichen Fragen zu stellen: Woher die Idee für Diwan stammte… Welche unsere größten Herausforderungen gewesen waren… Wie es war, mit meiner Schwester und meiner Freundin zusammenzuarbeiten… Wie wir unsere Differenzen überbrückten. Und dann kam die unausweichliche Frage: »Sie als Frau – wie schaffen Sie es, Familie und Arbeit unter einen Hut zu bringen?«

»Gar nicht.« Ich schluckte. »Und das werde ich auch nie. Ich würde auch niemandem trauen, der behauptet, es geschafft zu haben. Männer fragt man auch nie, wie sie es schaffen, die familiären Anforderungen mit ihrem Berufsleben zu vereinbaren. Ich bin eine berufstätige Mutter – schuldig! Ich bin bei so vielen Bädern nicht dabei, und die Windeln wechselt oft jemand anderes. Mein Kinder-mädchen ist immer bei uns. An manchen Tagen bin ich so erschöpft, wenn ich nach Hause komme, dass ich ein-fach keine Lust mehr habe, mit meinen Töchtern zu spie-len oder ihnen eine Gute-Nacht-Geschichte vorzulesen. Aber ich habe meine Entscheidung getroffen. Ich will, dass meine Mädchen in einem Zuhause aufwachsen, in dem ihre Mutter arbeitet. Ich bin eine alleinerziehende Mutter, und ich bin stolz auf mich und dankbar.« Die Journalistin starrte mich fassungslos an.

Ich hatte ihr die Wahrheit gesagt, wenn auch nicht die ganze. Wie tiefgreifend meine Angst tatsächlich war, behielt ich für mich. Auch von meiner Unfähigkeit, die richtige Creme für wunde Kinderpos auszuwählen, erzählte ich ihr nichts. Oder davon, dass ich die weißen Rückstände weg-schrubbte, die die Creme unter meinen Nägeln hinterließ, um jede Spur des Kontakts zu verwischen. Zein dazu zu bringen, ihr Bäuerchen zu machen, war immer wieder eine Herausforderung. Jedes Mal, wenn ich ihr Bäuerchen ver-passte, fühlte ich mich gedemütigt. Immer, wenn ich Laylas Strampler zuknöpfte, hielt ich die Luft an und betete; betete, dass ich keinen Knopf vergessen hätte, während ich mich von oben nach unten vorarbeitete, weil ich sonst wieder von vorn anfangen müsste. Ich fürchtete das Schreien der Kin-der, weil ich es weder deuten noch sie beruhigen konnte. Sogar meine Erfolge – wenn ich es beispielsweise geschafft hatte, eine volle Windel symmetrisch zu verschließen – fühl-ten sich einfach nur armselig an.

Das Unbehagen setzte bereits ein, bevor ich Mutter wurde. Schon während meiner Schwangerschaft fühlte sich mein Körper fremd an. Ich nahm knapp 13 Kilogramm zu, und meine Beine waren so schwer wie zwei vollgesogene Schwämme. Ich wurde noch unbeholfener. Ich wünschte, ich könnte jenen Tag vergessen, an dem mir während eines Meetings in Zamaleks Café ganz plötzlich furchtbar schlecht wurde. Ich entschuldigte mich, verließ das Meeting, rannte ins WC, dankte Gott dafür, dass niemand sonst dort war, und stürzte gerade noch rechtzeitig auf die Toilette zu. Unglücklicherweise hatte ich weder die Zeit noch die Weitsicht, meine Brille und meinen Schal abzunehmen. Die Brille fiel, während ich mich übergab, ins Klo. Der Schal bekam ebenfalls etwas ab. Ich versuchte, beides zu retten, und kehrte in der Hoffnung, dass ich mir den Geruch nur einbildete, zu meinem Meeting zurück. In Zeiten wie diesen waren mir die Bilder mütterlicher Glückseligkeit, wie ich sie auf den Covern von Schwangerschaftsratgebern sah, verhasst. Wo waren die von Unwohlsein und Entfremdung gezeichneten Gesichter? Wo das Unbehagen und der Frust, die mit dem Stillen einhergingen? Und warum hatte mich niemand vor den Schuldgefühlen gewarnt, die man hatte, weil man überhaupt solcher Empfindungen fähig war? Wenn das Kindermädchen seinen freien Tag hatte, fuhr ich meistens zu Nihal (deren Kinder bereits im Teenager-Alter waren); so konnte jemand anderes Zein baden und füttern. Ich wollte nicht mit ihr allein sein, wollte nicht mit meiner eigenen Inkompetenz konfrontiert sein. Ein Jahrzehnt später las ich *Das Herzenhören*, einen in Burma spielenden Roman, der unter anderem beschreibt, wie sich die Mutter des Protagonisten »mit leeren Händen« in der Mutterrolle wiederfindet. Obwohl ich unzählige Bücher und meine Mutter an meiner Seite hatte, schien diese Beschreibung mein Gefühl exakt auf den Punkt zu bringen. »Ihre Kinder werden sicher einmal richtige Leseratten«, sagte die Journalistin, bemüht, die Stimmung aufzulockern.

★ ★ ★

Heute frage ich mich, ob ich meine Schwanger- und frühe Mutterschaft auf irgendeine Art auch als mein eigen hätte betrachten können, anstatt dauernd nach Rat, Bestätigung und Zugehörigkeit zu suchen. Aber vielleicht ist es einfach von Natur aus eine verwirrende Erfahrung. Das Einzige, was mir in diesen Jahren das Gefühl gab, immer noch ich selbst zu sein, war das Stapeln von Büchern, das sorgfältige Anordnen in den Regalen. Ich vergaß dabei meine Kinder, meine scheiternde Ehe, das Loch im Dach über dem Bad, die Bügelwäsche, die ich noch bei Akram abgeben musste (ein Wäscher, der sein Geschäft in einer Hütte an der Ecke der Bahgat-Ali-Straße hatte). Es war, als würde ich die Grenzen des Bewusstseins überschreiten, mich umgeben von den vollgestopften Regalen, den ausgiebigen Gesprächen und den Lachfetzen dahintreiben lassen. Ich war bei Diwan auf eine Art zu Hause, wie es mir in meinem eigenen Heim mit meinen Töchtern einfach nicht möglich war. Obwohl ich selbst sie zur Welt gebracht hatte, war mir, als schmälerten und bedrohten sie allein durch ihre Existenz mein eigenes Dasein. Die Mutterrolle brachte meine Schwächen und Grenzen permanent und überdeutlich zum Vorschein.

Zum Teil beruhte meine Abneigung auf der gesellschaftlichen Erwartung, dass die Mutterrolle die ultimative Erfüllung meiner Weiblichkeit, die Krönung meiner Errungenschaften sein würde; auf der Annahme, dass mein Leben und das anderer Frauen von selbstloser Liebe und unendlicher Opferbereitschaft bestimmt sein müsse. In diesem Schwebezustand des Fegefeuers sollten wir uns selbst hinter uns lassen. Kinder zu bekommen wurde mit Erfolg gleichgesetzt – ungeachtet dessen, was später aus ihnen wurde. Ganz gleich, welche Ziele ich verfolgt, wie hart ich auch gearbeitet hatte, um Diwan Wirklichkeit werden zu lassen, das überschwänglichste Lob erhielt ich, als ich Mutter wurde. Es ließ mich an all die Glückwünsche zu meiner Hochzeit denken. Ich fragte mich, ob Menschen tatsächlich aus Liebe heirateten oder ob die Ehe lediglich die Voraussetzung dafür war, Kinder zu bekommen – das erhoffte Resultat, unsere eigentliche Bestimmung. Die ersten sieben Jahre meiner Ehe waren bewusst kinderlos. Waren sie deshalb bedeutungslos? Definitiv nicht. Es waren glückliche und ertragreiche Jahre. Diwan ist in dieser Zeit entstanden.

* * *

Als Zein zwei Jahre und Layla acht Monate alt waren, suchte ich erneut Rat in der Abteilung zum Thema Schwanger- und Elternschaft. Die Ehe mit Nummer eins war zu Ende, und ich brauchte etwas, das mir half, nach vorn zu blicken. Obwohl es massenhaft Bücher gab, die sich mit dem Thema Schwanger- und Elternschaft beschäftigten, richtete sich kaum eines davon an geschiedene oder alleinerziehende Eltern. Auf der Suche nach Impulsen wagte ich einen Blick in die anderen Sparten. Im Selbsthilfebereich gab es einige Titel rund um das Thema glückliche Ehe, aber keinen einzigen zum Thema glückliche Scheidung. Also wandte ich mich doch wieder der Belletristik zu. Vielleicht hätte ich die Sparte Schwanger- und Elternschaft um Ian McEwans *Nussschale* erweitern sollen, in dem ein Hamlet in Fötusform das Tun seiner Mutter belauscht und noch im Mutterleib Rachepläne schmiedet. Oder Margaret Atwoods *Der Report der Magd*, in dem wohlhabende Familien fruchtbare Frauen als Gebärmaschinen halten. Man könnte sogar noch weiter in die Vergangenheit reisen, in die griechische und römische Mythologie, die dem Schmerz und dem Chaos der Liebe, der Ehe und der Elternschaft mehr Aufmerksamkeit widmet als jeder zeitgenössische Ratgeber.

Natürlich ist die Struktur der meisten Romane durch den Familienverbund vorgegeben. *Alle glücklichen Familien sind einander ähnlich; aber jede unglückliche Familie ist auf ihre besondere Art unglücklich.* Tolstois unvergesslicher Romananfang inspirierte das sogenannte Anna-Karenina-Prinzip, das Jared Diamond 1997 in seinem Sachbuch *Arm und Reich* erläuterte. Das Buch vertritt die These, dass das Überleben einer Spezies durch die Abwesenheit negativer und nicht durch das Vorhandensein positiver Faktoren (à la Darwin) gesichert wird. Dasselbe könnte man auch von der Ehe sagen. Wir gehen davon aus, dass glückliche Ehen halten, während die unglücklichen geschieden werden. Das Bestehen einer Ehe wird als Erfolg angesehen, während eine Scheidung als Scheitern gilt. Warum? Meines Erachtens können viele Scheidungen als Erfolge gewertet werden, während einige intakte Ehen scheitern – nämlich daran zufriedenzustellen, sich weiterzuentwickeln und stärker zu werden.

* * *

Aber warum war meine Ehe überhaupt gescheitert? Der Wendepunkt kam nur 48 Stunden, bevor ich Layla auf die Welt brachte (und nur wenige Wochen, nachdem ich auf der Straße belästigt worden war und den Typen daraufhin so wüst beschimpft hatte, dass es meinem Personal die Sprache verschlagen hatte). Es war Freitag, und an Freitagen herrschte in Kairo immer eine Art Katerstimmung. Alles lief langsamer. Die Geräusche verstummten. Mit Zein an der Hand watschelte ich die Straße des 26. Juli hinunter, wobei ich versuchte, den stechenden Schmerz zu ignorieren, der mir bei jedem Schritt ins linke Bein fuhr; das fiel mir jedoch zunehmend schwer. Plötzlich hielt Hind in ihrem silbernen Kombi neben mir. Sie winkte uns zu sich. Bis zu meiner Wohnung waren es nur noch wenige Straßen, doch mir schien sie meilenweit entfernt, und so war ich dankbar, dass sie uns mitnahm. Ich schnallte Zein in Ramzis leeren Kindersitz auf der Rückbank und setzte mich neben Hind auf den Beifahrersitz.

»Ich kann bald nicht mehr. Hol sie bitte raus.«

»Wahrscheinlich geht es ihr genauso«, sagte Hind.

»Erinnerst du dich etwa nicht mehr an die letzten zwei Tage vor Ramzis Geburt?«

»Manches habe ich bewusst verdrängt.« Erpicht darauf, dieses angespannte Gespräch zu beenden, hielt Hind vor der Garage meines Wohnhauses, obwohl ich normalerweise durch die Vordertür ging.

Ich weiß noch, dass mir die Wohnung sofort unheimlich still vorkam. Zein ließ meine Hand los und rannte in ihr Zimmer, das Getrappel ihrer Füße verhallte. Ich ging den Flur entlang zu unserem Schlafzimmer. Ich rief nicht nach ihm. Ich öffnete einfach die Tür. Da stand er, das Telefon am Ohr und mit dem Rücken zu mir gegen das grüne Eisengeländer des Schlafzimmerfensters gelehnt. Ich sagte nichts. Ich stand einfach nur wie angewurzelt da. Er sprach mit sanfter, liebevoller Stimme. Ich hatte nicht die Absicht zu lauschen, aber ich hörte jedes Wort. Was mich jedoch härter traf als alles, was er sagte, waren sein zärtlicher Tonfall, seine entspannte Haltung. Ich hielt mir die Ohren zu, doch es war zu spät. Mit einem Schlag herrschte in mir absolute Leere. Ich blickte zu Boden, überzeugt davon, dass meine Eingeweide in einem Haufen vor mir lagen. Schließlich bat ich ihn mit erstickter Stimme, das Gespräch zu beenden. Er drehte sich um. Dann sagte er ihr, dass er auflegen müsse.

»Ich hab dich nicht reinkommen sehen«, sagte er abwehrend.

»Ich bin durch die andere Tür rein«, antwortete ich mechanisch. Dann machten wir uns auf zum freitäglichen Mittagessen mit der Familie. Ich passte einen Moment ab und erzählte Hind, was passiert war. Der erschütterte Ausdruck auf ihrem Gesicht passte zu meinem. Ich füllte meinen ohnehin schon prallen Bauch mit Essen und Trinken. Nach dem Mittagessen brüllte ich ihn an, doch in Wirklichkeit war es meine eigene Dummheit, die ich anschrie.

Termingerecht wurde ich zwei Tage später in den Operationssaal gerollt. Er war auch da, sah mich mit gerunzelter Stirn und unergründlichem Blick an. Ich fühlte mich leer. Als ob das Ganze jemand anderem passierte. Ich erkannte weder ihn noch mich selbst wieder. Zu jener Zeit wollte ich mich nicht scheiden lassen, und ich wollte nicht, dass meine Töchter in dem Gefühl aufwuchsen, man hätte sie eines Elternteils beraubt. Sobald ich mich von meinem Kaiserschnitt erholt hatte, fing ich wieder an zu arbeiten. Diwan hatte meine Leiden bisher noch immer gelindert, doch dieses Mal war es anders. Wann immer das Thema Ehe oder Scheidung in einem Gespräch oder einem Buchtitel auftauchte, fühlte ich mich wie auf dem Präsentierteller. Ich wollte weder darüber reden, noch, dass über mich geredet wurde, bevor ich mir nicht selbst über die Geschichte klar geworden war. Ich ertappte mich dabei, wie ich mich fragte, ob Sabah, unsere Haushälterin und später Karottenkuchenbäckerin, von ihren früheren amerikanischen Arbeitgebern vielleicht mehr Englisch gelernt hatte, als sie uns gegenüber durchblicken ließ. Es musste ihr aufgefallen sein, dass Nummer eins und ich nicht länger zusammen aßen. Oder dass unser Umgang miteinander zwar höflich, die Atmosphäre aber angespannt war. Ich stellte mir vor, wie sie mit Samir in den Pausen zwischen seinen Botengängen tratschte. Im Auto führte ich meine privaten Gespräche auf Französisch oder Englisch, Sprachen, die Samir nicht beherrschte – doch ich begann mich zu fragen, ob auch er sich mittlerweile genug Vokabular zusammengestoppelt hatte, um einzelne Sätze verstehen zu können. In meiner Vorstellung fand all das tatsächlich statt: Samir, wie er in einer seiner Pausen einen Schluck von seinem Tee nahm und dann einer Gruppe vom Personal mit dramatischer Kunstfertigkeit von meinen ehelichen Sorgen berichtete. Jedes Mal, wenn ich aus dem Büro kam, hätte ich schwören können, dass eine Traube von Angestellten auseinanderstob. In den folgenden Monaten ließ ich Samir, wann immer er mich zur Eheberatung fuhr, in einer Parallelstraße halten und trug ihm sicherheitshalber noch eine Aufgabe auf, damit er nicht beobachten konnte, in welches Gebäude ich ging.

Meine Paranoia wurde immer schlimmer. Ich führte imaginäre Gespräche mit Diwans Büchern – mehr und mehr vor allem mit einer Autorin: Elizabeth Gilbert. Kurz nach der Eröffnung unseres ersten Standorts hatte Nummer eins ihren Debütroman *Der Hummerkrieg* für sich entdeckt. Er mochte ihren Tonfall und drängte mich, mehrere Ausgaben zu bestellen. Ich weiß noch, wie ich im Laden stand und sie jedem empfahl, der neugierig schien – allerdings ohne Erfolg. Also fuhr ich schwerere Geschütze auf und stellte das Schild mit den Worten *Diwans Empfehlung* auf den unberührten Stapel. Doch auch das änderte nichts. Viele Monate später gab ich mich geschlagen, riss die Titelseiten aus den Büchern und schickte sie als Teil unserer alljährlichen Retouren zurück an den Verlag. Von nun an hegte ich einen Groll gegen diesen Titel. Ich mochte keine Bücher, die mich enttäuschten. Im Jahr 2006, dem Jahr, als Nummer eins' Geheimnisse ans Licht kamen und wir uns scheiden ließen, stürmte Elizabeth mit dem Bestseller *Eat, Pray, Love* – einer Autobiografie, die Selbstfindung nach der Scheidung verspricht – erneut in mein Leben. Das Buch verkaufte sich wie von selbst. Ganz gleich, ob in Zamalek, Heliopolis oder Maadi, jedes Mal, wenn ich an dem Stapel vorbeiging oder ihn aufstockte, sprach die Autorin zu mir.

»Verschwinde von hier. Das ist die einzige Möglichkeit, dich selbst zu finden.«

»Halt die Klappe, Liz! Du weißt nichts über mein Leben.«

»Das muss ich auch nicht. Akzeptiere einfach, was ist.«

»Verpiss dich! Du weißt ja, wie deine Geschichte ausgeht.«

* * *

Hind und Nihal wichen nicht von meiner Seite. In Meetings bemerkte ich oft, wie sie mich besorgt musterten. Wenn sie feststellten, dass sie ertappt worden waren, lächelten sie mir beruhigend zu. Wenn das nicht ausreichte, wurden sie deutlicher: *Alles wird gut, die ganze Sache wird dich nur noch stärker machen, du bist nicht die Erste und du wirst auch nicht die Letzte sein. Shit happens.*

Nach sechs Monaten Eheberatung und unendlich vielen Ratschlägen von engen Freundinnen und flüchtigen Bekannten musste ich mich schließlich meiner größten Angst stellen: meine Mutter zu enttäuschen. Bis zu diesem Zeitpunkt hatte sie nur kryptische Bemerkungen gemacht, wann immer ich seine Affäre und deren Folgen angesprochen hatte. Ich nahm an, dass sie die Art, wie wir die Situation handhabten, missbilligte. Das war jedoch nur die halbe Wahrheit. Die ganze Wahrheit wurde erst bei genauerem Hinsehen deutlich, nämlich, dass Mütter sich für ihre Töchter prinzipiell ein besseres Leben wünschen, als sie selbst hatten.

»Soll ich heute Mittag *Muluchiya* oder *Fatteh* machen? Was essen denn die Kinder lieber?«, fragte meine Mutter während unseres allmorgendlichen Telefonats.

»Ich glaub, das ist den Kindern scheißegal, Mum. Sie sind gerade mal acht Monate und zwei Jahre alt. Mach einfach *Fatteh.*«

»Na gut. Dann sag ich Beshir, dass er *Muluchiya* machen soll. Gemüse ist wichtig für Kinder.« Unsere Gespräche liefen immer nach dem gleichen Muster ab: Sie fragte mich nach meiner Meinung, ich sagte sie ihr, und dann tat sie, was immer sie wollte. »Ich hätte noch eine andere Frage an dich. Warum bist du immer noch bei ihm? Haben dein

Vater und ich dich etwa dazu erzogen, Dreck zu fressen und dann noch Nachschlag zu verlangen?« Sie wartete meine Antwort nicht ab. »Ich muss aufhören und Beshir wegen dem Knoblauch Bescheid geben, das war letztens nicht genug.« Am nächsten Tag machte ich Gebrauch von meiner *'Isma*, im sunnitischen Islam das Recht der Frau, sich scheiden zu lassen. Obwohl gesetzlich zugelassen, war sie gesellschaftlich immer noch verpönt: Bauchtänzerinnen bestanden auf der *'Isma*, wenn sie heirateten. Ich ließ mich nicht scheiden, weil er mich betrogen, sondern weil er mich zum Narren gehalten hatte – womit er allerdings recht gehabt hatte: Ich war eine Närrin gewesen. Ich hatte das absolut nicht kommen sehen. Schuldzuweisungen gab es kaum. Keiner von uns wollte das Opfer sein.

Vielleicht war an dem, was Liz sagte, doch etwas dran. Ich musste die Dinge akzeptieren, wie sie waren. Am nächsten Tag gab ich in der Arbeit beiläufig bekannt, dass ich mich hatte scheiden lassen, gefolgt von einer Bemerkung darüber, wie gut es den Kindern ging und wie schön sie es fanden, uns einzeln ganz für sich zu haben. Zu Hause ließ ich mich auf die Leere in der Wohnung ein und hieß die Ruhe, die nun eingekehrt war, willkommen. Ich räumte alle Schränke neu ein und füllte den zusätzlichen Raum mit meinen Dingen. Und ich verabredete mich wieder mit meinem alten Freund Jamie Oliver – *The Naked Chef*. Während unserer regelmäßigen Dates kochte ich seine Rezepte, richtete sie kunstvoll an und nahm die Reste am nächsten Tag mit ins Büro. Der Gedanke daran, dass Zein und Layla mit mir zusammen am Tisch sitzen würden, wenn sie älter waren, dass wir gemeinsam essen und uns Geschichten erzählen würden, gab mir Kraft. Dann würde es keine Reste mehr geben.

Seltsamerweise fand ich in meinem traurigen Zustand Trost. Ich war die Sympathieträgerin, die betrogene Ehefrau. Für den Moment fühlte ich mich von der Last, stark sein zu müssen, befreit. Ich bin mir sicher, dass man Nummer eins' Untreue hinter meinem Rücken mit meiner nicht vorhandenen Work-Life-Balance rechtfertigte. Was sollte ein Mann auch tun, wenn seine Frau nicht auf ihn angewiesen war, außer sie durch solche zu ersetzen, die es waren? Mit der Zeit stellte ich jedoch fest, dass ich gegenüber den anderen Frauen keine Wut verspürte. Sie konnten tun, was immer sie wollten, und sie waren nicht für meine Enttäuschung verantwortlich. Was mich allerdings wirklich überraschte, war, dass ich auch gegenüber Nummer eins keinen Hass empfand und unsere Beziehung nach wie vor in Ehren hielt. Vielleicht waren seine Verstöße im Großen und Ganzen betrachtet unbedeutend. Vielleicht überwog meine Dankbarkeit ihm gegenüber aber auch einfach meinen Schmerz. Seine Taten und unser Untergang schenkten mir eine Freiheit, die ich mir selbst nie zu erkämpfen vermocht hätte. In den zehn Jahren, in denen unsere Ehe gediehen war, konnte ich mir nie ein Bild von mir selbst außerhalb dieses Rahmens machen. Ich hatte mein jüngeres Selbst, das er geheiratet hatte, hinter mir gelassen, mich aber auch noch nicht komplett in meine Erwachsenenrolle eingefunden. Nun war ich frei von meinen Verpflichtungen und hatte das Gefühl, endlich auf meine eigene Art Mutter, (Ex-)Frau und Mensch sein zu können.

Ich selbst sah mich jedoch gar nicht unbedingt als »die betrogene Ehefrau« oder als »Ex-Frau«. »Ex« implizierte für mich ein Ausstreichen, ein Rückgängigmachen. Nachdem unsere Ehe implodiert war, versuchten wir jedoch eine andere Form von Beziehung zueinander aufzubauen. Wir ließen es nicht zu, dass unsere Kinder die Scheidung nutzten, um uns zu manipulieren. Wir blieben in engem Kontakt und tauschten uns regelmäßig aus. Streit gab es natürlich immer noch. Über Schulen, Übernachtungen und den Umgang mit Mobbern auf dem Spielplatz (mein absoluter Favorit war der Sohn des Kinderfernsehproduzenten, dessen Vater drohte, Zeins Nanny auf dem Spielplatz von seinem Fahrer verprügeln zu lassen). Doch wir lernten, uns auf das Wesentliche zu beschränken, bis Kompromisse zur Gewohnheit wurden. Beide heirateten wir ein zweites Mal. Beide ließen wir uns wieder scheiden. Wir mussten dem anderen unser Scheitern nicht erklären. Ohne es zu bemerken, wurden wir zu Freunden und Vertrauten, die sich der Fehler des anderen voll bewusst waren, diesen aber dennoch gern um ein offenes Ohr oder um Rat baten.

Fünfzehn Jahre nach unserer Trennung hatte ich trotz der üblichen Streitereien keinen Zweifel daran, dass unser Scheitern ein Erfolg war: Wir waren glücklich geschieden. Neben unseren Töchtern, Hind und meiner Mutter liest er dieses Buch, noch während ich es schreibe.

Wir hatten einen Pakt geschlossen: Sobald die Mädchen alt genug wären, würden wir ihnen von seinen Affären erzählen. Doch dann sagte eine frühreife 13-jährige Layla: »Ich kenne unser Familiengeheimnis.«

»Nur eins? Das ist aber enttäuschend!«, spottete ich. »Dad hat uns erzählt, dass er dich betrogen hat.« Sie erwischte mich eiskalt, was sie aber auch eindeutig beabsichtigt hatte. Nun schenkte sie mir ein schüchternes Lächeln, während sie versuchte, meine Reaktion abzuschätzen.

»Gut gemacht, Dad. Schön, dass er dazu steht.« Doch

damit gab sich Layla natürlich nicht zufrieden. Sie war auf Drama aus, wollte schmutzige Details, Gemetzel. Doch so leicht würde ich es ihr nicht machen.

»Ich weiß nicht, was ich an deiner Stelle getan hätte«, sagte sie.

»Du hättest es beendet. Ich habe euren Vater verlassen, obwohl es euch gab, aber auch wegen euch. Ich habe einen Schlussstrich gezogen und unsere Ehe beendet, weil ich wusste, dass ihr mich eines Tages danach fragen würdet, und dann wollte ich eine Antwort geben können, auf die ich stolz sein kann. Du hättest es genauso gemacht.«

»Aber das muss dir doch schwergefallen sein.«

»Unentschiedenheit und Reue sind schlimmer.«

»Aber es gibt doch sicher irgendetwas, das du bereust. Hast du keine Angst davor, allein alt zu werden?«

»Du darfst Alleinsein nicht mit Einsamkeit verwechseln. In meinen einsamsten Momenten war ich in Beziehungen.«

»Mum, ist das mal wieder etwas, das ich erst verstehe, wenn ich älter bin?«

»Lass es mich vereinfachen. Eine Entscheidung sollte man nie aus Angst oder Schuldgefühlen heraus treffen, und man sollte sich dabei auch nie von dem leiten lassen, was man für einfacher hält. Man sollte sich immer an das halten, was einem wirklich richtig erscheint.«

»Warum kannst du nicht einfach zugeben, dass es hart war und unfair?«

»Fair ist im Leben sowieso nur das Wenigste; es kommt nur darauf an, was du daraus machst. Ich bin keine Heldin, keine Wegbereiterin, und ich bin auch nicht besser als all die Frauen, die an ihren beschissenen Ehen festhalten. Ich konnte mir eine Scheidung einfach leisten. So einfach war das. Wir hatten ein Dach über unseren Köpfen, und ich war finanziell unabhängig.« Ich beugte mich vor und gab ihr einen Kuss auf die Stirn. »Und wenn ich für dich und Zein bete, bitte ich darum, dass ihr wisst, was es bedeutet, zufrieden und dankbar zu sein, und dass ihr euch zu selbstbewussten und unabhängigen Frauen entwickelt.« Zein streifte das Thema nicht einmal – ebenso wie Hind. Beide zogen es vor, solche Dinge mit sich selbst auszumachen, und erlaubten anderen erst dann zu sprechen, wenn sie so weit waren.

★ ★ ★

Meine nüchterne Herangehensweise an die Erziehung meiner Kinder stand in starkem Kontrast zur Ratgeberliteratur. Während ihrer gesamten Kindheit und Teenagerzeit war ich meinen Töchtern gegenüber so offen und aufrichtig wie nur möglich. Wann immer sie als Kinder etwas wollten – ein Eis, ein neues Spielzeug oder die Erlaubnis, länger aufzubleiben –, lautete meine Antwort: »Ich würde gern Ja sagen, weil ich euch lieb habe, aber ich sage Nein, weil ich euch liebe.« Das Beste für sie zu tun war wichtiger als mein Drang, es ihnen recht zu machen. Als sie Teenager waren, sagte ich ihnen oft: »Als eure Mutter werde ich euch natürlich immer lieben, ganz gleich was kommt, aber ich kann nicht versprechen, dass ich euch immer mag. Das müsst ihr euch verdienen.« Das sage ich ihnen heute noch! Und ich meine das auch immer noch so. Autorität ist untrennbar mit Autorschaft verbunden: Wir sind dafür verantwortlich, wie wir uns entwickeln, und diese Entwicklung basiert auf bewussten Entscheidungen. In dem Narrativ, das ich für mich und meine Kinder gewählt habe, hat die Opferrolle nach wie vor keinen Platz.

Unsere Scheidung kann ich als Erfolg bezeichnen, über unsere Erziehung kann ich diesbezüglich noch nichts sagen. Ich will erst einmal abwarten, wie sich Zein und Layla entwickeln. Die schreckliche Wahrheit ist, dass ich darüber absolut keine Kontrolle habe. Der Erfolg ist Eltern ebenso wenig sicher wie Autoren oder Unternehmerinnen. Reid Hoffman, der Mitbegründer von LinkedIn, hat bekanntlich folgenden Satz gesagt: »Ein Unternehmer springt von einer Klippe und baut auf dem Weg nach unten ein Flugzeug.« Wie bei anderen neuen Herausforderungen gibt es für Kinder kein Handbuch. Wir widmen uns den neuen Aufgaben mit einer gewissen Risikoeinschätzung, jeder Menge Hoffnung und der Gewissheit, dass Planänderungen vorprogrammiert sind, weil unterwegs so viel passieren kann und wird. Diwan ist ein Paradebeispiel: Wir haben sie exakt nach unseren Vorstellungen gestaltet und dabei immer gehofft, dass es ihr gut ergehen würde. Damit sie dauerhaft überleben konnte, mussten wir sie an unsere Welt anpassen – eine Welt, die sich ständig im Wandel befindet. Hind, Nihal und ich waren uns oft uneinig, was Diwans Zukunft anging. Jetzt, Jahre später, sind wir alle der gleichen Meinung, nämlich, dass es keine Rolle spielt, was richtig war oder wer recht hatte – was geschehen ist, ist geschehen. Als Eltern sehen wir das Ergebnis unserer Bemühungen erst, wenn es für Veränderungen längst zu spät ist, und wir können nicht anders, als uns selbst oder einander ewig Vorwürfe zu machen.

★ ★ ★

Während ich über die Jahre immer mehr Bücher und Menschen las, veränderten sich Diwan und das Ägypten um mich herum. Und wie immer boten mir meine Regale unerwartete Einblicke in diesen Wandel. Bei der Durchsicht der Verlagsprogramme fiel mir die zunehmende Diversität bei den Schwangerschafts- und Erziehungsratgebern auf, deren Fokus sich mit der Zeit immer mehr auf politische und soziale Normen verlagerte. Vermehrt tauchten Begriffe wie »Familie« und »Kinderfürsorge« auf, die das schwerfällige Wort »Elternschaft« ablösten. Vom englischen Begriff »parent« (»Elternteil«) wurde eine Verbform gebildet (»to parent« – »erziehen«), was auf einen grundlegenden Paradigmenwechsel hindeutete. Die Eltern, einst Autoritätspersonen und zur Disziplinierung angehalten, fanden sich nun in der Rolle der Mentoren wieder, die mit einer ganzheitlichen Erziehung auf das *individuelle Wesen* ihrer Kinder eingehen sollten. Damit verabschiedete man sich endgültig von der Generation meiner Mutter, die von ihren Kindern schlicht Gehorsam erwartet hatte. Damals kümmerten sich die Mädchen um die Eltern, und die Jungs führten den Familiennamen weiter. Brüder und Söhne waren von aktiven Verpflichtungen befreit. Unsere Generation erwartete von ihren Kindern, dass sie dank all unserer Mühen zu Genies heranwachsen und uns letztendlich überflügeln würden. Unsere Hoffnung war erfüllt von einem Druck, den wir unwissentlich auf uns selbst und unsere Kinder ausübten.

Dieser generationsbedingte Wandel des Elternbildes vom Zuchtmeister hin zum Mentor deckte sich allerdings nicht so ganz mit Hinds und meiner Erziehung. Unsere Eltern ließen sich nicht in Schubladen stecken. Mein Vater war zwar streng, aber nachgiebiger als meine Mutter. Er sagte uns immer wieder: Ihr seid gar nichts, bis ihr mir nicht das Gegenteil beweist. Und zwar jeden Tag von Neuem. Wenn ihr denkt, ihr hättet es geschafft, dann – Herzlichen Glückwunsch! – seid ihr auf dem besten Weg zu scheitern. Er war bereits 70 Jahre alt, als Hind und ich gerade einmal Teenager waren. Nachdem er seinen Lungenkrebs besiegt hatte, hielt er uns täglich Vorträge über die Risiken des Rauchens. Alkohol und Glücksspiel waren dagegen in Ordnung. Sich seiner eigenen Sterblichkeit bewusst, war er fest entschlossen, dafür zu sorgen, dass wir auch nach seinem Tod ein gutes Leben führten. Ohne es zu bemerken, wurde er so zum »Spartenfeministen«: jemandem, der darauf bestand, dass seine Töchter in allen Belangen unabhängig sind, während er jedoch gleichzeitig dafür sorgte, dass seine Frau zu seinen Lebzeiten nie wirklich selbstbestimmt war. Diwan und die Scheidung – all das war nur möglich dank seiner Erziehung.

Meine Mutter war, gemäß ihrer eigenen Erziehung, viel strenger mit uns. Sie besuchte die Mère de Dieu, eine katholische Schule, die von Nonnen geleitet wurde, und danach das Lycée Franço-Égyptien in Zamalek. Im Lycée brachte man ihr Disziplin bei, ihre Lieblingssprache; außerdem Arabisch, ihre Muttersprache, und Französisch, die Sprache der Kolonialmacht, die ihr Land beherrschte, und darüber hinaus die Sprache ihrer Religion. Meine Mutter hatte nicht die Muße für persönliche Ansichten oder Nachgiebigkeit. In unserer Familie wurden Kinder nicht nach ihrer Meinung gefragt; man erwartete Gehorsam von uns. Zwischen Hind und mir machte sie absolut keinen Unterschied. Als Kinder wurden wir mit den gleichen Strafen und Belohnungen bedacht. Dass sie uns so rücksichtslos gleich behandelte, erinnerte mich an ein ägyptisches Sprichwort: Gleichberechtigung in der Unterdrückung ist Gerechtigkeit. Unsere Freizeit war bestimmt von ihren militanten To-do-Listen (weshalb ich bis heute meine eigenen Listen schreibe). Indem sie uns in jedes Museum, jede Kunstgalerie und jedes Theater in der Stadt schleppte, wollte sie uns und sich selbst weiterbilden. Die Programme bewahrte sie als Erinnerung für uns auf; etwas, das Hind und ich heute genauso machen, wenn wir unsere Kinder gegen ihren Willen zu irgendeinem kulturellen Ereignis schleifen. Als Kinder machte es uns wahnsinnig, dass wir unsere Sommer damit verbringen sollten, dem strengen, auf Wertschätzung des Kulturellen ausgerichteten Regiment meiner Mutter Folge zu leisten. Doch wie immer hatte sie natürlich recht. Dank ihr wissen wir Literatur, Musik, Kunst und Tanz zu schätzen, und dafür bin ich nachträglich sehr dankbar. Mit der Zeit gelang es mir, die Strenge meiner Eltern als das zu sehen, was sie eigentlich war: ein Plus an Liebe und Hingabe. Sie waren streng und boten uns Chancen, die sie selbst nie gehabt hatten, und zwar nicht, um uns zu kleinen Genies zu erziehen, sondern zu Kämpferinnen.

* * *

Einer von Diwans Bestsellern, Nagib Mahfuz' *Kairoer Trilogie*, erzählt die Geschichte der aus Kairo stammenden Familie des Herrn Achmed Abd al-Dschawwad, die sich von 1918 bis zur Revolution 1952 über drei Generationen erstreckt. Der *pater familias*, ein tyrannischer Patriarch, herrscht bei Tage mit rücksichtsloser Härte über seine Familie, während er nachts diverse Affären mit Tänzerinnen und Sängerinnen pflegt. Seine Hartherzigkeit und Verlogenheit kommen dank der unerträglichen Unterwürfigkeit seiner Frau Amina, die jeden Abend geduldig und pflichtbewusst darauf wartet, dass er nach Hause kommt, noch stärker zur Geltung. Um ihm den Weg zu seinen Gemächern zu weisen, stellt sie eine Gaslampe ans obere Ende der Treppe, sie wäscht ihm die Füße, spricht nur, wenn sie angesprochen wird, entkleidet ihn, räumt seine Klamotten weg und zieht sich, sobald sie nicht mehr gebraucht wird, in ihr Zimmer zurück. Jeden Tag steht sie im Morgengrauen auf, betet, weckt das Hausmädchen und die Kinder und stellt sicher, dass alle satt und bereit für die Schule sind.

In meiner Jugend konnte ich mir meine Mutter nur als meine Mutter vorstellen und nicht als Person mit eigenen Zielen und Erfahrungen, die sie vor meiner Zeit gemacht hatte. In meinen Zwanzigern wollte ich sie jedoch besser kennenlernen. Also begann ich, mich ihr anzuvertrauen. Dabei drückte ich mich auf eine Art aus, wie ich es auch bei einer Freundin getan hätte, in einer Sprache, die der Situation angemessen war. Ich fluchte. Dauernd. Meine Mutter fluchte nie. In ihrer Erzählung von der Pflegerin, die ihr kein Wasser geben wollte, brachte sie es gerade einmal über sich, diese als unmögliche Person zu bezeichnen – ich hätte da ja ein anderes Wort benutzt. Widerwillig begann sie sich ebenfalls anzuvertrauen, mir Dinge über ihr Leben und ihre Ehe zu erzählen, von denen ich zuvor noch nie gehört hatte. Irgendwann fragte ich mich, ob ich nun nicht zu viel über meine Eltern und ihre Ehe wusste. Doch dann wurde mir klar, dass Nummer eins und ich es mit unseren Töchtern (die mittlerweile im Teenageralter waren) genauso gemacht hatten.

Dieser Dissonanz zwischen Mutterrolle und der eigenen Person begann ich als Elternteil nun zu trotzen. Ich nahm wahr, wie meine eigenen Freunde und Freundinnen ihre ureigene Persönlichkeit für ihre Kinder beiseitelegten, die beiden Identitäten streng getrennt. Das wurde jedoch immer schwieriger, da unsere Kinder mit zunehmendem Alter natürlich immer mehr begriffen. Sie verstanden, was sie sahen und hörten; ein Beispiel dafür ist Layla, die mit mir über Nummer eins' Affären reden wollte. Aber wie dem auch sei, ich hatte nie die Zeit, meine verschiedenen Rollen voneinander zu trennen: Ich war bei ihnen dieselbe Nadia wie in der Arbeit oder mit Freunden in einer Bar. Ich trank und fluchte vor meinen Kindern genauso viel wie in ihrer Abwesenheit. In der Schule wurde ihnen von den Gefahren des Rauchens berichtet, und es machte ihnen Angst. Als ich aufhörte und trotzdem hin und wieder eine Gelegenheitszigarette rauchte, versteckte ich mich nicht im Badezimmer wie andere Mütter, die ich kannte. Als sie über Sex, Drogen und Alkohol reden wollten, versuchte ich die Wahrheit zu sagen, weil ich das Gefühl hatte, dass ich, bevor ich gezwungen war zu lügen, lieber zu viel erzählte. Ich bin mir sicher, dass ich meine Neurosen auf sie übertragen habe wie andere Eltern auch. Je länger ich nach Vorbildern suchte, nach Ratschlägen, nach einer Art Anleitung, wie man es »richtig« macht, desto mehr kam ich zu der Überzeugung, dass es sich bei dem Versuch, in der Schwangerschaft oder der Erziehung die volle Kontrolle zu behalten, um eine Sisyphusarbeit handelt. Wir tun einfach unser Bestes und hoffen, den Schaden möglichst gering halten zu können.

Während ich in der Lage war, meine Mutter als Mutter wahrzunehmen, konnte ich in mir selbst einfach nichts anderes als mich selbst erkennen. Meine Mutter sagte immer, dass die Mutterrolle sie demütig habe werden lassen. Dass sie sie zerstört, aber auch neu erschaffen habe. Mein Vater sagte, er habe sich in seiner neuen Rolle wie in Geiselhaft gefühlt. Und nun wusste ich endlich, was sie damit meinten. Plötzlich gab es zwei weitere Menschen auf dieser Welt, für die ich nur zu gern mein Leben gegeben hätte. Hätte ich geahnt, wie tiefgreifend diese Bindung ist, ich weiß nicht, ob ich das Risiko, das mit der Elternrolle verbunden ist, eingegangen wäre, ob ich mich selbst und andere so viel potenziellem Schmerz ausgesetzt hätte.

Wie die Ehe ist auch die Erziehung ein Machtkampf. Das ultimative Tauziehen um die Führung zwischen Mutter und Vater. Meinen Eltern war es gelungen, ihre Bereiche klar abzustecken, und sie überschritten die gesetzten Grenzen niemals. Nachdem mein Vater gestorben war, eroberte meine Mutter das neue Terrain, indem sie selbst die Lücke füllte, die er hinterlassen hatte. Die Liebe zu ihren Enkeln überstieg ihre Liebe zu Hind und mir, und dementsprechend verhielt sie sich auch als Großmutter. So blaffte sie mich beispielsweise jedes Mal an, wenn ich meine Töchter unterschiedlich behandelte. Wenn ich ihr dann erklärte, dass sie nun einmal unterschiedlich alt seien und deshalb auch unterschiedliche Privilegien hätten, erzählte sie mir jedes Mal wieder, dass ihr Ansatz – nämlich Hind und mich so gut es ging gleich zu behandeln – der bessere sei. Ich höre mir die Ratschläge meiner Mutter durchaus an, aber ich befolge sie nicht immer. In gleicher Weise fällen Nummer eins und ich die großen Entscheidungen gemeinsam, aber wir feilschen nicht um Details. Unsere Scheidung und die

Beziehung, die sie ermöglicht hat, haben uns vom Machtkampf der gemeinsamen Erziehung im Alltag befreit.

* * *

Die einzige Sucht, von der ich mein Leben lang nicht ganz losgekommen bin, ist die Kontrollsucht. Man hat mir vorgegaukelt, ich könnte alles kontrollieren, sogar meinen Wunsch, alles zu kontrollieren. Die Wahrheit ist jedoch: Die meisten Dinge, die uns wichtig sind, liegen außerhalb unseres Einflussbereichs. Damit muss man sich abfinden. Ich habe mich damit abgefunden. Das heißt, ich bin dabei. Ich weiß noch, wie ich bei Laylas Geburt auf dem kalten Stahltisch lag. Ich wusste, dass Linderung in greifbarer Nähe war. Jemand vom Krankenhauspersonal brachte Layla zu mir, damit ich ihr einen Kuss geben konnte, und legte sie dann auf einem Tisch in der Nähe ab. Ich beobachtete, wie sie die Nabelschnur durchtrennten und ihre Luftwege absaugten, dann wandte ich mich an den Arzt:

»Klemmen Sie mir die Eileiter ab«, sagte ich mit aller Autorität, die ich aufbringen konnte.

»Haben Sie das besprochen?« Er sah Nummer eins an.

»Es sind meine Eileiter, nicht seine. Klemmen Sie sie ab!«, verlangte ich. Ich wusste nicht genau, warum, ich wusste nur, dass ich es so wollte, und zwar möglichst bald. Vielleicht kam in meinem Befehl eine feministische Einstellung zum Ausdruck. Oder auch die Ablehnung des kulturell bedingten Glaubens, dass Frauen so viele Kinder wie nur möglich bekommen sollten. Meine Eileiter stellten da nur ein Risiko dar. Vielleicht war ich aber auch einfach den Schmerz leid, der untrennbar damit verbunden ist, im Körper einer Frau zu stecken. Letztendlich weiß ich nur eines ganz sicher: Ich hatte keinerlei Kontrolle über das, was mit meinem Körper in der Schwangerschaft passierte, und ich habe keine Kontrolle darüber, wie sich meine Kinder entwickeln. Das Einzige, was ich kontrollieren kann, ist, nie wieder eins zu bekommen.

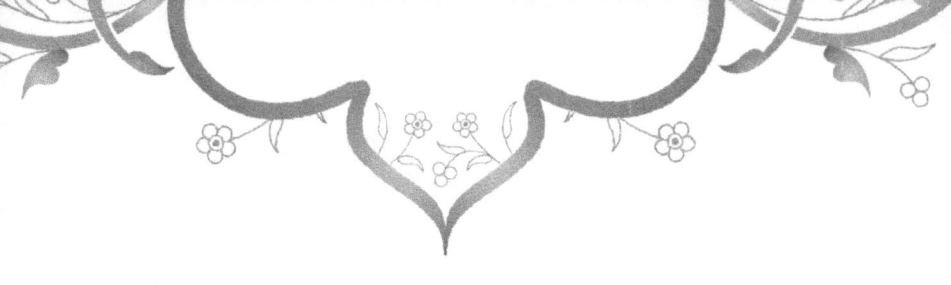

KAPITEL 6

Die Klassiker

Auch wenn unsere Kundinnen sich schließlich doch damit abfanden, dass Diwan keine Bibliothek war, schienen sie in uns nach wie vor mehr zu sehen als eine Buchhandlung. Ich kann mich noch gut an eine Begegnung mit Dr. Medhat erinnern, einem ebenso impulsiven wie liebenswerten Stammkunden. Von ihm war schon im Kapitel »Egypt Essentials« die Rede, wo er vergeblich nach einem altägyptischen Titel suchte und seinem Ärger über die vermeintlich mangelhafte Ehrfurcht Diwans vor der Ära der Pharaonen in einer donnernden Schimpftirade Luft machte.

Sein heutiger Ausbruch begann mit den Worten: »Wie kann es sein, dass es in Ihrer Klassikerabteilung keine altägyptischen Titel gibt?« Medhats Talent zur Empörung hat mich noch jedes Mal beeindruckt. Seine Leidenschaft war einfach bewundernswert. »Wo finde ich *Die Geschichte von Sinuhe*?«

»Vergriffen«, antwortete ich.

»Als Diwan sollten Sie es als Ihre Pflicht betrachten, das Buch herauszugeben, und nicht die Abteilung mit Epigonen füllen!«

»Diwan ist kein Verlag«, versuchte ich mich zu entschuldigen.

»Und warum nicht?«, hakte er nach. »Was Sie für den Buchhandel getan haben, sollten Sie auch für das Verlagswesen tun.«

»Vielleicht haben Sie ja recht«, gab ich klein bei. Es gibt nun mal Leute, gegen die man einfach nicht ankommt. Außerdem sprach er ja auch nur aus, was Hind, Nihal und mir schon seit Jahren im Kopf herumging. Aber es war Hind, die uns schließlich wieder auf den Boden der Tatsachen zurückholte: »Schuster, bleib bei deinen Leisten«, sagte sie. »Diwan ist ein Buchladen, und wir verkaufen Bücher. In den letzten sieben Jahren haben wir vier Geschäfte eröffnet: 2002 in Zamalek, 2007 in Heliopolis, 2008 in Maadi und 2009 in der Universität Kairo.«

Obwohl meine Gespräche mit Dr. Medhat seit sieben Jahren jeweils ähnlich abliefen, fühlte ich mich von seinen Attacken jedes Mal ein wenig überrumpelt. Seine Verehrung für das alte Ägypten war grenzenlos, und so war unsere Abteilung für klassische Literatur das natürliche Ziel seiner scharfzüngigen Kritik.

»Dr. Medhat, Ihnen ist doch sicher nicht entgangen, mit wie viel zeitloser und lesenswerter Literatur diese Abteilung aufwarten kann.«

»Meine Liebe, ich nehme an, Sie kennen Calvinos Abhandlung, in der er betont, was für einen Gewinn man daraus ziehen kann, die Klassiker in reiferen Jahren noch einmal zu lesen. Er erinnert uns daran, dass der Reiz wichtiger Werke weniger darin liegt, uns in der Vergangenheit zu verwurzeln, sondern darin, unsere Gegenwart zu kommentieren.«

»Ist das nicht subjektiv?«

»Nein. Die meisten Bücher sind wie Menschen. Sie leben

und sie sterben. Doch die Klassiker sind unsterblich. Wie ich sehe, haben Sie sich am Literaturkanon der westlichen Welt orientiert«, sagte er, während sein Blick über die Regale glitt. Seine Finger fuhren über die Buchrücken von *Gilgamesch*, der *Ilias*, der *Odyssee*, der *Aeneis*, den *Canterbury Tales*. »Und an ein paar von unseren orientalischen Epen.« Bei einem Buch hielt er inne und schaute es sich genauer an. »*Tausendundeine Nacht*! Im Ernst?« Er nahm seine Brille ab und trat einen Schritt zurück. »Ihre Regale haben Macht. Nutzen Sie sie weise.«

»Das werde ich, Dr. Medhat, das werde ich unbedingt.«

★ ★ ★

Ich hätte nie gedacht, dass *Tausendundeine Nacht* in Diwans Sortiment umstritten sein könnte. Oder dass es nicht mehr zu den Klassikern gezählt werden würde. Sein Inhalt stand im Widerspruch zum in Ägypten herrschenden konservativen Zeitgeist. Aber bei uns allen – Kunden, Buchhändlerinnen, Leserinnen und Antiquaren – weckt das Buch ganz persönliche Assoziationen, die über den Text hinausweisen und dem Buch ein Leben jenseits seines Textes geben, und illustriert damit Calvinos Thesen perfekt.

Was macht ein Buch zu einem Klassiker? Literatur, die in einer bestimmten Epoche als geschwätzig und trivial gilt, kann, wie es das Beispiel Dickens zeigt, in der nächsten für unverzichtbar gehalten werden. Dagegen werden Spionagethriller, wie die von Ian Fleming, heute als »Vintage-Klassiker« veröffentlicht. Wer entscheidet darüber, welche Literatur zeitlos ist? Manche großen Werke geraten in Vergessenheit oder werden vernichtet, um dann in späteren

Epochen, die für deren Ideen und Ästhetik empfänglicher sind, wiederentdeckt zu werden. Manche Bücher sprechen ihre Zeit an, haben jedoch der Zukunft nichts zu sagen. Sie sind schnell erfolgreich und ebenso schnell wieder vergessen. Wer kann noch etwas mit dem Namen Sully Prudhomme anfangen, dem ersten Nobelpreisträger für Literatur?

Als Kind liebte ich *Tausendundeine Nacht*. Die meisten Leser werden das Buch kennen: eine Sammlung von Volksmärchen aus dem Mittleren Osten, die während des Goldenen Zeitalters des Islam verfasst wurden – *Alf Layla wa Layla* auf Arabisch, was *Tausendundeine Nacht* bedeutet. Die Geschichten, die durch eine Rahmenhandlung zusammengehalten werden, stammen aus der volkstümlichen persischen, arabischen, indischen und griechischen mittelalterlichen Literatur, die bis in das zehnte Jahrhundert zurückreicht. In der Rahmenhandlung entdecken die beiden Könige Schahriar und Schahzaman die Untreue ihrer Königinnen und schwören, sich an der Frauenwelt zu rächen. Schahriar, entschlossen, nie wieder betrogen zu werden, heiratet deshalb jeden Tag eine neue Jungfrau, um sie am Morgen nach der Hochzeitsnacht enthaupten zu lassen. Bekanntlich durchbricht Scheherazade, die Tochter des Wesirs, diesen Teufelskreis, indem sie den König überlistet. Sie erzählt ihm jede Nacht eine Geschichte, ohne diese bis zum nächsten Morgen zu beenden. Der König, der darauf brennt, das Ende zu erfahren, wird auf die nächste Nacht vertröstet und damit davon abgehalten, sie zu töten. So geht das 1001 Nächte lang, dann hat Scheherazade das Herz des Herrschers erobert. Sie heiraten und leben glücklich bis ans Ende ihrer Tage.

Fatma, mein Kindermädchen, das sich später in die Familienköchin verwandelte, konnte nicht nur sehr gut kochen, sondern auch toll Geschichten erzählen, obwohl sie gar nicht lesen konnte. Sie erzählte Scheherazades Geschichten aus dem Kopf, und ohne eine Folge von Sindbad dem Seefahrer, von Ali Baba oder Aladin konnte ich nicht einschlafen. Damals kam während des heiligen Monats Ramadan jeden Abend im Fernsehen eine Rätselsendung mit dem Titel *Fawazeer Ramadan*. 1985 war das Thema der Serie *Tausendundeine Nacht*, und natürlich war ich Feuer und Flamme. Die Schauspielerin, Sängerin und Tänzerin Sherihan führte Bauchtanznummern und westliche Tanzchoreografien auf, bevor sie das abendliche Rätsel präsentierte. Ihr Soundtrack war die sinfonische Suite *Scheherazade* von Rimski-Korsakow, vermischt mit folkloristischen ägyptischen Melodien. Während ich an diesem Buch schrieb, lief im Hintergrund und im Wiederholmodus immer diese Suite und Umm Kulthums nicht enden wollendes Liebeslied *Alf Layla wa Layla*.

In einem Wort, ich war besessen. Scheherazade war meine Heldin. Ich nahm mir fest vor, dass ich meiner Tochter, wenn ich einmal eine bekäme, den Namen Shahrazad geben würde. Ich bewunderte die Souveränität und Gerissenheit der Figur. Als ich dann mit meiner ersten Tochter schwanger war, versuchten alle – Nummer eins, Faiza, Hind –, mich davon abzubringen, ihr einen so esoterischen Namen zu geben. Und ich entschied mich stattdessen für Zein. Ein Jahr später wurde ich erneut schwanger, und ich nannte mein zweites Kind Layla.

Aber das Buch bei Diwan zu verkaufen war keine einfache Aufgabe. Wir hatten gerade unsere neueste Filiale eröffnet, einen großen Laden in der Universität Kairo, als eine Studentin danach fragte. Ich hörte, wie Mahmoud, unser neuer Mitarbeiter, sagte, wir hätten das Buch nicht mehr auf Lager. Ich wusste, dass das nicht stimmte, schließlich kannte ich jedes Regal wie meine Westentasche. Ich schaute von einem der Cafétische aus zu, die im Laden verteilt waren. Jedes Mal, wenn wir eine neue Filiale eröffneten, verbrachten Hind, Nihal und ich unsere Tage dort, um unsere Mitarbeiter im Auge zu behalten und um, was genauso wichtig war, die Gewohnheiten und Bedürfnisse unserer neuen Kunden kennenzulernen. Und die Universität Kairo war nicht einfach ein weiterer Laden an einem x-beliebigen Standort. Sie war ein utopisches Symbol für einen allgemeinen Zugang zu Bildung. Im Jahr 1908 gegründet, war diese Hochschule das Ergebnis der Lobby- und Fundraising-Aktivitäten ägyptischer Intellektueller, die sich für eine säkulare, moderne, unabhängige Institution einsetzten – die erste ihrer Art. Die Gründung der Universität, die zunächst nur Männern, später dann aber auch Frauen offenstand, verdankt sich einer Schenkung von Prinzessin Fatma Ismail, der Tochter des Herrschers Khedive Ismail.

* * *

Der neue Laden war ein großes Ziel von mir, ein Traum, der jetzt wahr geworden war. Wir hatten eine Vorzeigefiliale geschaffen, um ein kulturelles Defizit zu beheben, aber der Laden richtete sich an die literarische Elite. Unsere nächsten beiden Geschäfte, Heliopolis und Maadi, befanden sich beide in wohlhabenden Stadtteilen, in denen Menschen aus der Ober- und Mittelschicht lebten und einkauften. Unsere Zielgruppe waren Erwachsene, deren Einkommen etwa dem unsrigen entsprach. Das bedeutete, dass wir einen großen Teil der ägyptischen Bevölkerung vernachlässigten, nämlich junge Menschen aus anderen sozialen Schichten. Diwan musste erschwinglich, zugänglich und kompetent sein, um bei der Jugend landen zu können. Wir mussten eine Beziehung aufbauen, wo es bisher noch keine gab.

Diese neue Beziehung war voller Widersprüche. Anlässlich der Geschäftseröffnung hatte Minou eine Tasche mit einem Bild der ikonischen Kuppel der Hochschule entworfen, das von inspirierenden Worten in arabischer und englischer Kalligrafie eingerahmt war. Ironischerweise waren die Herstellungskosten einer Tasche höher als die durchschnittliche Gewinnspanne unserer Verkäufe in der Campus-Filiale, wo die Studentinnen hauptsächlich Kaffee, Backwaren und billiges Schreibzeug kauften. Und wenn sie doch einmal Bücher kauften, dann waren es die günstigsten Taschenbücher, die es gab. Mit jeder Transaktion und mit jeder Tüte verloren wir Geld. Hind und Nihal schlugen vor, Tüten nur noch bei größeren Einkäufen herauszugeben. Ich war dagegen, denn ich hatte Angst, dass Diwan sich gezwungen sehen könnte, sich zu verändern und eine verwässerte Version ihrer selbst zu werden, um in dieser neuen Umgebung zu überleben. Wenn mir dieser Gedanke schon zuwider war – das Echte für die Oberschicht, der Abklatsch für die Unterschicht –, dann war mir seine logische Fortsetzung fast unerträglich: dass Diwan und die Kultur des Lesens, für die sie stand, Klassenunterschiede nicht würde überwinden können und nur denen zugutekäme, die es sich leisten könnten. Mir fiel das Gespräch mit dem

Journalisten wieder ein, der, bevor wir überhaupt angefangen hatten, schon vom Scheitern unseres Projektes ausging. »Die Menschen in Ägypten lesen nicht mehr.« Wenn unsere profitablen Läden dazu gezwungen wären, die Verluste anderer Filialen zu kompensieren, dann wäre Diwan kein Geschäftsmodell mehr, sondern ein philanthropisches Projekt. Minou gab zu bedenken, dass wir zu schnell wachsen würden. Ich gab zurück, dass sie zu viel reden würde. Was geschehen war, war geschehen.

Die Studentin, die sich nach *Tausendundeiner Nacht* erkundigt hatte, wandte sich zum Gehen. An der Tür fing ich sie ab, stellte mich vor, notierte mir ihre Daten und versprach, dass Diwan sich bei ihr melden würde. Sie verließ den Laden und gesellte sich wieder zu ihren Freunden in dem großen Innenhof, wo wir zwei riesige Wandbilder von Minou aufgehängt hatten. Ich war stolz auf den Außenbereich, den Nihal entworfen hatte: Die leuchtend gelben Tische und die schwarzen Stühle waren scheinbar wahllos platziert. Im Gegensatz zu den Stühlen in den Flaggschiff-Filialen, die laut Hind eher vom Verweilen abhielten, waren die Stühle hier richtig bequem.

* * *

Ich drehte mich wieder um, um mit Mahmoud noch ein Wörtchen zu reden.

»*Alf Layla wa Layla* haben wir auf Lager. Schau, da steht es.«

»Oh, sorry, das muss ich jetzt glatt übersehen haben.«

»Dabei hast du sonst Augen wie ein Falke.«

»Ich bin ein guter Muslim.«

»Und ich bin eine gute Buchhändlerin.«

»Du solltest es nicht verkaufen.«

»Und du solltest nicht lügen.«

»Du weißt, dass es verboten werden soll. Und ich finde das richtig. Es stehen Dinge drin, gottlose Dinge, die unserem Glauben widersprechen.« Mir war sofort klar, worauf er anspielte: Eine Gruppe konservativer Anwälte, die sich »Anwälte ohne Einschränkungen« nannten, hatte darauf geklagt, dass eine populäre Neuauflage von *Tausendundeiner Nacht*, die in einer staatlichen Reihe erschienen und von dem Schriftsteller Gamal al-Ghitani herausgegeben worden war, vom Markt genommen wurde. Es sollte durch eine bereinigte Neufassung ersetzt werden. Wie Mahmoud empörte sich diese Gruppe über die Verherrlichung des Weins und die »schamlosen sexuellen Worte«, die die Moral der ägyptischen Jugend unterhöhlen und zur Sünde verführen würden. So sah es offensichtlich auch Mahmoud. Ganz im Gegensatz zu mir. Ich war entschlossen, diese Ausgabe im Sortiment zu behalten, solange eine offizielle gerichtliche Entscheidung dies nicht untersagte.

»Diese Geschichten wurden zu einer Zeit niedergeschrieben, als die islamische Zivilisation auf ihrem Höhepunkt war. Es war eine Blütezeit der Bildung, der Eroberungen und des kulturellen Schaffens. Wie kann man da etwas gegen das Buch haben?«

»Wie kannst du die Augen vor der Pornografie darin verschließen!«, belehrte mich Mahmoud.

»Du siehst überall nur Pornografie, weil du den Unterschied zwischen Pornografie und Kunst nicht kennst«, gab ich zurück. »Und eines lass dir gesagt sein: Was du glaubst, geht mich nichts an. Was du tust, dagegen schon – vor allem, wenn es meinem Geschäft schadet. Du wirst also Folgendes tun: Du wartest einen Tag, dann rufst du die Kundin an und sagst ihr, das Buch wäre wieder aufgetaucht. Und ich werde im System nachschauen, ob es zu diesem Vorgang dann auch gekommen ist – wozu ich dringend raten würde.«

So wie Mahmoud dachten viele. Historisch gesehen nahmen konservative Kritiker schon immer heftig Anstoß an *Tausendundeiner Nacht*. Es gab moderatere Stimmen, die meinten, es würde ausreichen, einige laszive Begriffe durch andere Wörter zu ersetzen. Aber es gab auch solche, die das Buch gänzlich verbannt wissen wollten. Der französische Orientalist Antoine Galland trieb *Tausendundeiner Nacht* ihren Dämon aus, indem er zu Beginn des achtzehnten Jahrhunderts das Buch zum ersten Mal ins Französische übersetzte. Die amerikanische Regierung verbot es im Rahmen der Comstock-Gesetze von 1873, die Regeln für die öffentliche Moral festlegten. In Saudi-Arabien ist das Buch auch heute noch verboten.

In Ägypten war *Alf Layla wa Layla* einer der Schauplätze, auf denen identitäts- und kulturpolitische Konflikte ausgetragen wurden. Während des letzten Jahrhunderts schwankten die ägyptischen Regierungen zwischen Säkularismus und Konservatismus, ohne eine klare oder konsistente ideologische Linie zu verfolgen, wodurch sich die Spaltung der Gesellschaft vertiefte und Leser, Regierungen, Intellektuelle und Justiz sich in nicht enden wollenden ruinösen Kämpfen verloren. 1985 strengte eine Gruppe konservativer Anwälte einen Prozess gegen einen Verleger und zwei Buchhändler an, weil Letztere eine nicht autorisierte Version von *Alf Layla wa Layla* herausgegeben und auf den Markt gebracht hatten. Der Richter ließ die Auflage konfiszieren und verurteilte jeden der drei Beklagten zu einer Geldstrafe von 500 ägyptischen Pfund. Und worin hatte ihr Vergehen bestanden? Sie hätten gegen die ägyptischen Anti-Pornografie-Gesetze verstoßen und das moralische Gefüge des Landes gefährdet. Der Richter betonte, dass er nicht alle Ausgaben verbieten würde, sondern nur diejenigen, die mehr als hundert Geschichten mit sexuellen Handlungen enthalten. Ägyptens Intellektuelle äußerten sich empört über diese neue Polarisierung: islamisch gegen pornografisch. Zu dieser Zeit las mein Vater regelmäßig die Veröffentlichungen des progressiven Journalisten Anis Mansour, der sich gegen die Woge der Islamisierung stemmte, die Ägypten überschwemmte. Aber meinem Vater war bewusst, dass nichts der Wucht dieser Welle gewachsen sein würde. Der Leiter der für moralische Belange zuständigen Abteilung im Innenministerium verkündete, dass das Buch eine Bedrohung für Ägyptens Jugend darstelle. Er bestritt, dass die Geschichten Teil unseres kulturellen Erbes seien, und forderte stattdessen, dass ein Museum der angemessene Ort für das Buch sei. Meine Mutter, die Museen liebte, konnte eine solche Kurzsichtigkeit kaum fassen.

Weitere Zensurdramen folgten. Doch allmählich wandten sich die Gerichte wieder anderen Dingen zu, und die Provokationen der Geschichten aus *Tausendundeiner Nacht* – nämlich die metaphorischen und symbolischen sexuellen Anspielungen – traten eine Zeit lang in den Hintergrund. Dennoch lauerten diese Bilder kaum verdrängt weiter in unseren Köpfen. Gegen Bücher wurde schon immer angekämpft, doch die Gründe dafür wandelten sich. Wurde früher eher an politischen und religiösen Haltungen Anstoß genommen, war es jetzt die Sexualität selbst, die ins Visier genommen wurde. Aber egal, worum es ging, ob um Sexualität, Politik oder Religion, meist gelang es dem Establishment, sich durchzusetzen. Doch im Jahr 2010, ein paar Monate nach der Begegnung mit der Studentin, konnte die Literatur einen juristischen Erfolg verbuchen. Das Urteil bedeutete zwar nicht, dass dem Buch sein Platz in Diwans Klassikerabteilung nicht mehr streitig gemacht worden wäre – Dr. Medhat stand mit seinen Ansichten nicht ganz so alleine da, wie ich gedacht hatte.

Es gab Leute, die Dr. Medhats Einstellung teilten, darunter auch Studentinnen der Universität Kairo, denen das Buch nicht literarisch genug war, um als Klassiker bezeichnet werden zu dürfen. Diese Kundinnen erinnerte ich daran, dass die Erzählungen die Inspirationsquelle zahlreicher Werke waren, denen ihr Rang als Klassiker nun wirklich nicht abgesprochen werden konnte – wie zum Beispiel Boccaccios *Decamerone*, Chaucers *Canterbury Tales*, Marguerite de Navarras *Héptameron* oder Voltaires *Candide*, wo sich Bezüge zu Sindbad finden. Und wer könnte Tennysons Gedicht *Erinnerungen an die arabischen Nächte* vergessen? Oder Edgar Allan Poes *Die 1002. Nacht der Scheherazade*? Kann man Borges lesen, ohne dabei die Stimme Scheherazades zu hören? Oder John Barths Novelle *Dunyazadiad*? Salman Rushdies *Mitternachtskinder*? Selbst in Stephen Kings *Sie*, wo der Protagonist um sein Leben zu schreiben gezwungen ist, ist Scheherazades Zwangslage präsent.

Doch selbst diese beeindruckende Liste reichte nicht immer aus, um zweifelnde Kundinnen vom Wert des Buches zu überzeugen. Ich machte mich nun daran, verschiedene Ausgaben der *Nächte* ausfindig zu machen und zu verfolgen, was für Umgestaltungen, Veränderungen und

Umstellungen stattgefunden hatten. Mir war klar, dass es nicht einfach werden würde, diese Ausgaben aufzuspüren. Die Geschichten wurden mündlich von Generation zu Generation weitergereicht. So konnten sie überleben, aber auch unwiederbringlich verloren gehen. Ich wusste genau, wo ich ansetzen konnte: bei meinem Lieblingsbuchhändler *Hag* Mustafa Sadek. Als ich ihn an seinem Marktstand in *Suur el-Ezbekiya* aufsuchte, meinte er, ich könne ja nach dem Freitagsgebet bei ihm im Laden vorbeischauen. Nach unserem Gespräch ließ ich einige Freitage ins Land gehen, um ihm Zeit zu geben, die Bücher, die für mich infrage kämen, zusammenzutragen. *Hag* Mustafa hatte den Familienbetrieb, zu dem der Buchladen, das Lager und der Verkaufsstand gehörten, von seinem Urgroßvater geerbt. Mustafa und seine Buchhändlerkollegen im Stadtteil *Suur el-Ezbekiya* betrieben ihre Geschäfte als alternativen Gegenpol zu den staatlichen Verlagen und scheiternden Buchhandlungen der zweiten Hälfte des zwanzigsten Jahrhunderts. Sie verfügten über ein informelles, diffuses Netzwerk, das sich der Regulierung und Aufsicht entzog und weitaus effizienter war als das kaputte System, das von der staatlichen Bürokratie aufrechterhalten wurde. Mustafa und seine Kollegen konnten einem praktisch alles beschaffen, wenn man bereit war, entsprechend tief in die Tasche zu greifen.

Hag Mustafa mit seinen freundlichen Augen und blendend weißen Zähnen war ein sympathischer und jovialer Mann, der grundsätzlich in einem Safarianzug im Stil der 1980er-Jahre unterwegs war und mich mit *Doktora* anzureden pflegte. Ich stieg die steile Treppe in seinen Laden hinunter, in eine mit Büchern vollgestopfte Höhle. Ein paar Bücher hatten in Regalen Platz gefunden, die meisten jedoch standen wackelig gestapelt und provisorisch beschriftet auf dem Boden. Wie immer bot er mir eine Tasse starken türkischen Kaffee an. Offensichtlich bereitete es ihm großes Vergnügen, die Stapel auf seinem Schreibtisch nach dem zu durchsuchen, was ich von ihm haben wollte. Schließlich griff er nach einem fleckigen, abgenutzten und wurmstichigen Buch aus Karton. Ich wusste sofort, worum es sich handelte: eine seltene Ausgabe von *Alf Layla wa Layla* aus dem Jahr 1892, herausgegeben von *Matba'at Bulaq*, Ägyptens erster Druckerei, die 1820 von Muhammad Ali gegründet worden war. *Hag* Mustafa sah auf den ersten Blick, was für einen Schatz er da in Händen hielt. »Löcher hin oder her, das hier ist ein Stück Geschichte.«

»*Hag*, Sie sind der Größte!« Normalerweise vermied ich es, meinen Emotionen in Mustafas Gegenwart freien Lauf zu lassen. Ich wusste nur zu gut, wie genau er die Reaktionen seiner Kunden taxierte, um abzuschätzen, wie viel er verlangen könnte. Aber er war ein ausgebuffter Händler und durchschaute auch mein undurchdringlichstes Pokerface. Und dieses Mal war ich viel zu begeistert, um mich noch beherrschen zu können.

»Legen Sie es einfach ins Gefrierfach. Dann kriegen die Bücherwürmer kalte Füße«, sagte Mustafa. »Wie sieht's aus, wollen wir verhandeln? Aber seien Sie bitte gnädig.« Er spielte das Opfer, wohl wissend, wer der Jäger war.

* * *

Gleich zu Beginn tauchen in Mustafas *Matba'at Bulaq*-Ausgabe Glaube und Sexualität in enger Nachbarschaft auf, was eine mögliche Ursache für die konservative Ablehnung sein konnte. Die einleitenden Verse rufen Allah an, in der Art, wie christliche Dichter sich zuweilen auf Gott berufen. Der Name Allahs steht direkt neben einem imposanten Fundus aus dem Themenkreis Sexualität, Erotik, Ehebruch. Auch wenn die Sammlung die Grenzen von Rasse, Klasse und Anstand überschreiten mochte, blieben doch viele der zugrunde liegenden Ideen den herrschenden Moralvorstellungen und Denkweisen verhaftet, wie etwa dem Klischee der weiblichen Sexualität als Bedrohung. Der gesamte Text hebt darauf ab, dass das weibliche Begehren zu kontrollieren, zu bändigen und in den Dienst des männlichen Vergnügens zu stellen sei. Ob fromme Männer, tugendhafte Frauen oder tapfere Krieger, ob Jungfrauen, Dämonen oder Huren, alle kriegen das, was sie verdienen. Einige moderne Versionen versuchten, mithilfe gestelzter Euphemismen der Zensur zu entgehen, der die freizügigeren früheren Texte ausgesetzt waren. In diesen Ausgaben wurde die Sprache der Erotik von allem Sinnlichen, der Umgang der Liebenden von allem Persönlichen und der körperliche Akt von allem Intimem bereinigt. Nichts war konkret, alles äußerte sich in Metaphern, Allegorien und Imagination. Doch selbst diese gereinigten Ausgaben fanden keine Gnade vor den Augen der konservativen Kritiker, die die Gefahren in möglichen Assoziationen lauern sahen.

Nach *Hag* Mustafa war meine nächste Anlaufstelle *Hag* Madbuli, der es vom Zeitungsverkäufer zum Buchhändler und dann sogar zum Verleger gebracht hatte. Der berühmte Unternehmer bewies unnachahmliches Geschick im Umgang mit der staatlichen Zensur. Er war irgendwie schon immer da. Meine Mutter erinnerte sich, dass er ihr bereits in den 1960er-Jahren jeden Sommer am *Montaza*-Strand von Alexandria aufgefallen war, immer mit einer weißen *Galabiya* und einem beigen Mantel bekleidet, in der Hand ein Bündel Bücher haltend, das von einem Lederriemen zusammengehalten wurde, und »Livres nouveaux!« rufend. Später gab er den hölzernen Zeitungskiosk seines Vaters auf und eröffnete mit seinem Bruder einen Laden am *Talaat-Harb*-Platz. Obwohl er kaum lesen und schreiben konnte, war er ein ausgesprochen gewiefter Geschäftsmann. Seine verlegerische Tätigkeit nahm er Ende der 1970er-Jahre auf. Dabei nahm er die Hilfe von Fremdsprachenstudenten in Anspruch. Sie übersetzten für ihn Texte, die er dann veröffentlichte und zu Schnäppchenpreisen verkaufte. Im Gegenzug bekamen die Studenten Ladengutschriften. Während meines Studiums in den 1990er-Jahren war er es, der mir die Tür zu verbotener Literatur einen Spalt weit aufmachte. Zwischen den Vorlesungen brauchte ich nur den Campus zu verlassen, den *Tahrir*-Platz zu überqueren und die *Talaat-Harb*-Straße hinunterzugehen, um zu seinem Laden zu gelangen. Jeder wusste, dass man sich wegen Büchern, die sich nicht auftreiben ließen, am besten an *Hag* Madbuli wandte. Bei ihm kaufte ich nicht nur die Werke von ägyptischen Feministinnen wie Nawal El Saadawi, sondern auch die meisten anderen der damals verbotenen Titel. Es wurde gemunkelt, dass *Hag* Madbuli sogar während des berühmt-berüchtigten Gerichtsprozesses des Jahres 1985 Kopien von *Alf Layla wa Layla* verkaufte. Später belieferte er Diwan mit von ihm veröffentlichten Büchern. Er war an Amirs witziges Geplänkel und große Bestellungen gewöhnt und reagierte überrascht auf meinen Besuch und mein sehr spezielles Anliegen. Und er enttäuschte mich nicht. Innerlich frohlockend verließ ich seinen Laden mit einer in einer schwarzen Plastiktüte steckenden unzensierten arabischen Version, wie jemand, der beim Verlassen einer Apotheke diskret versteckt, was er sich besorgt hat.

Diese Ausgabe barg noch einen weiteren Stein des Anstoßes: Sie vermischte *Fus'ha*, also das klassische Arabisch, und *'Amiyya*, das umgangssprachliche Arabisch. »Richtige« Klassiker konnten nur in *Fus'ha*, der Sprache des Korans, geschrieben sein. Doch hier vermischten sich sexuelle Passagen in Umgangssprache mit belehrenden Äußerungen in *Fus'ha*. Auch wenn es eine klare Grenze gab zwischen der »höheren« Sprache, die edlen Taten vorbehalten war, und der »niederen« Sprache, die von den irdischen Dingen wusste, war manchem diese Nachbarschaft zu eng.

* * *

Andere Leserinnen, vor allem die jüngeren, kannten die Geschichten aus kommerziellen Bearbeitungen, wie dem Disney-Film *Aladdin*. *Alf Layla wa Layla* hatte in seinen modernen Versionen zwei parallel verlaufende Bahnen eingeschlagen: einfaches Kinderbuch oder anspruchsvolle Literatur für Erwachsene – »anspruchsvoll« mit großem A. Dass es nichts dazwischen gab, wurde allgemeine Überzeugung. Es gab Bücher, die sich für Kinder eigneten, aber keine, die für den Massenkonsum taugten. Für mich ist das eine Ungerechtigkeit, die den Untergang des Textes beschleunigt.

Ein anderes ägyptisches Epos, *Al-Sira al-Hilaliya*, hatte einen prestigeträchtigeren Platz in unseren kulturellen Fiktionen inne, obwohl sein Ursprung dem von *Alf Layla wa Layla* gar nicht so unähnlich ist. Dieses mitreißende Versepos um Liebe, Krieg und Heldentum wurde erst vor Kurzem verlegt, obwohl es schon seit sechshundert Jahren die Ägypter in seinen Bann zieht. Seine Geschichten wurden traditionell von Barden mündlich weitergegeben, die durch die Dörfer Ober- und Unterägyptens zogen und ihre Erzählungen mit der *Rababa*, einer zweisaitigen Leier aus Holz, begleiteten. Es konnte bis zu sieben Monaten dauern, bis die *Sira* vollständig erzählt war. Die Geschichtenerzähler, die ihre Kunst von ihren Vätern und Großvätern gelernt hatten, passten ihre Erzählungen an ihr Publikum an. Und wie ein Gedicht endete, hing davon ab, ob es östlich oder westlich des Nils vorgetragen wurde. Dass *Al-Sira al-Hilaliya* so lebendig geblieben ist, liegt zum Teil daran, dass es fast jedem zugänglich ist und von allen akzeptiert wird – die gesamte Gemeinschaft kann ihm zuhören. In keiner Version, die mir bisher untergekommen ist, bin ich auf Szenen mit sexuellen Handlungen oder Anspielungen gestoßen.

In gewisser Weise wird die *Sira* als das ägyptische Pendant zur *Ilias* und *Odyssee* verstanden. Vielleicht, weil es um die gleichen Dinge geht. Wie Homer berichten die namenlosen Erzähler der *Al-Sira* in üppigen Geschichten von Krieg und Macht. Natürlich weiß jeder, der die *Ilias* gelesen hat, dass auch persönliche Verletzungen, Eifersucht und der Kampf um Frauen eine Rolle spielen. Und während in der *Odyssee* das Thema Treue und Untreue, wie Penelopes unerschütterliche Treue zu ihrem verschollenen Mann Odysseus und dessen Affäre mit der glanzvollen Nymphe Kalypso, dramatisiert wird, wird *Tausendundeine Nacht* als eine verführerische, aber nicht gerade anspruchsvolle Sammlung fantastischer Geschichten wahrgenommen. Meiner Meinung nach sind die beiden Epen aber gar nicht so verschieden. Die Gerissenheit von Penelope, die ihre Freier damit vertröstet, erst das Totentuch für den Schwiegervater weben zu müssen, und die nachts immer wieder auftrennt, was sie tags gewebt hat, gleicht doch sehr der Gewitztheit von Scheherazade. Beide Frauen halten sich Männer, die sie bedrängen, vom Hals, indem sie weben – auch wenn es sich das eine Mal um ein Tuch und das andere Mal um eine Geschichte handelt.

* * *

Der anrüchige Ruf von *Tausendundeiner Nacht* lässt all die anderen Qualitäten der Geschichte etwas in den Hintergrund treten. Für konservative Kritiker bedient das erotische Sujet die niedrigsten menschlichen Instinkte. Für andere steht dieses Motiv im Mittelpunkt und bringt sie auf ganz eigene Ideen. Das bekam ich eines Abends zu spüren, als ich auf dem Heimweg von einem Besuch in Heliopolis und Maadi in Zamalek vorbeischaute. Ich schlenderte zwischen den Regalen umher und dachte daran, wie viel Spaß ich in unseren Anfangszeiten daran hatte, die Bücher zu sortieren und einzuräumen. Es lag fast etwas Meditatives darin – wieder etwas, wofür ich inzwischen keine Zeit mehr hatte. Mit jeder neuen Filiale wurde Hind, Nihal und mir wieder vor Augen geführt, wie schwer es ist, sich gleichzeitig um den Beruf und ein Neugeborenes zu kümmern und seine Zeit und Aufmerksamkeit angemessen auf die zunehmende Arbeit und die wachsende Familie zu verteilen. Uns fiel ein Muster auf. Die Eröffnung neuer Läden war mit einem Rückgang der Umsätze in den bestehenden Läden verbunden, ohne dass die neuen den alten aber wirklich den Rang abgelaufen hätten. Es war jedoch unübersehbar, dass in den alten, weniger kontrollierten Läden ein gewisser Schlendrian Einzug hielt: Die Auslagen, die Leistungen der Mitarbeiter sowie das ganze Management ließen sehr zu wünschen übrig. Natürlich versuchten wir, uns zwischen Zamalek, Heliopolis, Maadi, der Universität Kairo und den Ständen im Carrefour-Einkaufszentrum in Maadi und jetzt Alexandria aufzuteilen, um unser Personal zu unterstützen und zu überwachen, doch es war einfach nicht möglich, ein Gleichgewicht herzustellen. Die Mitarbeiterinnen in den älteren Läden fingen an, sich darüber zu beschweren, dass die neuen Läden bei Neuerscheinungen bevorzugt würden. Und die in den neuen Läden behaupteten, dass ihre Umsätze wegen ihrer unzureichenden Bestände so niedrig seien. Alle sahen sich als Opfer eines unfairen Systems, das den Konkurrenten begünstigte. Niemand übernahm Verantwortung oder zog den wirtschaftlichen Kontext in Betracht.

Trotzdem ging es mit den Umsätzen insgesamt aufwärts. Das System funktionierte, solange wir uns voll reinhängten. Sobald wir nachließen oder einen Standort auch nur kurz vernachlässigten, gerieten die Dinge augenblicklich in den reißenden Sog der Schwerkraft. Da Zahlen nun mal nicht meine besten Freunde sind, dauerte es eine Zeit lang, bis bei mir die Einsicht reifte, dass das eigentliche Problem die Art und Weise war, wie wir Diwan betrieben. Nämlich als einen arbeitsintensiven, qualitativ anspruchsvollen und kompromisslosen Betrieb, der exorbitante Gemeinkosten verursachte. Und unsere Umsätze waren bei Weitem nicht in der Lage, mit diesem Kostenanstieg Schritt zu halten.

Ich stand also im Laden in Zamalek und musterte die Bücherstapel auf den Auslagetischen, als ein älterer, distinguiert aussehender Herr auf mich zutrat und um Hilfe bat. Er trug eine weiße *Thobe*, das lange Gewand der Golfaraber, und ein rot-weißes Kopftuch, doch hinter seiner würdevollen Ausstrahlung konnte man das plumpe Bemühen um Jugendlichkeit erahnen. Er erkundigte sich nach Neuerscheinungen in arabischer Sprache. Ich machte ein paar Vorschläge und rief dann Ahmed zu Hilfe, meinen wichtigsten und kompetentesten Mitarbeiter im Kundenservice, der zwischen den Filialen hin und her pendelte und neue Mitarbeiter einarbeitete. Ich wendete mich wieder meinem Stapel zu. Ein wenig später kam der Herr zurück und fragte mich, was mein arabischer Lieblingsklassiker sei. Ohne lange zu überlegen, antwortete ich: »*Alf Layla wa Layla.*« Er bat Ahmed, dieses Buch zu seinem Stapel hinzuzufügen.

»Ihr ägyptischen Frauen seid eine Macht, mit der man rechnen muss. Ahmed sagte mir, Sie seien eine der Besitzerinnen des Diwan.«

»Ja, das stimmt.«

»So einen Betrieb zu führen ist ja sicherlich alles andere als einfach.«

»Das kann schon mal vorkommen.«

»Eines Tages werden die Frauen in meinem Land so sein wie die Frauen hierzulande.«

»Daran habe ich keinen Zweifel. Viel Spaß weiterhin. Und lassen Sie es mich bitte wissen, wenn Ahmed oder ich Ihnen behilflich sein können.« Ich kehrte wieder zu meiner Arbeit zurück. Nachdem der Herr mit seinen Büchern gegangen war, kam Ahmed mit einem Stück Papier in der Hand zu mir herüber.

»Ein Gruß von dem Herrn. Ich soll Ihnen das von ihm geben.« Etwas zögerlich reichte er mir das Papier. Ich sagte:

»Danke.« Ahmed blieb stehen und wartete, bis ich es gelesen hatte. Hatte der Kunde sich vielleicht beschwert? Ich faltete den Zettel auf. Darauf waren vier Ziffern zu sehen, darüber gekritzelt ein arabisches Wort. Ahmed, der ziemlich groß war, blickte auf den Zettel hinunter. Ich starrte auf die krakelige Handschrift und versuchte, sie zu entziffern.

»Das ist sein Hotel und die Zimmernummer«, murmelte Ahmed vor sich hin. Ich spürte ein Kribbeln im Nacken. Ahmed hob beide Hände zu einer beruhigenden Geste.

»*Ibn el kalb el wisich el wati*«, zischte ich. Ich riss das Papier in Fetzen. »Wenn die Kollegen Fragen stellen, dann sag ihnen, das seien Grüße gewesen.«

»Ja, natürlich«, sagte Ahmed mit gesenktem Blick.

Als ich abends nach Hause fuhr, starrte ich wie betäubt in das flirrende Verkehrschaos. Trotz meiner Verschlossenheit ließ es sich Samir nicht nehmen, mir ausführlich und fröhlich von seinem Tag zu erzählen. Mir ging währenddessen das Gespräch mit dem Herrn nicht aus dem Kopf. Auf irgendeine Weise musste ich ihn zu seiner Avance ermutigt haben. Von *Alf Layla wa Layla* als einem meiner Lieblingsbücher gesprochen zu haben war wohl ein Fehler. Wahrscheinlich war das für ihn eine doppeldeutige Botschaft. Es war einfacher, mir selbst die Schuld zu geben, als eine Erklärung für seine anmaßende Geste zu finden. War es für ihn normal, in einen Laden zu gehen und im Vertrauen auf seine Unwiderstehlichkeit seine Zimmernummer zu hinterlassen? Seine Anspruchshaltung machte mich wütend. Und besonders erbost war ich darüber, dass er mir keine Gelegenheit gab, ihm direkt zu antworten, sondern nur in Gedanken.

* * *

Zu dieser Zeit beschlich mich zunehmend das Gefühl, dass Diwan sich irgendwie verselbstständigt hatte und sich unabhängig von Hinds, Nihals und meinen Plänen entwickelte. Ich weiß, es klingt verrückt, aber ich hatte wirklich den Eindruck, dass Diwan einen eigenen Geist entwickelt hatte, einen Willen, der manchen unserer Ideen aufgeschlossen, anderen hingegen ablehnend gegenüberstehen konnte. Zu Letzteren schienen unsere digitalen Innovationen zu gehören. Die Website, die wir eingerichtet hatten, funktionierte noch ganz brauchbar, aber als wir uns daranmachten, Apps zu entwickeln und eBooks zu verkaufen, fielen wir böse auf die Nase. Wir waren weder dem Projekt noch unserem (technologisch wohl etwas überforderten) Selbst gerecht geworden: Wir waren eher Leute vom alten Schlag, die analog mit Papier und Tinte arbeiteten. Vor zehn Jahren noch malten Branchenexperten den Tod des gebundenen physischen Buches an die Wand. Heute sind es dieselben Experten, die das Comeback der unabhängigen Buchhändler feiern. Auch wenn alle technisch-administrativen Abläufe rund um das Buch selbst, von der Produktion bis zum Handel, elektronisch geworden sind, Papier und Tinte werden unverzichtbar bleiben.

Ihre Regale haben Macht. Nutzen Sie sie weise. Mir fiel wieder ein, was Dr. Medhat bei unserem letzten Gespräch gesagt hatte. Und ich beschloss, mir die Klassikerabteilung von Hind etwas genauer anzusehen. Während in meiner Abteilung die Epen aller Epochen vorherrschten, war es bei ihr Lyrik, die eindeutig im Vordergrund stand. Ihr Sortiment deckte ganze Jahrhunderte ab, von der *Dschahiliyya*, der vorislamischen »Zeit der Unwissenheit«, über die frühe islamische Periode bis hin zum Goldenen Zeitalter des

Islam (achtes bis vierzehntes Jahrhundert), eine Periode, die sich mit dem europäischen Mittelalter überlappt. Ich fragte sie, warum es so wenig Prosaklassiker bei ihr gab.

»Das soll keine erschöpfende Sammlung der größten Errungenschaften der islamischen Kultur darstellen. Natürlich gab es Prosa, aber vor allem in Form von Abhandlungen und Traktaten. Und das waren hauptsächlich wissenschaftliche Werke, keine literarischen.« Sie ging zum nächsten Regal. »Dann gab es die ägyptische literarische Renaissance des neunzehnten Jahrhunderts, als Übersetzungen aus dem Arabischen und ins Arabische florierten. Und gegen Ende des neunzehnten Jahrhunderts kamen dann die arabischen Druckereien so richtig in Schwung und bedienten ein zunehmend breiteres Publikum und Interessensspektrum. Einheimische Traditionen vermischten sich mit neuen westlichen Gattungen, wie dem Drama und dem Roman.« Sie strich mit der Hand über die Buchrücken. »Im späten neunzehnten Jahrhundert kam es erneut zu einem Höhenflug der Poesie, angeführt von Ahmed Shawki, dem Prinzen der Poeten, der die neoklassische Epoche verkörperte ...«

»Lyrik ist nicht so mein Ding.« Ich bedeutete Hind weiterzugehen.

»Das weiß ich, und *Fus'ha* ist dir zuwider.« Hind geriet in Fahrt und ließ mir keine Chance zu protestieren. »Du liebst die Lieder von Umm Kulthum. Die brillantesten Dichter des zwanzigsten Jahrhunderts wetteiferten darum, Texte für sie zu schreiben. Deshalb können sich die Leute noch an den Text erinnern, obwohl ihre Lieder schon über siebzig Jahre alt sind. Es ist vertonte Poesie.«

★ ★ ★

Bei unseren Schulungen für die Kundenbetreuung bestand eigentlich kein Anlass, Hinds Klassikerabteilung besonders zu besprechen. Die meisten Diwan-Mitarbeiterinnen hatten die arabischen Dichter in der Schule durchgenommen. Der Lehrplan der öffentlichen Schulen sieht seit der Schulzeit meines Vaters in den 1930er-Jahren bis heute die umfangreiche Behandlung arabischer Dichtung vor. Ihre Genauigkeit, ihre Formen und Maße veranschaulichen die Regeln von Grammatik und Syntax. Die Schüler hatten Hunderte von Versen auswendig zu lernen und zu zitieren und sie streng nach Lehrbuch mit anderen Inhalten in Beziehung zu setzen. Unabhängige Meinungen und persönliche Interpretationen waren unerwünscht. Poesie war keine Kunst, sondern Übung und Ausbildung. Theoretisch hätte das Programm Verständnis und Wertschätzung für die Sprache vertiefen sollen, tatsächlich geschah das Gegenteil. Es produzierte Schülerinnen, die, wie Marianne Moore, die Sprache nicht mochten.

In der zweiten Hälfte des zwanzigsten Jahrhunderts, als die konservativen religiösen Bewegungen zunehmend breiter und einflussreicher wurden, kam es zu subtilen Veränderungen im Lehrplan der Schulen. In nicht-religiösen Kursen wurden nun eher Formulierungen aus dem Koran als beispielhaft für die arabische Sprache herangezogen. Die in Ausdruck und Form geschmeidigere arabische Literatur fand nur geringe Beachtung.

Fus'ha, die Sprache des Korans, ist eine tote Sprache, die in der alltäglichen Konversation nicht vorkommt. Sie ist in der Zeit erstarrt und steht unter Aufsicht von Al-Azhar, einer der weltweit ältesten islamischen Universitäten. Sie wurde 970 n. Chr. gegründet und ist ein Ausbildungszentrum für sunnitische Muslime. Anfang des zwanzigsten Jahrhunderts machte sich Salama Musa, ein Journalist, der Säkularismus und Sozialismus propagierte, dafür stark, dass das umgangssprachliche *'Amiyya* das klassische *Fus'ha* als offizielle Landessprache ablösen sollte. Er wollte den Zugang breiterer Bevölkerungsschichten zur Schriftsprache erleichtern. Seine Initiative wurde sogar von Mitgliedern des Arabischen Sprachinstituts unterstützt, das 1932 per königlichem Dekret zum Zwecke des Erhalts und Studiums der Sprache gegründet worden war. Al-Azhar, die sich dazu berufen fühlte, die Heiligkeit der Sprache und die Quelle ihrer Macht zu bewahren, bekämpfte diese Initiative bis zum Äußersten.

Hinds Klassiker waren nicht ausschließlich Lyriker. In ihrer Abteilung fanden sich auch die frühen Vertreter der ägyptischen Literatur des zwanzigsten Jahrhunderts: Ihsan Abdelkoddous, Tawfik al-Hakim, Yahya Haqqi, Taha Hussein, Youssef Idris, Soheir al-Qalamawi, Nagib Mahfuz, Youssef al-Sebai und Latifa al-Zayatt. Als Studentin habe ich ihre Romane und Kurzgeschichten gelesen, die in einer lockeren Version des klassischen Arabisch geschrieben waren. Die Sprache war zwar überhaupt nicht umgangssprachlich, aber weit weniger starr – und eine Absage an die Konventionen, womit sie den Weg für zukünftige Experimente ebnete.

Einige dieser Schriftsteller sind aus der Universität Kairo hervorgegangen, darunter Taha Hussein (1889–1973). Er wurde als siebtes von dreizehn Kindern in eine Familie der unteren Mittelschicht hineingeboren. Als Kind zog er sich eine Augeninfektion zu, an der er aufgrund einer unsachgemäßen Behandlung erblindete. Er wurde in eine *Kuttab* geschickt, eine Grundschule, in der Kinder in Lesen und Schreiben unterrichtet und mit dem Koran vertraut gemacht werden. Später schrieb er sich an der Al-Azhar-Universität, einer theologischen Institution, ein, wo es zu Meinungsverschiedenheiten mit der konservativen Schulleitung kam. Trotz seiner Blindheit und Mittellosigkeit wurde er an der kurz zuvor eröffneten Kairoer Universität aufgenommen, wo er das Studium mit seinem ersten Doktortitel abschloss und einige Jahre später Dozent wurde. Wie Dr. Medhat war Hussein ein Verfechter des Pharaonismus, einer Ideologie, die die ägyptische von der arabischen Geschichte losgelöst wissen wollte und deren Anhänger glaubten, dass Ägyptens wahre Renaissance nur durch den Rückbezug auf die vorislamische Zeit des Landes gelingen könne. Hussein machte sich nicht nur als Autor zahlreicher Romane, Kurzgeschichten und Essays einen Namen, sondern mehr noch als Verfasser seines literaturkritischen Werkes *On Pre-Islamic Poetry*, das die damals geltenden Vorstellungen von Poesie zu untergraben begann und auf subtile Weise den Koran als historischen Text infrage stellte. Al-Azhar, seine ehemalige Universität, versuchte, ein Verfahren gegen ihn anzustrengen, was aber vom Staatsanwalt aus Rücksicht auf das kulturelle Klima der Toleranz abgelehnt wurde. Sein Buch wurde vorübergehend verboten, dann aber ein Jahr später, 1927, in einer überarbeiteten Version unter dem Titel *On Pre-Islamic Literature* veröffentlicht. Hussein verlor 1931 seine Stelle an der Kairoer Universität, wurde 1950 jedoch Erziehungsminister, als der er sich für eine kostenlose und für alle zugängliche Bildung einsetzte. Seit 1949 war er 14-mal für den Literaturnobelpreis nominiert.

Die Geschichte wiederholt sich, aber die Folgen sind nicht unbedingt die gleichen. Sechzig Jahre später veröffentlichte Nasr Hamid Abu Zayd, ein Professor der Universität Kairo, eine *Kritik des religiösen Diskurses*, womit er einige konservativere islamische Kollegen gegen sich aufbrachte. Von einem von ihnen wurde er in einer Predigt in der *Amr Ibn al'As*-Moschee an den Pranger gestellt. Es folgten Gerichtsverfahren, in denen Abu Zayd der Apostasie, also des Abfalls vom Islam, beschuldigt wurde. Nach nicht enden wollenden rechtlichen Streitereien verließen er und seine Frau Ägypten und gingen ins Exil nach Leiden. Im Jahr 1999 begegnete ich ihm an der Universität Oxford bei einer Konferenz, die passenderweise »Den Islam überdenken« hieß. Er fragte mich, ob ich nach dem Besuch nach Kairo zurückkehren würde. Ich nickte. »Richten Sie der Stadt aus, dass ich sie vermisse«, sagte er. Nachdem genug Zeit verstrichen und sein Fall so gut wie in Vergessenheit geraten war, kehrte er in seine Heimat zurück, wo er 2010 starb. Es war eine Art poetischer Ironie des Schicksals, dass er in dem Jahr starb, in dem *Alf Layla wa Layla* in Gefahr geriet, erneut mit einem gesetzlichen Verbot belegt zu werden.

★ ★ ★

Dr. Medhat hatte recht. Es gibt lebende Sprachen und es gibt tote Sprachen. Und für Bücher gilt dasselbe. Den meisten Ägyptern ist der Zugang zu den Klassikern der Literatur verwehrt. Während arabische Klassiker in alle möglichen Sprachen übersetzt werden, haben sie im Nahen Osten nur wenige Leser, was zum einen mit Analphabetis-

mus zu tun hat und zum anderen mit der Unzugänglich-
keit der Sprache. Sie werden nicht in 'Amiyya umgeschrie-
ben. Unser Verhältnis zur Vergangenheit ist belastet und oft
oberflächlich. Dies liegt auch daran, dass unser Tor zur Geschichte verschlossen ist. Und ich konnte durchaus nicht
sicher sein, ob ein oder mehrere Buchläden daran etwas
ändern könnten.

★ ★ ★

»Es ist einfach eine Schande!«

»Wie bitte?« Ich drehte mich um. *Doktora* Ibtisam stand
vor mir, eine unserer unangenehmsten Kundinnen, die von
Zamalek zu unserer Filiale in der Kairoer Universität ge-
wechselt war, wo sie als Professorin unterrichtete. Ihr Name
bedeutet im klassischen Arabisch so viel wie »Lächeln«, was
man bei ihr aber sowohl vermisste als auch lieber bleiben
ließ. »Doktora, wo drückt heut der Schuh?«, erkundigte
sich Hind betont leutselig.

»Ich kann es nicht fassen, wie teuer Ihre Bücher sind.
Buchläden wie der Ihre machen die Verleger gierig. Die
Preise, die Sie festlegen, gehen weit über das hinaus, was
sich die Leute leisten können. Nicht alle Leser haben so
prall gefüllte Taschen wie Ihre Zamalek- und Maadi-Fans.«

»Ich hätte gedacht, dass Sie als Literaturdozentin es be-
grüßen würden, wenn in unsere Literatur und Kultur inves-
tiert wird.«

»Was Sie Investition nennen, heiße ich Abzocke. Wie
wollen Sie das Lesen fördern, wenn sich Ihre Bücher niemand leisten kann?«

»Natürlich kennen Sie sich in arabischer Literatur besser aus als ich«, sagte Hind mit aufrichtiger Bescheidenheit, »und ich möchte jetzt auch nicht als Leserin sprechen, sondern als Buchhändlerin. Als ich ganz am Anfang das Sortiment von Zamalek zusammenstellte, hatten wir nur alte Ausgaben, die in Lagerhallen vor sich hin moderten. Vielleicht erinnern Sie sich noch – welliges Papier, zerlaufene Tinte, hässliche Einbände, fehlende Buchrücken, alles nur von rostigen Klammern zusammengehalten. Obwohl sie nur ein paar ägyptische Pfund kosteten, wurden sie nicht viel gelesen. Jetzt, knapp zehn Jahre später, gibt es für die unabhängigen Verleger eine große Zielgruppe von Verbrauchern, die Qualität schätzen und bereit sind, dafür auch angemessen zu bezahlen. Die Verlage kauften verfügbare Rechte, und sie legten neu auf, was frei zugänglich war. Sehen Sie sich den Einband an, die gestochen scharfe Schrift, die schönen Buchdeckel. Nagib Mahfuz' gesammelte Werke wurden in mehreren Bänden herausgegeben, die allesamt jeder Bibliothek gut zu Gesicht stehen. Die alten Meister werden nicht nur wiederentdeckt und gelesen, sie werden in Ehren gehalten und an zukünftige Generationen weitergegeben. Die Investition in Qualität schreckt die Leute nicht davon ab, diese Bücher zu lesen oder zu kaufen. Wie viele Buchläden haben seit Diwan neu aufgemacht? Wie viele Verlage?«

»Woher soll ich das wissen? Mir geht es um einen Preisnachlass für dieses Buch.« Sie zeigte auf einen kürzlich erschienenen Band mit Sufi-Dichtung.

»Aber Sie wissen doch, dass Diwan grundsätzlich keine Rabatte einräumt. Ich würde Ihnen empfehlen, Ihr Glück in einer Bibliothek zu versuchen.«

* * *

In den frühen 2000er-Jahren, als bereits etablierte Verlage expandierten und ihre Programme zusammenstellten, beschränkten sie sich nicht auf Nachdrucke, sondern begannen auch, ein breiteres Spektrum moderner arabischer Literatur zu veröffentlichen. Die Menschen interessierten sich wieder für ägyptische Schriftsteller – wie Ibrahim Abdelmeguid, Radwa Ashour, Ibrahim Aslan, Salwa Bakr, Gamal al-Ghitani, Sonallah Ibrahim, Mohamed El Mansi Kandil, Edwar al-Kharrat, Abdelhakim Qasim und Bahaa Taher, um einige zu nennen –, von denen zwar viele in den 80er- und 90er-Jahren Beachtung gefunden hatten, die aber erst jetzt die uneingeschränkte Aufmerksamkeit bekamen, die sie verdienten. Nicht zufrieden mit dem, was in Ägypten und vor Ort erhältlich war, hatte Hind recherchiert und von der Kritik gefeierte arabische Autoren wie Hoda Barakat (Libanon), Mohamed Choukry (Marokko), Rabee Jaber (Libanon), Sahar Khalifeh (Libanon), Abdelrahman Munif (Saudi-Arabien) und Tayeb Saleh (Sudan), die es auf unsere Bestsellerlisten schafften, ins Sortiment aufgenommen. Solange es Diwan noch nicht gab, waren diese Bücher für ägyptische Leserinnen nur während der Internationalen Buchmesse in Kairo erhältlich, auf der Verlage ihre Bestsellerautoren präsentierten. Ansonsten blieben sie im Labyrinth verschlungener Vertriebskanäle hängen. Hind fand ihre Verleger und importierte Bücher aus der ganzen arabischen Welt. Ich war stolz auf sie, wohl auch ein bisschen neidisch, und nahm mir vor, die englischen Übersetzungen ihrer Romane zu finden. Doch ihr war jegliches Konkurrenzdenken fremd; ihr ging es darum, anspruchsvolle Leserinnen mit namhaften Autorinnen bekannt zu machen.

* * *

Weniger als zwei Jahre nach der Eröffnung sahen wir uns angesichts des geringen Umsatzes und der steigenden Mieten und Unkosten gezwungen, unseren Laden in der Kairoer Universität zu schließen. Ganz aus der Luft gegriffen waren *Doktora* Ibtisams Klagen wohl doch nicht. Die utopische Vision, die ich von diesem Standort hatte, war an der Härte der Realität zerbrochen: Für die Studentinnen war es einfach ein cooler Ort zum Chillen, sie ließen mehr Geld in unserem Café liegen als im Buchladen.

Für Hind gab es immer nur zwei Optionen: Entweder wir kommen groß raus oder wir können einpacken. Nun war also Packen angesagt. Am Tag des Abzugs koordinierte Nihal mit stoischer Ruhe das Umzugsteam, das die Bücher in Kartons verstaute und Regale, Beleuchtung und das Café-Mobiliar abbaute. Alles sollte eingelagert werden, bis es bei unserem nächsten Versuch, unserer nächsten Filiale, wieder aus der Versenkung hervorgeholt würde. Nachdem Diwan aus dem Gebäude verschwunden war, händigte Nihal der Campusverwaltung die Schlüssel aus. Ich konnte kaum dabei zusehen. Aber sie meinte, Wissen sei Macht, wir müssten nur aus unseren Fehlern die richtigen Lehren ziehen. Das Wissen darüber, was Menschen wollen und was nicht, würde uns weiterbringen. Ich erwiderte, Wissen sei vielleicht Macht, aber wir hätten es auch ziemlich teuer erkauft.

Hind riet mir, doch mal einen Schritt zurückzutreten. Ich sah mir die grundlegenden Fakten an, das umfassende Bild. Wir hatten Diwan in einem kulturellen Kontext gestartet, in dem das Lesen aus der Mode gekommen war, in dem das Bildungssystem das Auswendiglernen favorisierte und die Freiheit des Denkens hemmte. Von dem, was die

Leute verdienten, falls sie es überhaupt taten, floss nur wenig in den Kauf von Büchern. Wer es sich leisten konnte, wie Hind und ich, besuchte fremdsprachige Schuleinrichtungen, wodurch die Schüler den Kontakt zu ihrer Muttersprache verloren. Lesern begegneten auf Schritt und Tritt Widerstände. Das kulturelle Schaffen war praktisch zum Erliegen gekommen. Doch allen Widrigkeiten zum Trotz kamen die Dinge in Bewegung, und es regte sich neue Hoffnung.

Unser Aushängeschild war zu einem Wahrzeichen von Zamalek geworden, und die Umsätze von Heliopolis blieben konstant hoch. Nur Maadi dümpelte ein wenig vor sich hin. Aber ich machte mir immer wieder bewusst, dass Rückschläge unvermeidbare, ja sogar notwendige Aspekte jedes mutigen Unterfangens sind. Unsere Verkaufsstände im Carrefour-Einkaufszentrum warfen zuverlässig Gewinne ab. Und wir streckten unsere Fühler nach Touristenzielen aus: das Cairo Marriott Hotel in Zamalek, das Einkaufszentrum Senzo Mall in Hurghada am Roten Meer, und in den Sommermonaten, wenn es die Ägypter an die Küste zog, folgte ihnen Diwan mit einer saisonalen Filiale an die Mittelmeerküste. Noch war nichts verloren.

Doch dann fingen unsere schwarzen Zahlen an, sich erschreckend rot zu färben. Auch uns hatte der Sog der globalen Rezession erfasst. Ich wusste, dass wir Teil einer internationalen Wirtschaft waren. Und so wenig das vielleicht unmittelbar zu erkennen war, so unübersehbar waren die Auswirkungen auf unseren Umsatz. Angesichts wegbrechender Einkünfte wuchsen die Zukunftssorgen der Menschen, und sie versuchten, die vorhandenen Ressourcen zusammenzuhalten. Was man vorher für Freizeitaktivitäten ausgab, wurde nun für den Notfall zurückgelegt oder für regelmäßige Ausgaben benötigt.

Für uns galt es nun, neue Einnahmequellen zu finden, mit denen sich die mageren Umsätze ausgleichen ließen. Kairo ist eine Stadt, in der ständig alles Mögliche ausgeliefert wird – an Apotheken und Lebensmittelhändler, an Metzger und McDonalds. Außerdem übernehmen die Boten oft auch persönliche Besorgungen: Sie bringen Zigaretten vorbei oder erledigen einen Einkauf im Geschäft an der Ecke. So beschloss auch ich, einen Lieferservice für unsere Läden einzurichten. Minou nahm das zum Anlass, eine neue Tasche mit dazu passenden Lesezeichen zu entwerfen. Die nicht enden wollende bürokratische Phase nutzte ich, um Werbung für unser neues Projekt zu machen. Dazu stellte ich eines der Liefermotorräder, die Minou mit ihren Entwürfen bedruckt hatte, im Schaufenster von Zamalek aus.

Wir fingen an, unseren Betrieb nach Einsparpotenzial zu durchforsten. Gleich bei den Diwan-Taschen blieben wir hängen. Es stand außer Frage, dass wir es uns nicht mehr leisten konnten, sie zu produzieren oder kostenlos mitzugeben. Gleichzeitig fiel es mir ausgesprochen schwer, wieder eine dieser einfachen Freuden den ökonomischen Zwängen opfern zu müssen. Minou meinte sogar, dass es ein Fehler wäre, die Taschen abzubestellen, ein Fehler, den ich noch jahrelang bereuen würde. Ich tat es trotzdem und sagte, sie solle sich verdrücken. Und wie immer sollte sie recht behalten. Bis heute hat Minou mir das nicht verziehen – und ich selbst übrigens auch nicht. In meiner Vorstellung war das Wachstum von Diwan mit der Marke verknüpft, und ich befürchtete, dass die Einstellung der Taschenproduktion den Rückzug einleiten könnte. Unsere Taschen reisten überallhin; ihre gute Qualität sorgte dafür, dass sie länger lebten als die Sachen, die in ihnen transportiert wurden. Sie waren selbst schon zu Klassikern geworden. Wie mich *Tausendundeine Nacht* gelehrt hat, überleben nicht alle Klassiker, doch kommt es vor, dass sie untergehen, aber wie Phönix aus der Asche erneuert wieder aus der Versenkung auftauchen. Ich beobachtete, wie Diwan sich verwandelte: von etwas, das überschaubar war und sich kontrollieren ließ, zu etwas, das immer unbeherrschbarer wurde. Der Laden in der Universität Kairo war der erste, den wir verloren, aber es würde nicht der letzte sein. Ich wusste, wir würden uns neu erfinden müssen, wenn wir überleben wollten.

★ ★ ★

»Dr. Medhat, ich habe darüber nachgedacht, was Sie gesagt haben.« Ich versuchte, den Gesprächsfaden wieder aufzunehmen.

»Wenigstens Ihre Schwester sieht ein, dass *Alf Layla wa Layla* nicht dazugehören sollte.« Verärgert ließ er mich stehen.

»Mach dir nichts draus. Der kommt wieder«, sagte Ahmed, der mit einem gewaltigen Bücherstapel im Arm Dr. Medhat hinterhersah, der in den Kassenbereich des Zamalek-Ladens einschwenkte und in der Tiefe des Raumes verschwand.

KAPITEL 7

Kunst und Design

»Das wird Sie jetzt vielleicht überraschen – aber *The Fireplace Book* ist einer meiner meistverkauften Titel im Mittleren Osten«, klärte mich Stephen, ein Vertriebsmitarbeiter des Kunstverlags Thames and Hudson, auf.

»Dort ist es doch so heiß wie fast nirgends sonst auf der Welt. Wer könnte da auf die Idee kommen, ein Buch über Kamine auf Lager zu halten – oder zu kaufen?«, entgegnete ich.

»Sie verkaufen doch schon so lange Bücher, dass Sie eigentlich wissen müssten, dass Sie weit mehr verkaufen als nur Bücher.« Er gestikulierte herum, als müssten die Bücher ihm gleich beipflichten. Wir standen mitten in der Kunst- und Designabteilung von Diwan in Mohandissin, unserem neuesten Standort. »Ihr verkauft ein Image, den Lebensstil der Anspruchsvollen, eine parallele Wirklichkeit.«

Die Idee, die hinter unserer Kunst- und Designabteilung stand, war, hier Bücher über Ästhetik unterzubringen, die großformatiger waren als unsere normalen Belletristik- und Sachbücher. Doch die neue Kategorie spaltete sich schnell in Unterabteilungen auf wie Kunst und Künstler, Architektur, Innenarchitektur, Design und Fotografie. Das hatte nicht mehr viel mit unseren Anfängen zu tun, als wir nur einige wenige lokal hergestellte Kunst- und Designbücher in englischer und arabischer Sprache verkauften, die sich ausnahmslos alle auf das altägyptische und islamische Erbe fokussierten. Diese Bücher, die in unserer Abteilung »Egypt Essentials« standen, verkauften sich recht gut, was an ihrer traditionellen Ausrichtung gelegen haben dürfte. In der neuen Kunst- und Designabteilung spiegelte sich auch das weltweit wachsende Interesse an Kunst regionalen Ursprungs wider. In Kairo eröffneten immer mehr Galerien für moderne Kunst. Sotheby's und Christie's ließen sich in Dubai nieder und starteten saisonale und den Markt belebende Auktionen von Kunst aus dem Nahen und Mittleren Osten. Privatleute bauten eigene Sammlungen auf. Zahlreiche Bücher, die ägyptische und arabische Kunst und Künstler der Gegenwart zum Thema hatten, kamen heraus. Bibliophile erwarben Bücher, um ihre Sammlungen zu komplettieren. Die Ägypter waren auf eine neue Quelle des Nationalstolzes jenseits der Werke der altägyptischen Antike gestoßen. Diesem Zeitgeist, der die Nachfrage speiste und befeuerte, versuchten die Abteilungen im arabischen wie im englischen Teil der Diwan-Buchhandlungen gerecht zu werden.

* * *

Neben diesen zeitgenössischen Werken gab es auch eine bemerkenswerte Zunahme an Bildbänden, die dem Ägypten des späten neunzehnten bis mittleren zwanzigsten Jahrhunderts, bis die Revolution von 1952 die Monarchie beendete, gewidmet waren. Trotz der massiven, durch Kolonialismus und zwei Weltkriege verursachten politischen Umwälzungen, die diese Zeit prägten, strahlen die Fotografien eine unerwartet große Ruhe aus. Die Straßen sind sauber und breit, hier und da ist eine Pferdekutsche oder ein Automobil zu sehen. Auf an Paris erinnernden Aufnahmen aus dem Stadtzentrum von Kairo stehen Gebäude der Belle Epoque und kunstvolle Fassaden im Mittelpunkt, und die Menschen wirken anständig und gepflegt. Mir war bewusst, was die Bilder alles ausblenden – die Widrigkeiten und das Chaos des Lebens, die Armut und die krassen Klassengegensätze; dennoch hatten die Fotos für mich etwas Besänftigendes. Sie versetzten mich in das Ägypten, wie meine Eltern es in ihren Geschichten schilderten, an jene fernen Orte, an denen sie aufgewachsen waren. Und ich fing an, diese Bücher zu sammeln.

Bildbände sind grundsätzlich dekorativ. Wer sie kauft, gönnt sich die Zeit, um in Muße, allein oder mit Gästen, die Bilder anzuschauen. Aber diese Bücher begleiten uns auch im Alltag, den sie, nicht anders als Möbelstücke, bereichern und beleben. Ihre neu entdeckte Popularität in Diwans frühen Jahren deutete auf eine generelle Verschiebung ihrer Rolle hin: Bücher wurden nicht mehr nur des Lesens wegen gemacht, auch ästhetisch sollten sie ansprechend sein. Ein Buch an sich konnte zum Kunstobjekt werden.

* * *

Ich erinnere mich, wie sich eines Nachmittags eine Kundin an Hussein, unseren neuen Mitarbeiter im Kundenservice, wandte: »Ich möchte die Inneneinrichtung meines Hauses neu gestalten und suche dazu passend eine repräsentative Auswahl an Büchern über ägyptische Kunst und Design.« Ich stand gerade hinter der Kasse und räumte den Bereich darunter auf. Hier fand man all das, was einmal abgelegt und dann vergessen wurde wie beschädigte Waren, verschmähte Zwischenmahlzeiten, den bösen Blick abwendende Schlüsselanhänger und sonstigen Krimskrams. Die Kundin war eine kultiviert aussehende Frau Mitte dreißig mit einer Louis-Vuitton-Tasche am Arm und dem dazu passenden Schal um den Hals.

»Für welche Epoche interessieren Sie sich?«, erkundigte sich Hussein. Er hatte schon eine ganze Reihe erfahrener Kundendienstmitarbeiter in verschiedenen Diwans beaufsichtigt, bevor man ihm eine Arbeit in dem neu eröffneten Mohandissin-Laden anvertraute.

Mohandissin, was so viel wie »Ingenieure« bedeutet, war in den 1950er-Jahren auf bis dahin landwirtschaftlich genutztem Land entstanden. Die Regierung hatte subventionierte Bauprogramme aufgelegt, sodass das Land preisgünstig zu bekommen war. In angrenzenden Stadtteilen, in denen ähnlich verfahren wurde, ließen sich Journalisten, Lehrer und Ärzte nieder. Dies waren Berufe, die der Gemeinde zugutekamen und nach der Revolution von 1952, die ein unabhängiges und modernes Ägypten schaffen wollte, besonders geschätzt wurden. In den 1990er-Jahren sah man sich aufgrund des dramatischen Bevölkerungswachstums gezwungen, manche dieser bislang aus Villen und großzügigen Wohnanlagen bestehenden Viertel in dicht bebaute Hochhauslandschaften umzuwandeln. Mohandissin wurde zu einem wuchernden Labyrinth aus Geschäften, Restaurants und Cafés und zu einem beliebten

Ziel für wohlhabende Golfaraber, die den Sommer lieber in Kairo verbringen wollten.

In dem Viertel, das für seine chaotischen Verkehrsverhältnisse und seine nicht vorhandene Stadtplanung bekannt ist, schossen riesige Betonklötze wie Pilze aus dem Boden, zwischen denen es von allen nur denkbaren Geschäften, Werbebannern und Plakaten wimmelte. Kurz gesagt, es wurde zu einem Ort ohne jeden Charme. Wir hatten große Zweifel, ob Mohandissin die kritische Masse an anspruchsvollen Leserinnen erreichen würde, um Diwan als einen Dritten Ort bezeichnen zu können. Aber wir wussten, dass Mohandissin von arabischen Touristen sehr geschätzt wurde. Mit einem cleveren Marketingkonzept schien es uns möglich, die Community von Bücherfreunden und Kulturfreaks aufzubauen, die Diwan brauchen würde, um zu florieren. Bei jedem Standort versuchten wir, das zu wiederholen, was von Erfolg gekrönt war, wie Heliopolis, und das zu vermeiden, was sich als Fehlschlag erwiesen hatte, wie die Universität Kairo. Wir überarbeiteten unser Konzept in der Hoffnung, so die neue Community für uns gewinnen oder zumindest in Kontakt mit ihr treten zu können. Doch ein Problem gab es: Unser Zamalek-Flaggschiff war ein Ausreißer und hatte unsere Erwartungen verzerrt. Heliopolis war dreimal so groß wie Zamalek, was uns zu der vermeintlich vorsichtigen Prognose eines doppelten Umsatzes verleitete. Doch bis zum heutigen Tag kann Heliopolis diese Erwartung nicht erfüllen. Uns war einfach lange nicht klar, dass die Kombination aus der speziellen Kundschaft von Zamalek – literarisch interessierte Ägypter, Touristen, Botschaftsbesucher, internationale Führungskräfte und Frankophile – und der erstklassigen Lage an der Straße des 26. Juli einen

Glücksfall darstellte, der eine absolute Ausnahme bleiben würde und nicht als Basis für unser ambitioniertes Projekt taugte. Wir wussten nicht, dass wir gerade vergeblich danach strebten, einen Glücksfall zu wiederholen. Doch wir wussten, dass unsere Ausgaben in dem Maße stiegen, wie wir expandierten. Um ein ausgeglichenes Budget zu erreichen, wollten wir auf die wohlhabenden Bewohner von Mohandissin setzen. Und die besagte Dame sah mir unbedingt danach aus.

»Ich stelle mir auf jeden Fall helle Farben vor, keine schwarzen und braunen Buchrücken – es soll ja nicht nach Nationalbibliothek aussehen, monoton natürlich auch nicht und bitte nicht höher als 35 Zentimeter. Die Bücher sollten sich richtig gut stapeln lassen, sodass man ein Tablett darauf stellen kann und das Ganze als Beistelltisch benutzen kann.« Hussein war offensichtlich etwas verdutzt und wusste nicht so recht, was er sagen sollte. Ich kam ihm zu Hilfe.

»Hussein, du könntest ja mal alles herbringen, was wir an modernen Kunstbänden und über Ägypten aus den letzten zweihundert Jahren hierhaben. Vielleicht auch ein paar altägyptische Titel, wenn sie ein helles, heiteres Cover haben.« Ich wandte mich an die Kundin. »Vielleicht könnten wir uns im Café zusammensetzen und über Ihre ästhetischen Vorstellungen reden? Meine Idee wäre, dass wir ganz unten mit den größten Büchern anfangen und dann die etwas kleineren darauf legen. Dann könnten Sie das, was Sie gerade besonders interessiert oder was farblich nicht dazupasst, auf den Couchtisch legen, um sich vielleicht bei Gelegenheit mit Ihren Gästen darüber zu unterhalten.« Ein Lächeln huschte über ihr Gesicht. Offensichtlich hatte ich den richtigen Ton getroffen, und ich wagte mich weiter vor. »Wenn ich Sie richtig verstanden habe, sind Sie speziell an Büchern über ägyptische Kunst und Design interessiert. Wir haben da ein ganz besonderes Buch, das jemanden mit Ihrem Geschmack begeistern könnte.« Ich ging zu einer der Auslagen für Kunst- und Designbücher, einem offenen Quader aus Holz mit mehreren Plexiglasabtrennungen. Ich nahm ein wuchtiges Buch heraus. Es hieß *World of Ornament* und war von dem deutschen Kunstbuchverlag Taschen herausgegeben worden. Ich versuchte möglichst deutlich zu zeigen, dass die Mühe, es zu heben, keine kleine war, um die Gewichtigkeit des Buches zu unterstreichen. »Das importieren wir nur für besondere Kundinnen. Es ist allerdings ziemlich hoch, rund sechzig Zentimeter, und es wiegt etwa sechs Kilogramm. Wunderschön, ein echtes Prunkstück! Ich kann Ihnen versichern, dass es noch nicht viele Menschen gibt, die es schon zu Gesicht bekommen haben. Es ist ein Streifzug durch die Geschichte des Ornaments, geradezu ein Muss für jeden, der echtes Interesse an Design und Ornamentik hat …« Bei Verkaufsschulungen pflegte ich gerne zu sagen, dass der einfachste Weg, ein Buch zu verkaufen, darin besteht, es der Leserin in die Hand zu geben. Als ich ihr dann das Buch reichte, kam ein kleiner Seufzer der Überraschung über ihre Lippen. Ich sah mich schon auf der Zielgeraden und setzte zum Schlusssprint an. »So ein Werk ist natürlich nicht ganz billig. 1250 ägyptische Pfund. Das˙kann sich längst nicht jeder leisten. Lassen Sie sich also ruhig Zeit mit Ihrer Entscheidung.«

»Machen Sie sich mal keine Sorgen über mein Budget. Ich nehme das Buch«, sagte sie voller Entschiedenheit. »Und haben Sie auch etwas zu ägyptischer Innenarchitektur?«

»Mir fallen da leider nur zwei ein. Dabei gibt es so viele

über marokkanischen Stil und marokkanische Inneneinrichtung. Aber irgendwie hat das zeitgenössische ägyptische Design nicht das gleiche internationale Echo ausgelöst.« Ich suchte ein Taschenbuch mit dem Titel *Egypt Style* heraus, das ebenfalls im Taschen Verlag erschienen ist und sich sehr gut verkaufte. Es war nicht teuer, aber trotzdem schön und enthielt zahlreiche wunderschöne Aufnahmen von Inneneinrichtungen, ganz im Geschmack jedes Ägyptophilen. Ich reichte es ihr.

»Das ist mir zu unscheinbar. Es würde zwischen all den anderen übersehen.« Sie schlug es nicht einmal auf, sondern legte es auf dem nächstbesten Tisch gleich wieder weg. Ich hielt den nächsten Titel vor sie hin – *Egyptian Palaces and Villas* – und fing an, darin zu blättern und wie ein Schullehrer auf sie einzureden.

»Ich glaube, dieses Buch wird Ihnen gefallen. Hier finden Sie alles, von den pompösen Palästen und Landsitzen, die seit der Zeit von Muhammad Ali Pascha gebaut wurden, bis hin zu Ägyptens weltberühmten Touristenzielen des Goldenen Zeitalters. Der ästhetische und kulturelle Reichtum des Landes zur Zeit des Suezkanals, der Eisenbahnen und der Baumwollindustrie war einfach großartig. Das ist ein absolutes Muss.« Sie nickte zustimmend.

»Wir haben vergessen, was unser Land alles zu bieten hat. Vor lauter Beton sehen wir das Schöne nicht mehr.« Was sie da sagte, erinnerte mich an die Reaktionen der Leute, als sie zum ersten Mal unser Vorzeigegeschäft betraten. Viele gingen davon aus, dass wir unsere Bücher überteuert anbieten würden, weil wir zu viel Wert auf die Inneneinrichtung gelegt hätten. Andere fanden, das Design würde ablenken und eine Buchhandlung sollte sich auf ihre eigentliche

Funktion beschränken. Schönheit wurde als unerschwinglicher Luxus empfunden. »Mein Mann arbeitet in einer der führenden Börsenmaklerfirmen. Ich liege ihm schon seit Jahren in den Ohren, dass wir Kunst sammeln sollten. Und seit er vor Kurzem erfahren hat, dass seine Maklerkollegen das auch tun, sieht er langsam ein, dass es sinnvoll sein könnte, hierin zu investieren.«

»Ja, aber für Sie ist es doch eher eine Leidenschaft, oder?«, fragte ich lächelnd, denn mir gefiel ihre Ehrlichkeit.

Sie nickte. »Ich habe an der Ecole des Beaux Arts in Zamalek studiert. Mein Traum war, Bildhauerin zu werden. Davor wollte ich Architektin werden, aber mein Vater war der Meinung, das sei ein Männerberuf.« Sie hielt inne. »Aber seien wir ehrlich, wie viele Frauen können einen Ehemann mit seinen Ansprüchen, Kinder, die ständig etwas von einem wollen, und eine Karriere unter einen Hut bringen, ohne verrückt zu werden?«

»Hmm«, brummte ich und drehte mich um. »In den Büchern, die Sie kaufen, kommen Frauen nicht vor. Ab den 30er-Jahren gab es so viel avantgardistisches Design in Ägypten, aber weibliche Künstler wurden nicht gefördert, geschweige denn gezeigt. Das war noch zu radikal.« Es war mir selbst nicht ganz klar, ob ich gerade mehr trösten oder eher anklagen wollte. Nur eines wusste ich: Mein persönliches Leben und meine Ansichten waren allein meine Sache und sollten es auch bleiben.

Ihr Blick ruhte nachdenklich auf mir, als sie sagte: »Vielleicht hatte mein Vater recht. Wenn nicht, ist es unverzeihlich.«

»Unser Problem heute ist nicht, dass es nur an Architektinnen fehlt, sondern an Architekten überhaupt, Punktum.

Sie wurden durch *Bauingenieure* ersetzt, Konstrukteure mit viel technischem Verstand, aber ohne Sinn für Ästhetik.«

»Und was dabei herauskommt, sind Stadtviertel wie Mohandissin«, sagte sie mit Resignation in der Stimme.

»Ganz genau. Ich hoffe, Sie sind damit einverstanden, wenn ich Sie jetzt wieder der kompetenten Beratung von Hussein überlasse«, sagte ich, während ich sie zu den Büchern begleitete, die er in lebhaften Farben und geradezu theatralisch auf den eigens zu diesem Zweck freigeräumten Vitrinen aufeinandergestapelt hatte. Hussein lernte außergewöhnlich schnell. Nihal wollte ihn zunächst gar nicht einstellen, weil er bei seinem Vorstellungsgespräch einerseits freimütig einräumte, dass er von Büchern, da aus dem Gastgewerbe kommend, nicht viel Ahnung hatte, andererseits aber die kühne Behauptung aufstellte, den Kunden ansehen zu können, was sie wollten, ohne dafür vorher mit ihnen sprechen zu müssen. Nihal fand, dass das ziemlich viel Blödsinn auf einmal war. Hind fand das auch, zog daraus jedoch einen anderen Schluss: Gerade aus diesem Grund sollte man ihm in Mohandissin eine Chance geben. Dieser Ort war Neuland für Diwan, und wir brauchten Leute, die nicht auf den Mund gefallen waren und auch mit Menschen jenseits unserer üblichen, eher kultivierten und literarischen Kundschaft gut zurechtkämen. Hussein konnte den Umstand, dass Literatur für ihn auch nach mehreren Wochen Training immer noch ein Buch mit sieben Siegeln war, mit seiner sympathischen Ausstrahlung und seiner Fähigkeit, ein breites Spektrum von Menschen zu erreichen und um den Finger zu wickeln, mehr als wettmachen.

Als die Frau einige Zeit später unseren Laden verließ, überlegte ich, ob sie das, was sie wollte, auch bekommen hatte. Ihre genauen Angaben zu Farbe und Größe der gewünschten Bücher legten nahe, dass sie sie als dekorative Gegenstände, als Kunstwerke erwerben wollte. Aber im Laufe des Gesprächs wurde deutlich, dass ihr Interesse über das rein Ästhetische hinausging: Die Bücher waren Ersatz für ihre persönlichen Sehnsüchte, die gegen den Willen ihres Vaters durchzusetzen sie sich nicht getraut hatte. Für ihren Mann dagegen, so hatte es den Anschein, hätte die neue Sammlung lediglich insofern Bedeutung, als sie seinen Reichtum und seine Kultiviertheit herausstreichen würde. Ich fragte mich, ob er von ihren frühen Ambitionen wusste, ob darüber zwischen ihnen überhaupt schon einmal gesprochen worden war.

★ ★ ★

Eine Art von Buch war in unserer Kunst- und Designabteilung komplett Fehlanzeige: das Do-it-yourself-Heimwerkerbuch, das bei amerikanischen Verlagen hoch im Kurs stand. Eine solche Branche gibt es in Ägypten einfach nicht. Wenn es etwas zu tun gibt, lassen wir den Handwerker, also den Schreiner, Elektriker oder Klempner kommen, der seinen Beruf vom Vater und Großvater übernommen oder über eine Lehre erlernt hat. Ich hatte schon mit einer ganzen Reihe von Arbeitern und Bauhandwerkern zu tun, die zu Beginn ihres Berufslebens zunächst einem bestimmten Handwerk nachgingen, dann im Laufe der Zeit aber ihren beruflichen Horizont erweiterten und zu erfolgreichen Bauunternehmern wurden, die weder von Richtlinien gegängelt noch von irgendwelchen Organisationen überwacht und kontrolliert wurden.

Neben diesen am Bau tätigen Handwerkern gibt es die Kunsthandwerker. Ihre Ausbildung unterscheidet sich nicht grundsätzlich von der der am Bau Beschäftigten. In der Vergangenheit gehörten Weber, Messingarbeiter, Kupferschmiede, Zeltmacher, Perlmuttdrechsler, Töpfer und Maler einer sozial angesehenen Schicht an. Wie bei den einfachen Handwerkern gaben die Meister ihre Fertigkeiten an die Lehrlinge weiter und schufen so ein geschlossenes System, das für Qualität und Können bürgte. Im Gegensatz zu den praktischeren Berufen sieht sich das Kunsthandwerk einer versiegenden Nachfrage gegenüber: Unfähig, Gewinne zu erzielen oder mit Billigimporten zu konkurrieren, ist diese Art von Handwerk akut vom Aussterben bedroht. Natürlich versucht von Zeit zu Zeit die ein oder andere Initiative, sich dagegen aufzubäumen und diese Handwerker zu retten, indem neue, zum Beispiel touristisch ausgerichtete Läden eröffnet werden. Doch diese Bemühungen schafften es bislang nie, das Blatt nachhaltig zu wenden.

* * *

Über eine Sache durfte sich Hind freuen, die für die Bestellungen und die Bevorratung der Kunst- und Designabteilung zuständig war. Ein einzelnes teures, aufwändig hergestelltes Kunstbuch warf mehr Gewinn ab als zwei Dutzend arabische Bücher. Hind und ich hatten unsere Wirkungsbereiche in den einzelnen Abteilungen genau abgesteckt. Das soziale Milieu in Mohandissin brachte dieses Gefälle zwischen arabischsprachiger und englischsprachiger Kultur auf verstörende Weise wieder zum Vorschein. Unsere Kundenbetreuer verkauften ausländische Bücher, deren Preis zuweilen höher war als das, was sie verdienten. Diese Ungleichgewichte fingen an, mir überall aufzufallen. Selbst von den ägyptischen Geldscheinen springt einem dieser West-Ost-Gegensatz ins Auge. Die eine Seite zeigt den in Englisch aufgedruckten Nennwert sowie Abbildungen von Chephren, dem Erbauer der zweithöchsten Pyramide von Gizeh, von Ramses II. auf seinem Kriegswagen, dem Horus-Tempel von Edfu und der Totenmaske des Tutanchamun. Auf der anderen Seite, der »Islam-Seite«, befinden sich nur arabische Schriftzeichen und Ziffern, umgeben von Bildern der al-Rifa'i-Moschee, in der Reza Pahlavi, der letzte iranische Schah, beigesetzt ist, der Muhammad-Ali-Moschee, der Ibn-Tulun-Moschee und der Sultan-Hassan-Moschee. Diese der islamischen Tradition verhaftete Seite liefert insofern kein vollständiges Bild, als nicht-islamische und nicht-arabische Ägypter sich darauf nicht repräsentiert finden.

Meine Mitarbeiterinnen und ich lebten zwar in derselben Stadt, doch die Stadtviertel, in denen wir wohnten, glichen sich nicht. Seit der zweiten Hälfte des zwanzigsten Jahrhunderts hat die massive Landflucht in Ägypten zu einem enormen Bevölkerungswachstum in Kairo geführt und dazu, dass die Stadt nicht mehr in der Lage ist, für ihre Bürger zu sorgen. Kairo galt als ein Ort, an dem entweder jeder seine Chance bekam oder wenigstens staatliche Unterstützung. Und während sich tiefe Risse zwischen den Gemeinschaften und Klassen auftaten, begegneten uns auf Schritt und Tritt Bilder, die sozialen Aufstieg versprachen. Auf der Autobahn fuhr man an Plakatwänden entlang, die reizlose Betonschachteln wie mondäne Luxuspaläste gleichermaßen bewarben. Immer größere Gegensätze brachen auf und verschärften sich. In sogenannten *Ashwa'iyat* – »planlos« heißt und für ebensolche Siedlungen steht –, die auf in Bauland umgewandelten landwirtschaftlichen Flächen aus dem Boden gestampft wurden, kamen Millionen Menschen unter, die aus den ländlichen Regionen, wo es kaum Arbeit und nur wenig staatliche Unterstützung gab, voller Hoffnung auf Besserung hierhergeströmt waren. Wohlhabendere Bewohner wichen vor den sich ausbreitenden Slums in »Gated Communities«, also in geschlossene Wohnkomplexe mit Swimmingpools, Parks und Golfplätzen zurück. Nur wer vermögend war, kaufte Designbücher, um sich von deren schönen Bildern in jeglicher Realität entrückte Traumwelten entführen zu lassen. Dabei wurde nicht versäumt, diese Lebensart irgendwie natürlich und weniger befremdlich wirken zu lassen. Auch die elitäre Klasse wurde nochmals in Schichten mit zwar eigenständigen, aber sich doch auch ziemlich ähnelnden ästhetischen und kommerziellen Vorlieben unterteilt. Jetzt, da ich von den fantastischen Visionen rede, die man mit den Büchern mitverkauft, fällt mir ein, wie der Verlagsvertreter mir die Popularität des Kaminbuchs erklärt hat. Wenn Kunst- und Designbücher in der Lage sind, einen Fingerzeig zu geben, dann weisen sie auf Sehnsucht und auf Perspektive. Wer diese Bücher kaufte, dem flüsterten sie davon ins Ohr.

Doch ich fragte mich auch, ob diese teuren Bücher und deren gut situierte Käuferinnen bei meinen weniger privilegierten Mitarbeiterinnen Groll und Neid hervorrufen könnten. Die Bücher führten eine Realität vor Augen, die sich meine Mitarbeiterinnen kaum vorstellen, geschweige denn für sich erhoffen konnten. Möglichkeiten zu sozialem Aufstieg gab es praktisch nicht, Gelegenheiten zum Stehlen dagegen für Kundschaft wie Belegschaft immer. Doch tatsächlich bin ich angesichts all der eklatanten Unterschiede zwischen den Lebenssituationen, Währungen und Waren ehrlich gesagt überrascht, dass wir nicht noch öfter bestohlen wurden. Und wenn es vorkam, hatten in der Regel die Kunden weit weniger ein schlechtes Gewissen als meine Mitarbeiter. Ein Fremder, der erwischt wurde, zögerte nicht, das hehre Argument vom Grundrecht auf freien Zugang zum geschriebenen Wort ins Feld zu führen – was mich sehr an jene frühen Besucher erinnerte, die nicht recht einsehen wollten, dass Diwan keine Bibliothek ist. Wir installierten Kameras und Metalldetektoren und stellten Sicherheitspersonal ein, was nun auch die Langfinger bewog, ihre Strategien, insbesondere für Multimedia-Artikel, nachzubessern, bevor dann der digitale Fortschritt das obsolet machte. Sie schmuggelten CDs und DVDs in die Toilette, schlitzten die Plastikhüllen an der Seite auf, entnahmen den Inhalt und stellten die leere Hülle mit Unschuldsmiene ins Regal zurück.

Es gab auch Fälle, die man nicht direkt als Diebstahl bezeichnen kann. Einmal, es muss so gegen Abend gewesen sein, hatte ich Youssef, meinen Lagerleiter, am Telefon. Ich weiß noch, wie ich ihn bekniete: »Youssef, wie kommst du mit der Lieferung voran? Es ist Mittwoch, und die Bücher müssen noch vor dem Wochenende in den Regalen stehen.«

»*Ustasa*, wir tun, was wir können. Aber das hier ist eine Sechs-Tonnen-Lieferung, und wir müssen nicht nur die Daten, sondern auch die Barcodes erfassen.«

»Sag's mir einfach in Prozenten. Wie weit seid ihr?« Ich hatte ein neues Überwachungsprogramm, mit dem ich

Youssefs Computerbildschirm auf meinem Schirm aufrufen konnte.

»Bis Mitte nächster Woche müssten wir durch sein«, meinte er leichthin.

Wenn ich etwas nicht leiden kann, dann, an der Nase herumgeführt zu werden – und schon gar nicht, so etwas auf mir sitzen zu lassen. »Also, ich wüsste da was, das der Produktivität richtig auf die Sprünge helfen könnte. Aber dazu müsstest du aufhören, Online-Solitaire zu spielen. Du hast ja gerade sowieso schlechte Karten.« Er antwortete mit Schweigen. Ich setzte einen linken Haken an. »Ich kürze deinen Lohn, weil du Zeit und Geld der Firma vergeudet hast – und weil du mit schlechtem Beispiel vorangegangen bist. Ich gebe dir bis morgen Abend, um die Lieferung fertigzustellen. Zur Not kannst du ja die Nacht durcharbeiten.« Damit legte ich auf. Ich fand, dass ich durchaus das Recht hatte, meinen Mitarbeitern die Freizeit zu streichen, wenn sie während der Arbeitszeit nicht das taten, wofür ich sie bezahlte, sondern lieber Karten spielten. Ein paar Stunden nach dem Vorfall ging ich an der Küche in der Zentrale vorbei, wo die Leute von der Datenerfassung gerade vor sich hinschmollten und leise murrend ihren Tee schlürften. Omar, der IT-Manager, der normalerweise aus dieser Gruppe nicht wegzudenken war, fehlte. Ich traf ihn in seinem Büro an, wo ich ohne anzuklopfen eintrat. Ich machte die Tür hinter mir zu. Er erhob sich.

»Heute Morgen gab es Ärger im Garten Eden«, sagte ich.

»*Ustasa*, als ich die Spionagesoftware installiert habe, haben Sie mir versprochen, dass das Personal nichts davon erfahren würde.«

»Omar, manchmal muss man einfach sein Blatt ausspielen.

Ich habe Sie da rausgehalten, außerdem brauchen sie Sie mehr als umgekehrt.« Er hörte mir höflich zu. Ich schätzte Omars zuvorkommende Art ebenso wie seine IT-Kompetenzen. Er war ein geradliniger junger Mann, der seine pechschwarzen Locken mit Gel zähmte und immer tadellos gebügelte schwarze Hosen und weiße Hemden trug. Später half Omar mir beim Umstieg von der Spionagesoftware auf bewegungsgesteuerte Webcams, die wir im Warenlager installierten und deren Daten automatisch auf meinem Computer landeten. Auch Hind und Nidal bekamen die Bilder, aber sie sahen sie sich nie an. Die Mitarbeiter ahnten schon, dass ich sie im Blick hatte. Und sie lagen richtig damit. Vielleicht habe ich mich deshalb vom Überwachungsstaat der Nasser-Ära inspirieren lassen, um mich dem Vermächtnis dieser Ära entgegenzustellen. Ich kann mich noch an Geschichten über Nassers Staatssicherheit erinnern. Da war von Mikrofonen die Rede, die an Wohnungsbalkonen baumelten und Partygästen politische Äußerungen ablauschten. Ich war geradezu besessen davon, mit Nassers sozialistischem Erbe – das jedem kostenlose Bildung und staatliche Beschäftigung garantierte – aufzuräumen: dem unmotivierten Angestellten. Viele Ägypter sehnten sich nach staatlichen Jobs mit kürzeren Arbeitszeiten, magerer Bezahlung – die sich mit etwas Fantasie aber auch aufbessern ließ – und leistungsunabhängiger Beschäftigungsgarantie. Denn Nassers Gesetze waren so formuliert, dass Angestellten des Öffentlichen Dienstes kaum gekündigt werden konnte. Private Unternehmen, wie Diwan, kamen in der Presse dagegen sehr schlecht weg. Die Bezahlung war bei uns zwar besser, aber dafür hatte man jeden Tag acht Stunden zu arbeiten und eine bestimmte Leistung abzuliefern. Und wer dies nicht tat, musste sich nach einer neuen Arbeitsstelle umsehen. Den Ägyptern fiel es schwer, sich zu entscheiden, ob sie eher dem Weg des geringsten Widerstandes treu bleiben oder Neuland betreten sollten, das sowohl Chancen als auch Risiken bereithalten würde. Seit Menschengedenken versorgt der Nil Ägypten mit Wasser und Nahrung. Wenn der Fluss über die Ufer trat, hinterließ der zurückbleibende Schlamm fruchtbares Ackerland. Der antike griechische Geschichtsschreiber Herodot bezeichnete Ägypten als das Geschenk des Nils. Aus einer bestimmten Perspektive konnte man im Überfluss, den der Nil schenkte, den Fluch des modernen Ägypten sehen, der eine Kultur der Untätigkeit verewigte.

Wenn ein Kunde bei Diwan eintausend ägyptische Pfund ausgibt, wird seine Treue mit einem Hundert-Pfund-Gutschein belohnt. Aber eine in wechselnder Besetzung operierende Diebesbande, die direkt aus »Ali Baba« hätte stammen können, einer meiner Lieblingserzählungen aus *Tausendundeiner Nacht*, machte ein paar Schlupflöcher in diesem Konzept ausfindig und damit Diwan das Leben schwer. Doch während Ali Baba, dem Räuber nach dem Leben trachten, weil er ihre Schatzhöhle entdeckt hat, mit Morgana nur eine einzige gewitzte Sklavin hat, die die finsteren Pläne der Mordgesellen zu vereiteln in der Lage ist, konnte ich auf eine ganze Reihe von Morganas zählen.

Omar war nicht nur unerschütterlich wie keiner, sondern auch technisch sehr innovativ. Sein neuester Apparat machte überraschend scharfe Aufnahmen. So wie das Wasser durch die Arme des Nils strömt, fließt das Geld durch Diwans Filialen. Maged und Omar waren dafür zuständig, diese Bewegungen zu protokollieren und zu überwachen.

Die Filiale in Maadi war ihnen aufgefallen, weil dort eine ungewöhnlich hohe Anzahl Geschenkgutscheine eingelöst worden war, und dies seltsamerweise während der eher ruhigen Vormittagsschicht. Ich versetzte Hany, den zaghaften und zögerlichen Kassierer, der in dieser Schicht in Maadi Dienst tat, nach Heliopolis, um ihn eingehender unter die Lupe nehmen zu können. Tags darauf stattete ich der Filiale, unter dem Vorwand, die Auslagen besprechen und das allgemeine Erscheinungsbild der Filiale überprüfen zu wollen, einen Besuch ab. In einem unbeobachteten Augenblick platzierte ich flugs meinen neuen Spionagestift mit versteckter Kamera, ein Gadget von Omar, in einem Winkel bei den Regalen neben der Kasse. Ich bat Samir, seinen reichen Vetter, der als Rechnungsprüfer bei einer internationalen Firma arbeitete, für einen Undercover-Einsatz an diesem Nachmittag zu gewinnen. Durch meinen Spionagestift konnte ich sehen, wie Samirs Cousin das dicke *Star Wars Archive:1977–1983* kaufte, das etwas mehr als tausend ägyptische Pfund kostete. Aber dass Hany ihm einen Geschenkgutschein ausgehändigt hätte, davon war leider nichts zu sehen. Nachdem der Cousin gegangen war, äugte Hany nach links und rechts, druckte einen Gutschein aus, den er an die *Star Wars*-Quittung heftete, fischte dafür einen Hundert-Pfund-Schein aus der Kasse, der sich schließlich unter Hanys marineblauem Hemd einer weiteren Beobachtung entzog. Frühere Fälle von Diebstahl hatten Nihal schon dazu bewogen, die Taschen der Uniformhosen zuzunähen, bevor diese an die Mitarbeiter ausgegeben wurden.

Als ich einige Zeit später zu Maged ins Büro ging, sah ich, wie Hany ganz ergeben draußen wartete. Ich tat so, als würde ich ganz angelegentlich nach etwas in meiner Tasche suchen. Mir war die Situation zuwider, wir waren doch eine Familie. Aber ich wusste, was jetzt passieren würde. Ich hatte es schon oft genug mitgemacht. Maged würde in beschwingtem Ton die Fakten vortragen, würde Hany fragen, ob ihm was aufgefallen wäre, und mit großen Augen ratlos um sich blicken. Omar würde dann mit großer Stringenz von Zahlen und merkwürdigen Koinzidenzen sprechen, und Maged würde noch mal bei Hany nachhaken, ob ihm vielleicht nicht doch noch etwas einfiele, das die ominöse Gutscheineinlösung in ein neues Licht rücken könnte. Hany würde empört jede Anschuldigung von sich weisen, voll Inbrunst auf die Ehre seiner Mutter schwören und sich überhaupt schon die Andeutung eines Fehlverhaltens vehement verbitten. Maged würde verständnisvoll gucken und nicken und gleichzeitig das Video starten, angesichts dessen sich Hanys Nackenhaare sträuben würden.

Und Maged würde ihn vor die Wahl stellen: Entweder könnte er, Hany, jetzt seine Kündigung einreichen und eine Erklärung unterschreiben, dass die Firma alle Verpflichtungen ihm gegenüber erfüllt hatte und er nicht vor das Arbeitsgericht gehen würde (eine Klausel, die wir hinzugefügt hatten, nachdem wir genau das bei ähnlich dreisten Betrugsfällen schon erlebt hatten) und dass er den geschätzten, über die Schecks unrechtmäßig erworbenen Betrag an die Firma zurückerstattete. Oder man würde die Polizei rufen, die ihn auf dem Kommissariat verhören und sicher auch zu einem Geständnis bewegen würde, das er aus freien Stücken oder nach unorthodoxer Überzeugungsarbeit ablegen würde, bevor es dann zu einer Anklage käme. Danach wäre er nicht mehr derselbe, denn die Schande darüber, was ihm widerfahren wäre, würde ihn zu einem gebrochenen Mann machen. Seine Vorstrafe würde ihm jede neue Anstellung verbauen, sodass er fortan als Krimineller sein Dasein würde fristen müssen.

Hany würde ganz demütig Einspruch erheben und darum bitten, dass man Gnade vor Recht walten lasse. Maged würde ihm sagen, dass man das ja gerade im Begriff sei zu tun. Hany würde darum bitten, mit Nihal sprechen zu dürfen, dem nachsichtigsten Menschen bei Diwan. Maged würde nicht aufhören, ihn zu beschimpfen, und Hany würde, zermürbt, erschöpft und zitternd, die Erklärung unterschreiben. Omar würde sich an diesem peinlichen Verfahren weiden. Samir, der wortgewandteste Fahrer der Stadt und schärfste Kritiker seiner Chefin, würde es tunlichst unterlassen, seinen Beitrag zu dem ganzen Drama an die große Glocke zu hängen. Maged würde sich triumphierend die Hände reiben, es vielleicht auch ein bisschen bedauern, nicht noch weiter gegangen zu sein. Ich für meinen Teil würde meine Wut auf diesen Staat hinunterschlucken, der so wenig für die Sicherheit und Stabilität der Gesellschaft tut und die Bürger in die Kriminalität treibt. All die Hanys, denen ich begegnet bin und die ich beschäftigt habe, werden nie in der Lage sein, etwas Geld anzusparen, eine Hypothek aufzunehmen (die Eigenheimfinanzierung wurde offiziell im Jahr 2001 in Angriff genommen, steckt aber noch immer in der Entwicklungsphase) oder sich ein anständiges Leben aufzubauen, auch nicht, wenn sie sich jahrelang abrackern. Das Einzige, worauf sie hoffen können, ist eine Wabe aus Beton, in der sie mit ihrer Familie und ihren Schulden leben müssen. Was hätte ich getan, wenn mein Leben so verlaufen wäre wie das von Hany? Für Hind und Nihal, die sich moralisch über jeden Zweifel erhaben glaubten, stand es nie infrage, dass ein Dieb bestraft werden musste. Sie konnten sich gar nicht vorstellen, dass auch ihr Leben aus den Fugen geraten und ihnen dann gar nichts anderes übrig bleiben könnte, als zu stehlen. Doch mir begann zu schwanen, dass es nicht meine angeborene Güte war, die mich so nachsichtig stimmte, sondern mein allmählich schwindendes Vertrauen in mein eigenes moralisches Fundament. Wie herzlos muss jemand sein, der, wie Polizeiinspektor Javert in Victor Hugos *Les Misérables*, unter keinen Umständen davon ablassen kann, einen Menschen wie Jean Valjean zur Strecke zu bringen?

★ ★ ★

Draußen flirrte der Asphalt in der Hitze. Samir lehnte lässig an seinem Wagen und scherzte fröhlich mit den Pförtnern, die in ihren langen weißen *Galabiyas* in der Nähe saßen. Als er mich aus dem Bürogebäude kommen sah, gab er ihnen mit einer Geste zu verstehen, dass er das Gespräch jetzt unterbrechen müsste. Immer noch darauf bedacht, nicht mit Hanys Notlage in Verbindung gebracht zu werden, steuerte ich ganz konzentriert meinen Platz neben dem Fahrer an und versuchte, meine Schritte gemessener wirken zu lassen, als sie sich anfühlten.

»Ich habe Hany vorhin auf dem Weg ins Büro gesehen. Hat er unterschrieben oder deinen Bluff durchschaut?«, fragte Samir, der in der Hoffnung auf eine spektakuläre Wendung der Geschichte sein Lenkrad fest umklammert hielt.

»Das Leid anderer scheint dir ja richtig Vergnügen zu machen.«

»Wessen Leid meinst du? Deines oder seines? In der Firma weiß doch jeder, dass du niemals zur Polizei gehen würdest. Wer stehlen will, weiß genau, was er riskiert. Wenn man erwischt wird, zahlt man eben zurück.« Samir glitt aus seiner Parklücke heraus und streckte dem Parkwächter ein paar Pfundnoten hin. »Ein Dieb sollte bestraft werden, aber ihn der Ungerechtigkeit unseres Justizsystems auszuliefern bedeutet, sein Leben zu ruinieren«, fügte ich hinzu.

»Wer stiehlt, ist ein Schwächling und hat nichts Besseres verdient. Deine Schuldgefühle kommen von dem Geld, das du hast und er nicht«, erklärte Samir. Wir waren auf dem Weg zur Sun City Mall, unserem neuesten Standort und dem ersten in einem Einkaufszentrum. Der Eröffnung unserer früheren Standorte gingen in der Regel monatelange, um nicht zu sagen jahrelange Diskussionen und Erörterungen voraus – über das Stadtviertel und die Kosten, über Diwan als Marke, die Ziele und die Verantwortlichkeiten. Aber jetzt hatten wir uns einer einzigen Devise verschrieben – wir wollten größer werden (und auf keinen Fall einpacken müssen) –, sodass wir die Dinge nicht mehr in aller Ausführlichkeit durchdachten, ohne dabei zu vergessen, was auf dem Spiel stand. Malls würden, ob es uns gefiel oder nicht, die Zukunft sein, und Diwan musste dabei sein. Vor allem mussten wir zunächst einmal über die Runden kommen. Aber auch davon waren wir weit entfernt. Wir hangelten uns von Strohhalm zu Strohhalm und setzten darauf, dass der nächste Laden die immer bedrohlicher werdende Lücke schließen würde.

Wir fuhren über die Brücke des 6. Oktober, eine Hochstraße, und von den Dächern links und rechts war vor lauter Satellitenschüsseln, Klimakompressoren und losen Kabeln kaum noch etwas zu sehen. Der Name dieser Brücke erinnert an den Tag des Ausbruchs des Jom-Kippur-Krieges 1973, als die ägyptische Armee in den israelisch besetzten Sinai einfiel. Eigentlich war die Brücke so konzipiert, dass die Leute auf dem Weg zur Arbeit in den Genuss einer wunderbaren Aussicht auf die Sehenswürdigkeiten Kairos kommen sollten: den Cairo Tower, den Nil, das Maspero Television Building (benannt nach dem französischen Ägyptologen Gaston Maspero), das Ägyptische Museum und den Kairoer Bahnhof. Tatsächlich schauten wir in die neben der Autobahn stehenden Häuser und Büros hinein und sahen den Menschen, die wohl eher nicht von einer lauten Brücke als neuer Nachbarin geträumt hatten, beim Abwasch und der Arbeit zu. Die Augusthitze kam mir gerade recht, denn sie bewog die Kairoer, in Massen zu den kristallklaren Gewässern des Mittelmeers im Norden aufzubrechen, was mir erlaubte, zügig durch die vergleichsweise leeren Straßen zu kommen. Und das Wetter machte mir nichts aus. Viele mochten unter der unerbittlich sengenden Sonne stöhnen, mich besänftigte sie. Samir hatte offensichtlich meine Gedanken erlauscht. »Wann fährst du eigentlich ans Meer hoch? Ich halte diese Hitze nicht mehr lange aus«, sagte er und drehte die Klimaanlage auf.

»Wenn ich mit dem fertig bin, was ich tun muss«, antwortete ich und kurbelte mein Fenster herunter.

»Wenn die Mädchen größer sind, werden sie sich nicht mehr so einfach abspeisen lassen.« Er schaltete die Klimaanlage wieder aus. »Haben sie vielleicht kein Recht darauf, das Meer zu riechen und am Strand eine *Fresca* zu genießen? Du kannst sie nicht den ganzen Sommer über in der Wohnung einsperren, nur weil du meinst, arbeiten zu müssen.«

Samir fuhr *Masri*-mäßig: Wer zwei Fahrspuren blockiert, wird nicht dauernd überholt, und wer hin und wieder hupt, nicht so leicht übersehen. Ich bat ihn, sich für eine Spur zu entscheiden. »Gerne, sobald du dich auf den Buchverkauf konzentrierst und mir das Fahren überlässt«, entgegnete er. So durchmaßen wir zügig die zwanzig Kilometer lange Hochstraße und überquerten die ehemalige Straßenbahnlinie, um schließlich in die Salah-Salem-Straße einzubiegen. Über der Stadt, die jetzt hinter uns lag, lasteten graue Wolken.

»Die Frau vom Besitzer des Baehler-Palais schmeißt den Krimskramsladen ein paar Türen weiter raus. Der Mietvertrag läuft in einem Monat aus, und sie können die neue Miete nicht zahlen. Wäre das nicht eine Gelegenheit für Diwan?« Ich antwortete nicht. »Der Schuhputzer, der bisher in das Gebäude kam, hat sich gerade zur Ruhe gesetzt und übergibt seinem Neffen das Revier. Du solltest ihn ausprobieren.«

»Ich habe keinen Bedarf an Schuhen, die glänzen.«

»Ja, aber so was kann sich von heute auf morgen ändern«, witzelte Samir, der unverbesserliche Optimist. Obwohl ich zu den wenigen Frauen gehörte, denen er zutraute, auch ohne Mann Überlebenschancen zu haben, glaubte er, mich ständig daran erinnern zu müssen, dass er für eine möglichst kurze Zwischenzeit zwischen Nummer eins und Nummer zwei (von der ich zum Zeitpunkt dieses Gesprächs noch gar nichts ahnte) plädierte. Wenn Samir einmal ein Thema angeschnitten hatte, blieb er unbeirrbar dran wie ein Schneider, der den Linien seines Schnittmusters folgt. »Er wird sich einen Teilzeitjob suchen. Könntest du ihn nicht als Nachtwache für den Laden in Zamalek einstellen? Ich habe gehört, dass *'am* Abdus Frau will, dass er kündigt, weil sie es satthat, dass er sich die ganze Nacht rumtreibt.« Samir gluckste.

»Geschäft ist Geschäft, und privat ist privat. Das solltest auch du dir hinter die Ohren schreiben.« Ich machte das Radio an, in der Hoffnung, damit Samirs Elan zu stoppen, mich mit seinen Immobilien- und Mitarbeiterempfehlungen zu nerven. Ich wollte einfach mein privates und mein geschäftliches Leben nicht miteinander vermengen. Aber angesichts der in Kairo allgegenwärtigen Vetternwirtschaft war der Versuch, diese Welten zu trennen, aussichtslos. Hind hatte sich damit abgefunden und störte sich nicht groß an dieser Auflösung der Grenzen. Zum Beispiel hatte es Abbas, ihr persönlicher Fahrer, gleich am Anfang geschafft, vier seiner Cousins bei Diwan einzuschleusen. Und im Laufe der Jahre kamen ständig welche dazu. Abbas ist noch immer Hinds Fahrer und genießt das uneingeschränkte Vertrauen unserer Kinder. Samir und ich gehen dagegen schon seit ein paar Jahren getrennte Wege.

Der International Airport von Kairo tauchte in der Wüste zu unserer Linken auf. Samir steuerte den Wagen die al-Nasr-Straße hinunter. Gleich wären wir da. Wir waren jetzt am Rande des Kairo, das ich kannte. Jenseits dieser Grenze war Kairo eine Stadt, in der ich noch nie war. Und in dem Maße, wie sich mein bescheidener Orientierungssinn im Labyrinth der ineinander verschlungenen Hochstraßen, Autobahnen und Ringstraßen verhedderte, genoss es Samir, der um seine Unentbehrlichkeit wusste, mich regelmäßig über seine taktischen Entscheidungen zu informieren, die mich unfehlbar ans Ziel bringen würden. Ich schaute in die endlose Weite der Wüste hinaus und wusste: Nicht mehr lange, dann würde nichts mehr so sein, wie es gerade war. Ich hasste diese Gefräßigkeit der Stadt, die die Sanddünen verschlang und die Wüste unter geschlossenen Wohnanlagen und luxuriösen Hochzeitstortenhäusern begrub. Dann zogen auf einmal massenhaft graue Platten an uns vorüber: im Bau befindliche, von der Regierung finanzierte und für Familien mit bescheidenen Einkommen gedachte Betonwaben. Die Grünflächen waren nicht grün, sondern braun und ausgedörrt. Die Wüste hatte wohl noch nicht klein beigegeben. Kairo funktionierte im Überlebensmodus, und das schon seit Jahrzehnten. Mubarak und seinem Ministerkarussell war es nicht gelungen, Pläne zu machen oder sie einzuhalten. Sie hatten einen Hang zur Hässlichkeit, sowohl moralisch als auch ästhetisch.

Fast immer waren es Malls, die ins Fadenkreuz der Kritik gerieten. Wenn sich die wohlhabenden Schichten Kairos in neu gestaltete Vororte verabschiedeten, entstanden Einkaufszentren, die die Versorgung der Neuankömmlinge sicherstellten. Die laute Werbung des kostengünstig funktionierenden Carrefour-Einkaufszentrums mit seinen endlosen Regalen voll identischer Produkte erdrückte die stille Würde der kleinen familiengeführten Läden und Stände. Flaniermeilen verloren an Bedeutung. Noch einschneidender war, dass der Gemeinschaftssinn, den diese Straßen einst stifteten, verloren ging. Was für eine Art von Bezug würden die ganz Jungen, die in geschlossenen Anwesen und Wohnanlagen aufwuchsen, zu ihrer Umgebung haben? Ich kann mir nicht vorstellen, dass sich hinter solch hohen Mauern so etwas wie staatsbürgerliche Verantwortung und Zugehörigkeit entwickeln kann. Ich weiß noch, wie gerne Hind und ich als Kinder unsere Eltern zu den ganzen Geschäften und Buden in der Straße des 26. Juli in Zamalek begleiteten. Und man konnte erleben, wie aus unscheinbaren gemeinsamen Tätigkeiten tiefe Verbundenheit entstand. Verkäufer und Kunden mussten sich nicht kennen, um sich zu verstehen.

Die Straße des 26. Juli – ich brauche nur die Augen zu schließen, um sie vor mir zu sehen. An der Straßenecke auf dem holprigen Bürgersteig hatte Magdy seinen Kiosk. Er verkaufte lokale und ausländische Zeitungen und Zeitschriften, die mit Wäscheklammern festgemacht waren. Vormittags sah man Magdy immer in nur halb in die Hose gestopftem kariertem Hemd mit dem Fahrrad die Zeitungen ausliefern. Er ging davon aus, dass er nicht bestohlen würde, solange er seinen Stand unbeaufsichtigt ließ. Und es kam ihm tatsächlich auch nie etwas weg. Dafür hauten ihn die Leute der staatseigenen Al-Ahram Distribution Agency, die das Monopol auf die Lieferung und Verteilung aller Zeitschriften und Zeitungen hatte, übers Ohr, indem sie die Rückgabedaten fälschten. Magdy versuchte sich schadlos zu halten, indem er die Verluste auf seine Kundinnen umlegte. Wenn meine Mutter ihn dann fragte, woher die Schwankungen der Monatsrechnungen kamen, kratzte er sich mit seinem langen – tadellos gepflegten – Zeigefinger nachdenklich hinter dem Ohr und konnte und wollte nicht ausschließen, dass dies der Wille der Regierung, wenn nicht gar Gottes sei. Meine Mutter fand das unerhört und drohte, bevor sie widerwillig zahlte, woanders hinzugehen, wenn das noch einmal vorkäme. Und so ging das an jedem Monatsende.

Neben Magdys Stand hatte sich eine stolze *Fellaha* namens Umm Hanafi niedergelassen. Ihre Zähne waren mit Perlen besetzt, und ihr Rücken war so gerade wie eine Palme. Sie war immer in eine makellose schwarze *Galabiya* gehüllt und trug ein geblümtes Kopftuch, das hinter die Ohren gesteckt und im Nacken gebunden war. An ihren Ohrläppchen baumelten runde Ohrringe. Drei grüne, parallel verlaufende Linien an ihrem Kinn deuteten auf eine beduinische Herkunft hin. Es kam auch mal vor, dass sie einem Baby die Brust gab. Jeden Morgen nahm sie, einen Weidenkorb auf dem Kopf balancierend, den kilometerlangen Marsch nach Zamalek auf sich, um Dutzende Laibe frisch gebackenen *Baladi*-Fladenbrots zu verkaufen. Meine Mutter bestand darauf, dass wir unser Brot bei ihr kauften und nicht bei dem staatlich subventionierten Bäcker am Ende der Straße.

Nicht wegzudenken ist auch Madbouli, der dicke Obst- und Gemüsehändler, der sich immer in seinen Plastiksessel fläzte, wenn ihm die Kundschaft zwischendrin mal etwas Ruhe gönnte. Mein Vater kaufte Obst und Gemüse bei ihm und stritt mit ihm ständig über deren Qualität. Und meine Mutter verdrehte jedes Mal die Augen, wenn sie von seinen Preisen hörte. Jahre später, als ich für meinen eigenen Haushalt einkaufte, zeigte ich mich wählerisch und prüfte die Mangos auf Duft und Festigkeit, bevor ich die ein oder andere aus dem imposanten Stapel vor seinem Laden fischte. Zur Vergeltung bekam ich von ihm immer noch ein paar überreife Früchte gratis dazu. Madbouli trug auch nicht mehr seine *Galabiya*, sondern Hosen und Hemden, die seine Korpulenz unterstrichen. Diese Läden und ihre Besitzer waren ein wichtiger Teil meiner Kindheit, und in gewisser Weise begleiten sie mich noch immer. Magdy hat mittlerweile ein paar Zähne weniger, dafür aber einen Lehrling, der durch die Straßen von Zamalek radelt und

Zeitungen verteilt. Umm Hanafis Platz auf dem Bürgersteig ist inzwischen verwaist. Madbouli konnte auf die Unterstützung seiner Großfamilie zählen, um den Laden weiter zu betreiben. Und dort, wo die Bäckerei war, hat sich ein Handyladen eingenistet.

Schon dass der Niedergang der Hauptstraße und der Aufstieg des Einkaufszentrums gleichzeitig stattfanden, hätte eigentlich einen Aufschrei der Empörung auslösen müssen. Es hätte der Anstoß dazu sein können, die Verkehrs- und Stadtplanung zu überdenken und zu überlegen, welche Erwartungen an den öffentlichen Raum geknüpft werden. Stattdessen sind die Ägypter schicksalsergeben dem Ruf der Mall gefolgt. Und was gab es da ja auch nicht alles: Renaissance Cinemas, die Kinokette, und Starbucks, McDonalds, Zara, Mango, Eislaufbahnen und und und. Während der öffentliche Raum verkümmerte, konnten die Einkaufszentren mit noblen privatisierten Plätzen, Parks und Promenaden prunken. Ganze Familien genossen das schicke klimatisierte Ambiente und schüttelten den Kopf angesichts der Preise all der importierten Waren, die sie sich nicht leisten konnten. Unverheiratete Paare genossen den Ort, weil sie hier ungestört Händchen halten, sich die Nasen an den Schaufenstern platt drücken und an einer billigen Limonade schlürfen konnten. Öffentliche Toiletten wurden regelmäßig gereinigt und mit Seife und Toilettenpapier bestückt, was es in Kairo sonst nirgends gab. Man ließ sich von Luxus und Komfort blenden und wollte nicht daran denken, was dabei auf der Strecke bleibt. Für das Schwätzchen beim Einkauf fehlt die Zeit, und der Ort, wo wir wohnen, ist weder der, an dem wir arbeiten, noch der, wo wir einkaufen. In der Mall gibt es nichts, was es nicht gibt –

aber es gibt auch nichts, an das sich später einmal jemand erinnern würde. Ihre Künstlichkeit ist so perfekt, dass sie schon wieder abstößt.

* * *

Bei der Sun City Mall angekommen stieg ich aus und bat Samir, auf dem Parkplatz auf mich zu warten. Hätte ich ihn mitgenommen, hätte er sich im neuen Diwan umgeschaut und es sich nicht nehmen lassen, mir mit Rat und Tadel auf die Nerven zu gehen. Und danach war mir gerade eher nicht zumute. Behutsam wie auf brüchigem Eis bewegte ich mich über den frisch polierten Marmorboden, um ja nicht auszurutschen. Die Luft war klar, die Palmen künstlich, und von der Trompe-l'œil-Kuppel über der geschwungenen Treppe lachte die Illusion eines blauen Himmels herunter. Gegenüber dem Kinoeingang entdeckte ich das vertraute Logo von Diwan. Ich schritt die Schaufensterfassade ab, hielt Ausschau nach Kratzern auf dem Glas und begutachtete die arabischen und englischen Bücher in der Auslage. Drinnen sah ich Nihal, den neuen Filialleiter, die Kassierer, die Kundenbetreuer sowie das Café- und Wartungspersonal letzte Hand anlegen. Ich wischte meine Zweifel beiseite und drückte den langen, verchromten Türgriff auf, den wir auch in Zamalek hatten. Der Raum war erfüllt vom Geruch nach Aufbruch wie ein neues Auto: Die Regale waren perfekt bestückt, die Bücher auf den Tischen sauber ausgerichtet, und die Ladenkassen glänzten mit den Gesichtern der Mitarbeiterinnen um die Wette.

Während Nihals freundliche Augen das Lampenfieber der neuen Mitarbeiter linderten, ließen ihre Worte keinen

Zweifel an der ihr eigenen ebenso sanften wie kompromisslosen Menschenführung aufkommen. Nihal wies auf den Tisch neben ihr, auf dem ein Stapel zusammengelegter und einzeln in Plastikhüllen steckender Kleidungsstücke lag, und verkündete: »Während Ihrer Arbeit im Diwan-Buchladen wird das hier Ihr Outfit sein. Und ich erwarte von Ihnen, dass Sie unserem Verhaltenskodex entsprechend handeln. Ach, und übrigens, die Uniformen sind alle gleich, also unabhängig vom Rang« – was der Manager mit einer in Falten gelegten Stirn und die Wartungsleute mit dem Anflug eines Lächelns quittierten. »Ihre Position steht auf Ihrem Namensschild.« Kurz wurde gemurmelt, dann fuhr Nihal fort: »Die Hosentaschen sind zugenäht. So wird niemand in Versuchung geführt und niemand in Verdacht geraten. Ihre eigenen Sachen können Sie in den Spinden lassen, wenn Sie sich bei Schichtbeginn umziehen.«

Die überwiegende Mehrheit der Mitarbeiterinnen lebte in den bereits erwähnten 'Ashwa'iyat, den planlosen Siedlungen am Rande der Stadt. Sie entstanden dadurch, dass einzelne Bürger unter Missachtung der gesetzlichen Vorschriften landwirtschaftliche Flächen in Besitz nahmen, um darauf nicht genehmigte Unterkünfte zu bauen. Was die Regierung zu der Retourkutsche veranlasste, diesen Gebieten lebenswichtige Versorgungseinrichtungen, wie zum Beispiel Elektrizität, zu verweigern. Woraufhin die in die Enge getriebenen Bauherren den Strom in der Siedlung nebenan abzwackten oder ihn mithilfe von Generatoren produzierten. Nachdem einige Zeit verstrichen war und die Strukturen sich stabilisiert hatten, kam die Regierung nicht umhin, sich mit den neuen Gegebenheiten abzufinden. Die Bewohner und die Verwaltung machten sich gemeinsam daran, die Slums mit einem speziellen Status auszustatten: nicht vollständig anerkannt und ohne Infrastruktur, aber unter Vorbehalt geduldet. Hier leben nun dicht gedrängt und unter unwürdigen Bedingungen Millionen von Menschen an der Grenze der Armut und am Rande der Stadt. »Reinlichkeit hat viel mit dem Glauben gemein«, fuhr Nihal fort. Die Männer nickten zustimmend. »Wir alle wissen, wie heiß es wird, wie überfüllt die Busse sind und wie zäh der Verkehr fließt. Wenn man dann hier ankommt, um seine Schicht zu beginnen, hat man das Gefühl, schon einen Marathon hinter sich zu haben. Diwan ist unsere Oase, wir haben einen bestimmten Stil bei dem, was wir tun, und wir halten uns an unsere Verhaltensregeln, unabhängig davon, wie man das außerhalb sieht.« Während ich mir Nihals Ansprache, die mir so vertraut war, zusammen mit den anderen anhörte, empfand ich so etwas wie Geborgenheit. Unsere Blicke trafen sich. »Auf ein paar Punkte aus unserem Mitarbeiterhandbuch möchte ich besonders eingehen«, sagte sie. Sie zog eine Nagelschere aus ihrer Handtasche. »Lange Fingernägel werden bei Diwan nicht geduldet, sie passen nicht zu unserem Image – vor allem nicht die der kleinen Finger.« Ich hörte den ein oder anderen leise, aber unwillig brummen. Die meisten Männer, die im Dienstleistungssektor arbeiteten, versuchten sich von den körperlich Arbeitenden dadurch abzusetzen, dass sie sich die Nägel des kleinen Fingers wachsen ließen. So jemand musste keine Arbeiten von Hand verrichten. Scharrende Füße waren zu vernehmen. Nihal witterte Widerstand. »Sie repräsentieren Diwan. Wir tun Dinge auf unsere Weise. Wir lernen voneinander. Wir wollen zu nichts zwingen, aber wir haben Prinzipien.« Sie wirkte jetzt fast wie eine Mutter, die ihre Kinder eindringlich ermahnt. Die Nagelschere machte zwischen den Männern die Runde. Und während es im Hintergrund immer wieder leise knackte, trug Nihal ihre übrigen Forderungen vor.

Das Stichwort für meinen Auftritt kam näher. Für den letzten Akt der Vergatterung hatte Nihal mich vorgesehen. Ihr Monolog endete damit, dass sie die Aufmerksamkeit der Männer auf mich lenkte. Ich räusperte mich und versuchte, in aller Kürze meine Rolle zu skizzieren: »Mein Name ist Nadia, ich bin Nihals Partnerin, und ich bin für die Finanzen, das Marketing und den Einkauf englischer Bücher zuständig. Und ich bin stolz darauf, Teil der Diwan-Familie zu sein.«

Dann wurde ich grundsätzlicher: »Der Islam lehrt uns, dass die Arbeit eine der reinsten Formen der Gottesverehrung ist. Aber für das Gebet gibt es geeignetere Orte als unsere Räumlichkeiten. Wer beten möchte, soll sich in eine Moschee begeben. Aber denken Sie auch daran, dass die im Gebet verbrachte Zeit von Ihren Pausen abgezogen wird. Bezahlt werden Sie für die Zeit und die Mühe, die Sie im Dienste der Firma aufwenden. Sie anderweitig zu verwenden hieße, den zu bestehlen, der Sie ernährt. Und Diebstahl ist, wie Sie wissen, ein Straftatbestand, der vor Gericht landet.« Meine Rede war zu Ende, und es folgte tiefes Schweigen. Etwas unschlüssig schwenkten die Augen der Männer wieder zu Nihal zurück.

Sie lächelte und sagte: »Willkommen in der Familie.«

KAPITEL 8

Selbsthilfe

Nicht alle Bücher sind gleich – aber manche sind gleicher. Obwohl bei Diwan keine Rubrik so schnell wuchs wie die Selbsthilfebücher, habe ich selbst nie ein solches Buch gelesen. Ich fühlte mich immer von einer Literatur angezogen, die den Leser auf eine Weise herausfordert, dass sie seine Selbsterkenntnis und Weltsicht zu vertiefen vermag. Ratgeberbücher gehen den entgegengesetzten Weg: Sie sind oberflächlich, sie verallgemeinern und sie geben Anweisungen. Jedenfalls dachte ich damals so.

Bevor Hind und ich Nihal begegnet sind und wir drei Diwan eröffnet haben, hatte ich noch nie einen Ratgeber in die Hand genommen, geschweige denn gelesen.

»Wenn du mir versprichst, mich nie mehr mit diesem Schwachsinn zu behelligen, will ich dich fortan verehren, als hätte dich der Himmel geschickt.« Mit einer unwilligen Geste gab ich Nihal das Exemplar von James Redfields *Prophezeiungen von Celestine* zurück, das sie mir gerade in die Hand gedrückt hatte.

»Woher willst du wissen, dass es Schwachsinn ist, wenn du noch nicht mal einen Blick reingeworfen hast?«, antwortete sie mit einem schiefen Lächeln.

»Dazu brauch ich es nicht aufzuschlagen, das kann man schon von außen riechen.«

»Klar, aber nur, wenn man so hochnäsig ist wie du.«

»Ach ja? Und du meinst, je weiter man sich herablässt, desto mehr ist man dem Zeitgeist auf der Spur.«

»Womit ernährst du deine Seele?«, erwiderte Nihal, und in ihrer Stimme schwang Mitleid.

»Mit harter Arbeit.«

»Bei mir gibt's heute Salat – mit Spinat, Äpfeln, Rosinen und einem Curry-Dressing. Was hältst du davon?«, sagte Nihal fröhlich und reichte mir die Schüssel.

»Na ja, eigentlich bin ich ja auf Diät.« Meine strengen Vorsätze wankten bedrohlich angesichts des Salats, der mich anlachte.

»Diät ist ein Denkfehler. Der Teufel steckt im Jojo-Effekt.«

»Kann es sein, dass du deine Ratgeber schon auswendig lernst?« Ich wusste, dass ich eine bissige Zicke war. Nihal glaubte nicht nur an das Gute im Menschen, sondern auch an die Heilkraft von jedem Humbug. Erlösendes suchte sie in homöopathischen Fläschchen, in kryptischen Worten auf Engelskärtchen, in den unerschöpflichen Tiefen der vielen Selbsthilfebücher, über deren Bevorratung bei Diwan sie mit Argusaugen wachte. Es hatte sich bei uns eingebürgert, dass Nihal zunächst voller Inbrunst den Erwerb irgendeines neuen Ratgeberbuches für die Läden empfahl und ich mich dann darüber lustig machte. Weder *Die Macht des positiven Denkens* noch *Jetzt* oder *Das Robbins-Power-Prinzip*, *Heile dein Leben*, *Der wunderbare Weg*, ja nicht einmal *Hühnersuppe für die Seele* blieb von meinem Spott verschont. In regelmäßigen Abständen hakte sie dann nach, wie es um die Bestellung stünde. Irgendwann knickte ich ein und bestellte. Und schließlich gingen die Bücher dann auch weg wie warme Falafeln. Wenigstens war Nihal so taktvoll, mir ihren Triumph nie direkt unter die Nase zu reiben.

»Besorg doch auch noch die anderen Titel dieser Autorinnen. Ihre Leserinnen sind sehr treu, aber auch ein bisschen ungeduldig«, mahnte sie stattdessen in aller Unschuld.

»Eines musst du mir jetzt aber doch noch erklären: Warum kaufen die Leute die neuen Bücher, obwohl ihre Probleme doch eigentlich gelöst sein müssten? Oder haben etwa die Bücher nicht gehalten, was sie versprachen?«

»Die wirklich Wissbegierigen wollen immer weiterlernen. Sie wissen, jedes Problem hat viele Aspekte, und es kann nicht schaden, sich ihm aus verschiedenen Blickwinkeln zu nähern.«

»Aber den Aspekt, dass diese Bücher auch ein Schwindel sein könnten und auf den Placebo-Effekt setzen, scheinen sie nicht auf dem Schirm zu haben.«

»Vielleicht hast du recht. Aber ich weiß, dass ich sie mag. Warum du sie so hasst, weiß ich wiederum nicht.«

★ ★ ★

Eines von Nihals größten Talenten besteht darin, mit leichter Hand an wunde Punkte zu rühren. Ihre letzte Äußerung, die ich eher als Vorwurf verstand, ging mir nicht aus dem Kopf. Unsere Läden in Zamalek, Heliopolis, Maadi, Mohandissin, der Bibliothek von Alexandria und sogar im neu eröffneten Einkaufszentrum Sun City waren wahre Pilgerstätten der Ratsuchenden und Hilflosen geworden, was natürlich Wasser auf Nihals argumentative Gebetsmühle war. Nur am Diwan im Duty-Free-Einkaufsbereich des Kai-

roer Flughafens brauste die Selbsthilfewelle vorbei. Das aber
nur deshalb, weil er hauptsächlich aus »Egypt Essentials«-
Büchern bestand, die sich an Reisende und nicht an Rat-
suchende richteten. Egal wie sehr wir diese Rubriken aus-
bauten oder in Unterrubriken für Beziehungen, Diäten,
persönliches Wachstum, Heilkräfte und Spiritualität glie-
derten, unser Angebot blieb immer hinter der Nachfrage
zurück. Für jeden neuen Titel und jede neue Serie hatte
Nihal ein wissendes Lächeln übrig. Hind mischte sich nicht
ein, sondern suchte stattdessen still und leise nach irgendwelchen arabischen Übersetzungen.

Angesichts der durch die Decke gehenden Verkaufszahlen konnte ich irgendwann nicht umhin, mich zum einen
meiner Abneigung gegen dieses Genre zu stellen und mich
zum anderen darum zu bemühen zu verstehen, wonach
meine Kunden suchten. Ich war zunächst davon ausgegangen, dass ich aus einer Art Snobismus heraus auf diese Ratgeber herunterschaute und ihnen jeden literarischen Rang
absprach. Aber ich war einfach so voreingenommen, dass
ich nicht nachvollziehen konnte, was andere in diesen Tex-
ten sahen. Früher urteilte ich nicht annähernd so katego-
risch. Ich weiß noch, wie ich zu sagen pflegte: »Es ist mir
egal, was du liest, wichtig ist, dass du überhaupt liest.« Jetzt
war mir das alles andere als egal.

Ich begann, mich mit den Anfängen der Selbsthilfe-
texte zu beschäftigen. Samuel Smiles, ein heute weitgehend vergessener Autor, könnte man als den Ahnherrn
des modernen Genres ansehen. Seine Geschichtensamm-
lung *Selbsthilfe*, die er (passenderweise) auch im Selbstverlag
veröffentlicht hat, enthält Biografien von hart arbeitenden
Männern – Frauen kommen darin nicht vor –, die über alle

widrigen Umstände triumphieren. Diese Sammlung wurde 1859 veröffentlicht, also in dem Jahr, in dem auch Charles Darwins epochemachendes Werk *Über die Entstehung der Arten* erschien. Und Smiles' Buch verkaufte sich, mit Ausnahme der Bibel, besser als jedes andere. Smiles erlangte Berühmtheit, wurde eine Art Guru des Antimaterialismus und, Ironie der Geschichte, Vater einer Multi-Milliarden-Dollar-Industrie.

Schnell kristallisierte sich heraus, dass das Genre weit hinter Smiles zurückreicht und – wer hätte es nicht geahnt – auf die alten Ägypter zurückgeht. *Sebayt*, was wörtlich übersetzt so viel wie »Unterweisung« oder »Lehre« bedeutet, war ein Genre der pharaonischen Weisheitsliteratur. Und zu diesem Genre gehören »Die Lehren des Ptahhotep«. Diese zwischen 2800 und 2375 v. Chr. verfasste und erst Mitte des achtzehnten Jahrhunderts entdeckte Komposition gilt vielen als das erste Selbsthilfebuch. Als Ptahhotep, Wesir zur Zeit der Herrschaft von König Isesi über Ober- und Unterägypten, dem vorletzten Herrscher der Fünften Dynastie, alt geworden war und sein Amt an seinen Sohn übergeben wollte, stimmte der König, der den Wunsch seines treuen Untertans nicht abschlagen wollte, diesem Ansinnen unter der Bedingung zu, dass der alte Wesir seine Weisheit an seinen unerfahrenen Sohn weitergab. Ptahhotep schrieb seine Lehren in Form eines Briefes, in dem er Themen wie Verschwiegenheit und Ehrlichkeit, die Wahl des richtigen Zeitpunkts und das menschliche Miteinander erörterte. Seine Regeln wurden von Schreibern kopiert und fanden weite Verbreitung. Sie begründeten dieses aufkeimende Genre, das die Leser anleitete, im Einklang mit den von der altägyptischen Göttin *Maat* verkörperten Prinzipien zu leben, die über die Sterne und Jahreszeiten herrschten, die ebenso das Maß für das Handeln der Sterblichen wie der Gottheiten waren und zu denen Wahrheit, Ordnung, Harmonie, Gesetz, Moral und Gerechtigkeit zählten – womit wir wieder bei Nihal wären. In den *Sebayts* die Vorläufer der Ratgeberliteratur vermutend habe ich mich nach gesammelten *Sebayts* umgetan, um sie in die »Egypt Essentials« aufzunehmen.

Die »Egypt Essentials« hatten wir so konzipiert, dass sie unser Land aus wenigstens dreizehn Perspektiven zeigten. Was die Ratgeberliteratur betraf, hegte ich die Hoffnung, dass die altehrwürdige philosophische Abstammung ihr Image des Selbstoptimierungswahns etwas in den Hintergrund rücken würde. Und dass, wenn in der allgemeinen Wahrnehmung die Weitergabe von Weisheit und hehren Idealen im Vordergrund stünde, einerseits die Leserinnen bei ihrer Sinnsuche echte Unterstützung erfahren würden und andererseits die Überschwemmung des Marktes mit billigem Machwerk aus Fernsehadaptionen, albernen Spin-offs und seelenlosen Franchisen eingedämmt werden könnte, die das Selbsthilfegenre erstickten.

Die Lehre vom richtigen Leben scheint ein zentrales Anliegen der meisten Zivilisationen gewesen zu sein, sobald die Menschen nicht mehr nur vom Kampf gegen Eiszeiten und wilde Tiere in Beschlag genommen wurden. Antike griechische Texte wiesen mit klugen Gedanken, mit Meditationen und Maximen den Weg zur *eudaimonia*, zum glücklichen Leben. Vom fünften Jahrhundert v. Chr. bis zum Ende der hellenistischen Zeit kreiste die griechische Philosophie um die Frage, wie der Einzelne sich persönlich verbessern und damit sein Leben wertvoller machen könnte. Für Platon bedarf das Glück des Einzelnen der Ordnung der Gemeinschaft, die sich dem Gemeinwohl zu verschreiben hat. Für Sokrates führt der Weg zum Glück nur über die Selbsterkenntnis, und für Aristoteles liegt der Schlüssel zum Glück in einem tugendhaften Leben. Auch Zenon von Kition, der Begründer des Stoizismus, vertritt die Ansicht, dass der Mensch nach einem tugendhaften Leben streben, sich nicht von seinen Begierden beherrschen lassen und den Wechselfällen des Lebens gelassen, eben in stoischer Haltung begegnen soll. Ob Lichtgestalt oder Banause, ob Weltverbesserer oder Selbstoptimierer – den Menschen ging es, kaum war der Kampf ums Überleben etwas abgeflaut, zuallererst darum, erfolgreich und glücklich zu sein und immer besser zu werden. Das Selbsthilfegenre als eine Fortsetzung dieses allgemein menschlichen Strebens zu betrachten half mir, meine Abneigung dagegen etwas abzumildern.

In den Geschichten aus der Gattung der Fürstenspiegel, inspiriert von den Schriften des antiken griechischen Feldherrn und Politikers Xenophon, werden die Leser darüber belehrt, welchen Taten berühmter Könige und Fürsten sie nacheifern und welche sie vermeiden sollten. Mit der Erfindung des Buchdrucks fanden diese Texte große Verbreitung. Mit Giovanni Della Casas *Traktat der guten Sitten* (1513) und Baldassare Castigliones *Buch vom Hofmann* (1528) begann die Ära der Schriften zu Lebenskunst und *savoir vivre*, die den Menschen sagten, wie sie sich verhalten sollten. Machiavellis berühmtes, oft missverstandenes, oft verteufeltes politikphilosophisches Traktat aus der gleichen Zeit, *Der Fürst*, verkauft sich bis heute sehr gut bei Diwan, wo es in der Philosophie-Abteilung steht. Sun Tzus *Kunst des Krieges*, die um 500 v. Chr. entstandene und äußerst berühmte strategische Abhandlung, wurde zu einem Bestseller unter unseren Wirtschaftsbüchern. Ich habe mich immer gefragt, was es ist, das bestimmte Bücher zu einer besonderen Zeit in dieser oder jener Ecke der Welt so populär macht. Ich habe gelesen, dass Mark Aurels *Selbstbetrachtungen* im gegenwärtigen China eine beträchtliche Leserschaft haben. Die von diesen Büchern in Aussicht gestellte eigene Wirkmächtigkeit übt wohl auf Menschen, die sich hilflos fühlen, sei es politisch oder persönlich, eine große Anziehungskraft aus. Die Römer der Antike verfassten eigene Ratgeber für alle möglichen Lebenslagen. So schrieb Cicero, der den Römern die Gedanken der griechischen Philosophie vermittelte und einer der produktivsten Autoren zur Zeit Julius Caesars war, unter anderem über die Freundschaft, *De amicitia*, über das Alter, *De senectute*, und über die Pflicht, *De officiis*. Diese Schriften enthielten Ratschläge, wie man als Römer am besten durch die verschiedenen Phasen und Situationen seines Lebens kommt. Diese Themen sind heute noch so drängend wie damals. Ich mache mir Gedanken um meine Freundschaften, meine Verantwortlichkeiten und um das Älterwerden und darum, was das für mich selbst und den Umgang mit anderen bedeutet. Offensichtlich geht es vielen Menschen genauso. Und deshalb kaufen sie Bücher, von denen sie sich Antworten auf ihre Fragen erhoffen.

Es stimmt schon, es gibt nichts Neues unter der Sonne, und zwischen den Buchdeckeln wahrscheinlich auch nicht. Ovids *Ars amatoria* (Liebeskunst) und *Remedia amoris* (Heilmittel gegen die Liebe) führen uns vor Augen, dass Beziehungen, Sex und Liebe das Leben der Menschen nicht erst seit gestern prägen. Die *Ars amatoria* ist ein aus drei Büchern bestehendes Lehrgedicht voller erotischer Empfehlungen. Die ersten beiden Bücher sind Männerbücher, in denen Ovid erklärt, wie Mann in Rom mit einer Frau anbandeln, dann ihre Liebe gewinnen und schließlich der romantischen Geschichte Dauer verleihen kann. Das dritte Buch ist eines für Frauen und erläutert das Ganze aus Frauenperspektive: einen Mann finden, seine Liebe gewinnen und ihn nicht verlieren. Um die Fragilität und Wechselfälle der weltlichen Dinge und menschlichen Gefühle wissend gibt Ovid seinen Lesern in *Remedia amoris* Hilfestellung, wie man Liebesaffären beenden und Liebesschmerz überwinden kann. Bereits zu Ovids Lebzeiten fanden seine Bücher enorme Beachtung, die dann auch jahrhundertelang nicht nachließ. Und bereits in dieser oberflächlichen historischen Skizzierung tauchen Verbindungen zwischen den *Sebayts* der alten Ägypter, den Gedanken der griechischen und römischen Philosophen und den Ratschlägen der modernen Selbsthilfebücher auf, über die ich mich immer so erhaben glaubte. Die eigentlichen Themen sind immer noch dieselben, geändert hat sich im Laufe der Zeit nur die Form ihrer Behandlung. Ich bin Buchhändlerin, und als solche muss ich bereit sein, auch von meinen Kundinnen zu lernen. Wenn mir als Literaturstudentin meine Vorurteile manchmal im Weg standen, pflegte meine Freundin Yasmin gerne zu sagen: »Wer immer denkt, was er schon glaubt, bleibt immer das, was er schon ist.«

* * *

»Lies mal die hier. Wenn du durch bist, müssen wir darüber reden«, befahl Nehaya, unsere Multimedia- und Schreibwareneinkäuferin und – ganz nach Diwan-Manier – Nihals jüngere Cousine.

»Was soll das denn sein? Seit wann machst du dir was aus Büchern?«, fragte ich.

»Tue ich ja gar nicht. Ich habe sie für dich gekauft. Du bist eine wandelnde Katastrophe und brauchst Hilfe«, sagte sie, legte zwei Bücher auf meinen Schreibtisch und verließ das Büro. Ich warf einen Blick auf die Titel: *The Rules* und *Warum die nettesten Männer die schrecklichsten Frauen haben … und die netten Frauen leer ausgehen.* Ich überflog die Klappentexte, dann die Inhaltsverzeichnisse. Klar, so ganz in meinem Element war ich natürlich nicht, aber mich deshalb gleich als eine Katastrophe zu bezeichnen, fand ich nicht sehr nett. Ich brauchte einfach Zeit. Die Scheidung von Nummer eins lag gerade mal ein Jahr zurück. Okay, es waren schon drei! Er war der letzte Mann, mit dem ich ausgegangen war – das war also noch vor der Erfindung des Handys gewesen. Seitdem hatte ich mich mit Haut und Haaren der Expansion Diwans verschrieben. Solange ich arbeitete, spürte ich mein gebrochenes Herz nicht und vergaß den Riss, den meine gescheiterte Ehe hinterlassen hatte. Ich hieß jetzt Mrs Diwan, träumte von Gewinnzonen und sah überall rot. Ich hatte mich um Marketingpläne, um Bestellungen und Bestände und um die Erziehung eines fünf- und eines siebenjährigen Kindes zu kümmern. In meinem Leben gab es für Rendezvous keinen Platz.

Doch vor Nehayas Hartnäckigkeit gab es kein Entkommen. In dieser Hinsicht kam sie ganz nach ihrer Cousine Nihal. Ihr Name bedeutet im Arabischen wörtlich übersetzt »Schluss«, was irgendwie gut zu ihrem Wesen passte, das eine ungeduldige Endgültigkeit an sich hatte. Sie war von

Natur aus angriffslustig, kannte keine Reue und konnte jeden in Grund und Boden reden. Sie hatte drahtiges braunes Haar, ein Nasenpiercing und einen bedrohlichen Blick, dem weder Lieferanten noch Kollegen standhalten konnten. Sie arbeitete effektiv wie eine Maschine, und nichts haute sie um.

Ein paar Tage später lud mich Nehaya abends zu einem, wie es schien, spontanen Drink ein.

»Erzähl mal, wie kommst du voran?« Offensichtlich ging sie davon aus, dass ich auch ohne Vorgeplänkel gleich verstehen würde, worauf sie hinauswollte – was ich, offen gestanden, auch tat.

»Ich hab mal drin herumgeblättert.«

»Herumblättern bringt nichts. Du musst die Bücher richtig lesen. Du musst befolgen, was drinsteht. Wenn du skeptisch und halbherzig rangehst, hat es keinen Sinn. Du musst dich darauf einlassen.«

»Du und Nihal, ihr seid mir vielleicht zwei so Basen!« Nehaya guckte unbeeindruckt. »Vom Letzten, der mir einen Ratgeber geschenkt hat, habe ich mich scheiden lassen.« Es ist schon irgendwie seltsam: Ich hatte nie eine große Affinität zu Selbsthilfebüchern, aber aus irgendeinem Grund werden sie mir immer wieder aufgedrängt. Ein paar Jahre vor dem Ende unserer Ehe kaufte mir Nummer eins den Ratgeber *Alles kein Problem* von Richard Carlson, weil er den Eindruck hatte, dass unsere Ehe dem Stress, den Diwan mit sich brachte, nicht gewachsen sein könnte. Zuerst war ich etwas gekränkt, las es dann aber doch. Und es funktionierte. Ich war wütend und fragte mich, warum ich bloß so ein Kontrollfreak geworden bin. Vor der grundsätzlichen Ungewissheit des Lebens hatte es mir schon immer gegraut.

Zu glauben, sie beherrschen zu können, ist höchstens eine beruhigende Illusion. Kontrolle kann einem das Gefühl geben, die Fäden in der Hand zu haben. Carlson argumentiert, dass der Perfektionismus, den Menschen mit übertriebenem Hang zum Kontrollieren an den Tag legen, ihr fragiles Ego kompensieren soll. Sie können es nicht ertragen, sich zu irren, kritisiert zu werden oder Schwäche zu zeigen. Dabei verlieren sie leicht das Augenmaß und messen allem – ob Wäschewaschen oder Steuererklärung, ob Beinbruch oder Rohrbruch – die gleiche Dringlichkeit zu. Jede Abweichung vom Plan wird zur persönlichen Niederlage. Carlson plädiert für einfache Veränderungen, wie zum Beispiel, nicht mehr als eine Sache auf einmal tun zu wollen. Er schlägt mentale Krücken vor, mit deren Hilfe man besser durch schwierige Situationen kommt, wie, sich einen Menschen, der nervt, als quengelndes Baby vorzustellen. Auch sein Rat, sich nicht über Kleinigkeiten den Kopf zu zerbrechen, hat bei mir immer dann gut funktioniert, wenn ich mir meiner Gedanken und Handlungen bewusst war. Aber – und Carlsons Buch und ich sind hier sicher kein Einzelfall – der gute Ratgeber verschwand im Schrank, und ich dachte nicht mehr daran, dass ich doch eigenlich achtsam sein wollte, und die Anleitung funktionierte nicht mehr. Aber sie hatte es lange genug getan, um mich von ihrer Wirksamkeit und meinem Potenzial zu überzeugen.

»Das Buch wird ja wohl kaum der Scheidungsgrund gewesen sein. Abgesehen davon, das Ganze ist ja schon ein Weilchen her«, sagte Nehaya, um mich aus dem Konzept zu bringen.

»Nehaya, ich bin Feministin. Ich kann nicht...«

»Ach, sei still! Was du nicht kannst, will doch niemand

wissen. Ich bin auch Feministin. Und weißt du was: Es gibt kein blödes Manifest, das dir verbietet, Bücher zu lesen, in denen steht, wie man sich einen Typen angelt.«

»Ich gehöre nicht zu den Frauen, die unbemannt aus der nächsten Kurve fliegen.«

»Das wollte ich damit auch nicht sagen. Aber alles ist im Wandel, die Dating-Trends ganz besonders. Wenn du dich auf dem Laufenden hältst, kannst du dir unliebsame Überraschungen ersparen.« Nehaya kam in Fahrt. »Diese Bücher haben mein Leben verändert. Meine schlechten Angewohnheiten habe ich mir abgewöhnt, und man findet mich jetzt allgemein charmant und nett.«

»Stimmt, jetzt, wo du's sagst. Aber ich bin doch ein viel schwierigerer Fall.«

»Stimmt auch. Aber indem du akzeptierst, wie du bist, fängst du an, dir selbst zu helfen.«

»Aber was ist, wenn sich das darbende Selbst vom hilfsbereiten Ich nicht mehr ansprechen lässt?« Vor Klärung dieser Frage ging ich unsere leeren Gläser nachfüllen. Mit meinem faden philosophischen Scherz wollte ich überspielen, dass ich tatsächlich Angst hatte: nämlich davor, dass nicht nur ich, sondern wir alle schon längst jenseits aller Chancen auf Rettung waren. Dass das Selbsthilfegenre die Maske war, die die tiefsitzende Entfremdung des Lebens in den kapitalistischen, patriarchalen und sonstigen kaputten Systemen verbarg. Dass die individuelle Selbstoptimierung den Teufelskreis unserer zunehmenden Entfremdung von Natur, Familie und Gemeinschaft nur noch beschleunigte. Trotz dieser trüben Gedanken macht es mir Spaß, etwas Schickes zu kaufen – auch wenn damit keines der wahren Probleme gelöst ist. Mein Arzneischränkchen quillt über vor Mittelchen, die die Gelenke geschmeidiger, die Haare glänzender und das Immunsystem stärker zu machen versprechen. Vielleicht sollte ich doch mal das ein oder andere ausprobieren.

* * *

Diwans Selbsthilfekunden trieb es zu Titeln, die schmerzfreie Heilung versprachen. So erinnere ich mich noch genau an die folgende Szene: »Ich bin ja so was von froh, dass ich diese Bücher nicht mehr aus Amerika mitbringen muss. Mein Mann liebt Diwan ja schon deshalb, weil er so auf Reisen die Gebühr für das Übergepäck einspart«, schwärmte eine Kundin, während sie sich gleichzeitig in ein Buch aus der Reihe *Hühnersuppe für die Seele: Geschichten, die das Herz erwärmen* vertiefte. Ahmed, der auch heute noch einer besten Buchverkäufer bei Diwan ist und damals gerade zum Kundenbetreuer befördert worden war, stand zwei Schritte neben ihr, die Hände hinter dem Rücken verschränkt. Die verschleierte Kundin ließ ihre Augen langsam über die Bücher der Auslage gleiten, bevor sie sagte: »Die hier habe ich alle gelesen. Haben Sie nicht vielleicht noch andere Titel?«

»Wenn Sie mich entschuldigen wollen, ich schaue kurz nach«, sagte Ahmed und wollte auf dem Absatz kehrtmachen. Er fasste es als persönliche Niederlage auf, wenn eine Kundin oder ein Kunde Diwan mit leeren Händen verließ.

»Um Ihnen die Suche leichter zu machen: Alles, was bis 2008 veröffentlicht wurde, habe ich schon.«

»Das nenne ich eine treue Leserin.«

»In der Tat, das bin ich, aber nicht nur eine treue, sondern auch eine sehr tiefgründige. Mein Mann rühmt sich gar, die Frau mit dem denkbar besten Geschmack bei Büchern zu haben.«

»Den Stolz Ihres Gatten kann ich verstehen«, versicherte Ahmed recht beflissen. »Aber, wenn ich das sagen darf, ich finde, es wäre eine tolle Sache, wenn noch mehr Menschen von Ihren Buchempfehlungen profitieren könnten. Das sind Bücher, die uns stärken, und wenn wir auf etwas stoßen, das heilt, ist es dann nicht unsere Pflicht, für dessen Verbreitung zu sorgen?« Ich hörte Ahmed mit schlackernden Ohren bei seiner Überzeugungsarbeit zu, wie er mit schmeichelnden Worten an Moral und Bürgerpflicht der Kundin appellierte, ihre psychologischen Hühnersuppenerkenntnisse mit ihrer Gemeinde zu teilen. »Wenn Sie Ihre Freundinnen besuchen und statt Süßigkeiten, die dick machen, oder Blumen, die welken, eine positive Aura und ein gutes Buch mitbringen, werden sie Ihnen auf ewig dankbar sein.« Gerade noch rechtzeitig, bevor ich glucksend meinen Beobachtungsposten hinter der Bücherwand verraten hätte, eskortierte Ahmed die wissbegierige Kundin – schwer mit den Schätzen der Buchhandlung beladen – zur Kasse, um sich wenig später, frohgelaunt an die nicht vorhandene Mütze tippend, in seiner Abteilung zurückzumelden.

In dem Maße, wie Diwan wuchs, gab ich den Einkauf allmählich an ein Team von Mitarbeiterinnen ab. Auch aus der Bestellabwicklung und dem Verkauf zog ich mich weitgehend zurück, um stattdessen die Aufsicht darüber zu führen. Ahmed fungierte dabei gewissermaßen als Schnittstelle zwischen Einkauf und Verkauf. Er hatte den direkten Kontakt mit den Kunden, kannte ihre Bedürfnisse, wusste um fehlende Titel und aufkommende und abflauende Trends. Seine Einschätzungen teilte er den Einkäufern mit. So schlug er auch vor, dass wir unsere Ratgeberbestellungen erhöhen sollten. Ich reagierte ungehalten: »Warum schaffen wir uns nicht gleich eine Couch an, stellen einen Psychologen ein und machen eine psychiatrische Praxis auf? Einen passenden Namen haben wir ja schon.«

Als ich wenig später wieder an meinem Schreibtisch saß, wollte ich doch einmal sehen, was es mit *Hühnersuppe für die Seele* auf sich hatte. Mir wurde klar, dass es mehr war als nur eine Buchreihe. Es war ein globaler Megabestseller mit 250 Titeln. Allein in Nordamerika gingen mehr als 110 Millionen Exemplare über den Ladentisch. Es handelte sich um die erfolgreichste Taschenbuchreihe aller Zeiten. Dabei hatte alles ganz unspektakulär begonnen. Im Jahr 1993 hatten zwei Motivationsredner die zündende Idee, Geschichten von Menschen, die den Widrigkeiten des Alltags getrotzt hatten, zu sammeln und zu veröffentlichen. Dieses Projekt wuchs und gedieh und dehnte sich auf eine Vielzahl unterschiedlichster Produkte aus, die im Einzelhandel mehr als zwei Milliarden Dollar Umsatz generierten. 2004 gehörte sogar ein Haustierfutter dazu.

Die Bücher selbst hauten mich nicht vom Hocker. Klar, sie kamen belehrend und gefällig daher, aber auch durch und durch harmlos. Völlig unerklärlich war mir das exponentielle Wachstum der Markeninhalte, das überhaupt nicht zu den behäbigen, fast einlullenden Geschichten zu passen schien. Ich möchte noch einmal zu dem Franchisegeber zurückkehren, der mir als Frau nicht die Hand geben wollte. Seine Vision waren Mini-Diwans, Stand-Alone-Cafés, Flaggschiffe in Einkaufszentren, Universitätsläden und saisonale Outlets. Wir haben ihn abgewiesen, aber vielleicht dennoch seinen Traum realisiert. *Hühnersuppe für die*

Seele schien das perverse, aber profitable Endergebnis einer solchen Expansion zu symbolisieren. Während Bücher für fast jede nur denkbare Zielgruppe herausgebracht wurden – für Strandurlauber und NASCAR-Fans, für Frauen in den Wechseljahren und Golfer mit Mentalblockaden und für Anhänger hauptsächlich westlicher Religionen –, hat man sich nie zu einer Sammlung für Hindus, Buddhisten oder Muslime durchgerungen. War der verschleierten Kundin von Ahmed das bewusst? Interessierte es sie überhaupt?

* * *

Es kommt vor, dass ich durch die Gänge von Diwan schlendere und mir vorzustellen versuche, die ganzen Bücher wären als Ratgeber geschrieben worden. *Stolz und Vorurteil* verwandelt sich dann in eine skurrile »Wie komm ich besser an«-Anleitung. Aus der *Ilias* wird eine moralische Belehrung in einem Fürstenspiegel und aus *Tausendundeiner Nacht* ein regelrechter Survival Guide. Alles hängt vom Kontext ab. Nehmen wir einen der Bestseller bei Diwan: Paulo Coelhos *Der Alchimist*. Der Autor ist nervig, das Buch eine Kreuzung aus Dichtung und Selbsthilfe. Coelhos Bücher – ganz nach Hühnersuppenart – ließen es sich nicht nehmen, auch in allem möglichen Schnickschnack, von Kalendern über Tagebücher bis hin zu Mini-Hardcovers mit erbaulichen Zitaten für's Gemüt, aufzutauchen. Nihal liebte Coelho natürlich – für mich ein guter Grund, ihn erst recht zu verachten. Die Kundinnen kauften ihn unverdrossen, weswegen ich nicht umhinkam, die Bestellmengen zu erhöhen und langsam einzusehen, dass ich meine Kunden und den Markt vielleicht doch nicht so gut kannte, wie ich mir eingebildet hatte. Darum beschloss ich, mich dazu herabzulassen, auch mal von anderen zu lernen und zu studieren, was es mit dem ganzen Trubel auf sich hat, und Coelho zu lesen.

Wie schon beim Kauf von *What to Expect When You're Expecting* tat ich auch beim Kauf von *Der Alchimist* alles, um zu zeigen, dass ich so ein Buch nie aus persönlichem Interesse kaufen würde. Als ich an diesem Abend nach Hause kam, aß ich mit Zein und Layla zu Abend, las ihnen aus *Captain Underpants* vor, brachte sie trotz verzweifelter Bitten nach Zugaben zügig ins Bett und machte es mir für meine abendliche Pflichtlektüre bequem. Ich schlug das Buch auf, blätterte durch die ersten Seiten und überlegte, ob ich das Vorwort lesen müsste oder überspringen dürfte. Ich entschied mich für den Mittelweg. Ich wollte das Vorwort überfliegen, hielt dann aber an einer Stelle inne, wo es hieß: »In diesem Buch will ich alles weitergeben, was ich gelernt habe.« Solche Überzogenheiten schätze ich ungemein, mein Vorurteil schien sich zu bestätigen. Aber da musste ich jetzt durch, ich wollte ja dem Hype auf die Spur kommen. Allerdings hatte mich niemand vor markerschütternden Enthüllungen und seelischen Tiefenbohrungen gewarnt.

Der Alchimist erzählt die Geschichte von Santiago, einem andalusischen Hirtenjungen, der immer wieder dasselbe träumt. Eine Zigeunerin weiß den Traum zu deuten und sagt ihm, dass in Ägypten am Fuß der Pyramiden ein Schatz auf ihn wartet. Das Buch schildert seine reale und seine spirituelle Reise, an deren Ende er erkennt, dass sein Traum, der die Legende seiner Person ist, zu etwas viel Größerem gehört: der Seele des Universums.

Ich war nicht unzufrieden mit dem Buch. Es ist leicht geschrieben, lehrreich und voller Weisheiten, aber auch einfach und nicht sehr anspruchsvoll. Die ausgiebige Bezugnahme auf *maktub*, womit der Glaube an Schicksal und Vorbestimmung gemeint ist und was wörtlich übersetzt »Es steht geschrieben« bedeutet, hat mir ebenso gefallen wie das Ende der Geschichte: Einen würdigeren Fundort des Schatzes von Santiago als bei den Pyramiden von Gizeh hätte ich mir kaum wünschen können. Und ich spürte, dass der Stolz, den meine Kundinnen für alles Ägyptische empfinden, genauso der meine ist wie der *Chamsin*, der heiße Wind der Sahara, in dem meine Zweifel zu verwehen schienen.

Ich war dem Buch mit einer Reihe von Überzeugungen begegnet, die ich schon als Kind zu entwickeln begonnen hatte. Von meinen Eltern habe ich den Grundsatz übernommen, dass es einem umso besser geht, je härter man arbeitet – geistig, spirituell, emotional, körperlich und finanziell. Dagegen hatte ich für Dinge, die mir fast in den Schoß fielen, kaum mehr als Verachtung übrig. Für einen kurzen Augenblick hatte das Buch diese Einstellung komplett ausgelöscht, indem es von einer Sprache zu berichten wusste, die jeder verstand, einer »Sprache der Begeisterung, des Einsatzes mit Liebe und Hingabe für die Dinge, an die man glaubt oder die man sich wünscht«. Treffender hätte man unser Diwan-Projekt nicht beschreiben können. Wenn es ein Geheimnis gibt, das hinter dem Erfolg von Hind, Nihal und mir steckt, dann hat es mit unserer Liebe und Leidenschaft zu tun, mit unserem tief empfundenen Wunsch, in einem gemeinsamen Projekt die zu werden, die wir sind. Diese Leidenschaft war mir damals, als ich alle Hände voll damit zu tun hatte, den Laden zu organisieren, die Buchauslagen aufzubauen und die Kundinnen auf neue Autorinnen aufmerksam zu machen, kaum bewusst gewesen. Jetzt, da sie mir entglitten war, erinnerte ich mich plötzlich an sie. An ihre Stelle war die übermächtige Dringlichkeit getreten, zu wachsen und zu expandieren. Unweigerlich war die Essenz verwässert worden. Aber inmitten dieser Turbulenzen begann ich zu erkennen, wie kreativ und mutig unser Engagement für die Verbreitung von Kultur im weitesten Sinne war. Wir haben so viele verschiedene Formate an so vielen verschiedenen Orten ausprobiert, und wir haben erst aufgegeben, als wir es mussten.

Als ich das Buch zugeschlagen hatte, war sein Zauber verflogen. Ich hatte es gelesen, um Diwans Leserinnen und den Markt besser zu verstehen, aber weder den einen noch dem anderen war ich nähergekommen. Ein gutes Buch sollte, so meine ich, hinterfragen, anregen und unseren starren Vorstellungen auf den Zahn fühlen, ohne sie durch neue zu ersetzen. Als Literaturstudentin zogen mich Bücher wie Hermann Hesses *Steppenwolf* und James Joyce' *Ulysses* in ihren Bann. Das sind Bücher, die deshalb nähren, weil man sich mit ihnen auseinandersetzen muss. Ratgeber sind wie Kartoffelchips. Sie lassen sich mühelos genießen. Das macht sie populär. So besteht beispielsweise das Erfolgsmodell von Steven W. Anderson, eines weiteren Bestsellerautors bei uns, darin, Klassiker-Resümees zu verfassen. Er ködert die Leser damit, dass er ihnen leicht lesbare Bücher bietet und ihnen feinere Nuancierungen erspart. Aber daran störe ich mich weniger, weil diese Bücher nicht so tun, als würde es um etwas anderes gehen als sie selbst, wie es bei Büchern der Fall ist, die ihren Daseinsgrund mit spirituellen und sonstigen Heilsversprechen verbrämen. Als Buchhändlerin sah ich es als meine Aufgabe an, die Leserinnen mit Herausforderungen zu konfrontieren und ihren Horizont zu erweitern. Als Geschäftsinhaberin stand ich meinen Partnern gegenüber in der Pflicht, möglichst hohe Gewinnmargen und Umsätze zu generieren. Und als leidenschaftliche Leserin genoss ich die Freiheit, mich durch die Spannungsfelder von Liebe und Hass zu bewegen.

Es war auch keine wirkliche Hilfe, dass ich Jahre zuvor Paulo Coelho persönlich kennengelernt hatte. Im Jahr 2005 kam er nach Ägypten, um eine Vorlesung an der Kairoer Universität zu halten. Die Zeitungen waren damals voll mit Fotos, die ihn neben Nagib Mahfuz zeigten. Diwan, als sein designierter Buchhändler, eskortierte ihn überallhin und verkaufte unterwegs Hunderte seiner Bücher. Als sein Aufenthalt in Ägypten dem Ende entgegenging, saß ich bei einem Abendessen neben ihm. Ich erzählte ihm gleich ganz eifrig, wie sehr mich eine seiner letzten Vorlesungen an der Kairoer Universität begeistert hatte. Das war ihm aber offensichtlich herzlich egal. Wahrscheinlich war für ihn eine solche Ehrerbietung das Normalste von der Welt. Als er, ohne weiter auf mich einzugehen, sich der Dame auf seiner anderen Seite zuwandte, stand ich auf und ging.

Die Begegnung war, wie es die meisten kopflastigen Begegnungen nun einmal an sich haben, ziemlich enttäuschend. Bis 2014 stand Coelhos Buch mehr als 315 Wochen auf der Bestsellerliste der *New York Times*. Es wurde in 80 Sprachen übersetzt und schaffte es als das am meisten übersetzte Buch eines lebenden Autors ins Guinnessbuch der Rekorde. Seit über zehn Jahren bestellte, lagerte und stapelte ich Bücher für die zehn Diwan-Filialen. So langsam reichte es mir. In einem Memo wies ich die Einkaufsabteilung an, Paulo Coelhos *Alchimist* und alle anderen Titel von ihm, mit Ausnahme der Neuerscheinungen, von unseren Auslagetischen zu verbannen. Ich hatte genug davon, in jedem Diwan-Laden von *Veronika beschließt zu sterben* oder der *Hexe von Portobello* begrüßt zu werden. Ich wollte der geistigen Trägheit meiner Kunden nicht länger Vorschub leisten. Sie sollten einen Beitrag zu der Mission von Diwan leisten, auch Büchern, die Neuland betreten, eine Chance zu geben. Paulos Bücher verließen die ausgetretenen Pfade schon lange nicht mehr: Sie fabulierten von Sicherheit in einer Welt voller Unwägbarkeiten.

★ ★ ★

»Was zum Teufel macht denn der da drüben?«

»Geht's noch lauter, wir sind in einer Buchhandlung!«, zischte Dalia und machte eine beschwichtigende Geste. Dass Dalia, Diwans Chefeinkäuferin, von der respekteinflößenden Nehaya ausgebildet worden war, war nicht zu übersehen.

»Ja, das geht durchaus – wenn du mir nicht auf der Stelle diese Scheußlichkeit erklärst.« Ich starrte sie an. Wir waren in der neuen Filiale in Maadi an der Road 254. 2013 war sie eröffnet worden, also ein paar Jahre, nachdem wir unseren ursprünglichen und kläglich gescheiterten Standort in Maadi aufgegeben hatten. In unserer Expansionsphase unterliefen uns große Fehler: Wir eröffneten Läden an Standorten, die sich nicht dafür eigneten. Oder wir schlossen den einen Standort zu früh und hielten dafür einen anderen zu lange offen. All das führte zu Verlusten in der Bilanz.

Wir schrieben sie großzügig ab und glaubten, sie mit den Lehren, die wir daraus zogen, locker ausgleichen zu können. Wie unsere Erfolge teilten Hind, Nihal und ich auch unsere Katastrophen gerecht untereinander auf, immer darauf bedacht, uns nicht gegenseitig zu verletzen. Ich wusste, dass seriöses Geschäftsgebaren solche Sentimentalitäten nicht kannte. Aber uns ging es ja auch nicht um Seriosität, schließlich waren wir ja keine Männer.

»Falls du auf dein Memo anspielst: Wenn ich deine Anordnung richtig verstanden habe, hat er als neuer Titel auch auf den Haupttischen ein Aufenthaltsrecht.«

»Die Anordnung scheinst du verstanden zu haben, aber fünf Monate gelten in unserer Branche nicht als ›neu‹.«

Während wir weiter munter miteinander stritten, dämmerte mir allmählich, wie viel Kontrolle ich im Laufe der Jahre an Dalia und ihre Einkäufermannschaft abgetreten hatte. Ich hatte gerade das aufgegeben, was mir am meisten am Herzen lag. Dalia gehörte schon seit einem Jahrzehnt zu Diwan. Sie hatte sich hochgearbeitet und bekleidete inzwischen eine der wichtigsten Aufgaben in der Verwaltung. Obwohl sie mit Zahlen und Tabellenkalkulationen besser zurechtkam als ich, konnte ich es doch nicht lassen, ihr auf Schritt und Tritt über die Schulter zu schauen und ihre gewissenhaften Berichte zu überprüfen.

»Ich bin eben der Meinung, man sollte den Schwerpunkt auf originellere Autoren legen«, versuchte ich, auf sie einzuwirken.

»Noch mehr, als ich es sowieso schon mache?« Dalia blätterte in einem anderen Bericht. »Also da zum Beispiel: Von Hilary Mantels *Falken* wurden in den letzten neun Monaten nur zehn von fünfzig bestellten Exemplaren verkauft.«

»Womöglich hast du auf die gebundene Ausgabe gesetzt. Aber das ist nun mal kein Hardcover-Markt«, legte ich ziemlich ungeschickt nach.

»Wenn du uns Budgets und Ziele vorgibst, dann darfst du uns auch nicht daran hindern, sie zu erreichen.«

»Könntest du es nicht damit versuchen, dass du diese Bücher auf dem zentralen Auslagentisch ausstellst und die Kundenbetreuer anweist, sie zu empfehlen?«, bat ich schon fast flehentlich.

»Von Nehaya habe ich gelernt, dass jeder Titel für seinen Platz im Regal Miete zu zahlen hat. Wenn er das nicht kann, muss er weichen«, erwiderte Dalia, während sich Sayed, ihr Assistent, zu uns gesellte. Sein Blick ging unstet zwischen Dalia und mir hin und her. Offensichtlich lag ihm wenig daran, sich in einem Streit zwischen seiner Chefin und deren Chefin als Schiedsrichter zu profilieren. Dalia fuhr fort: »Und auch wenn ein Buch den *Man Booker*-Preis bekommen hat, heißt das nicht, dass sich unsere Leser deshalb gleich darauf stürzen.«

»Im Buchhandel ist es wie in der Ehe oder beim Fußball. Ganz ohne Geschick geht es nicht. Aber Schicksal oder vielleicht auch Glück spielen eine größere Rolle, als wir uns eingestehen wollen.« Ich hielt kurz inne und bot dann einen Deal an. »Ich lass dir deinen Paulo, wenn du dafür Hilary direkt daneben stellst.«

»Abgemacht. Sie kriegen einen Monat, und dann sind beide vom Tisch.« Dalia nickte Sayed zu, der mit der betont neutralen Miene eines Protokollanten den ausgehandelten Kompromiss seinem Notizbuch anvertraute.

Selbsthilfebücher neigen natürlich dazu, die Probleme der Zeit widerzuspiegeln, in der sie geschrieben werden.

Nach dem Börsencrash von 2008 und der darauffolgenden Depression hatten Bücher Hochkonjunktur, die sich über finanzielle Themen ausließen. In einer nächsten Phase konnten sich all die, die Überdruss am Überfluss verspürten, mit Gewinn an die Aufräumexpertin Marie Kondo wenden. Auch wenn ich eine gewisse Abneigung gegen das populäre Selbsthilfegenre hege, bin ich doch davon überzeugt, dass Bücher hilfreich sein können. In der Dekade vor der ägyptischen Revolution waren die Verkäufe von Ratgeberbüchern in die Höhe geschnellt. Ob Korrelation oder Kausalität, ein Zusammenhang zwischen diesen beispiellosen Verkaufszahlen und dem in diesen Büchern gepredigten Glauben an die eigene Wirkmächtigkeit und die Lösbarkeit von Problemen war nicht von der Hand zu weisen. Ägypter, die es leid waren, auf die Hilfe der Regierung zu warten, glaubten an die Chance, sich selbst helfen können. Das war allemal besser, als nichts zu tun.

* * *

Während der ersten Diwan-Dekade kauften die Kunden, die sich in der arabischen Abteilung umsahen, praktische Ratgeber, um mit verbesserten Fähigkeiten zum Erfolg der Erwerbsbevölkerung beizutragen. In diesen Büchern galt es als ausgemacht, dass sich durch härtere Arbeit unser Leben verbessern ließe. Arabische Übersetzungen von Stephen Coveys *Die sieben Wege zur Effektivität* verkauften sich ausgesprochen gut. Ich fragte mich, ob die Einstellung der Diwan-Leserinnen zu solchen westlich geprägten Wirtschaftsbüchern, die auf ein Publikum abzielten, das uns nicht einschloss, genauso zwiespältig war wie meine eigene.

Ich hatte es aufgegeben, diese Bücher von vorne bis hinten durchzulesen. Stattdessen befasste ich mich, Nihals Empfehlung folgend, mit positivem Denken. Mit Inbrunst übte ich mich im Manifestieren, Visualisieren, Fokussieren. Jedes Quartal endete mit dem festen Vorsatz: Das nächste Quartal wird besser werden. Aber wie wir es auch anstellten, es klappte einfach nicht. Unsere Berg- und Talfahrt von Erfolg und Misserfolg, Gewinn und Verlust war schwer zu stoppen. Als wir immer tiefer in die roten Zahlen rutschten, diskutierten Hind, Nihal und ich über Wege, die uns wieder in die schwarzen Zahlen bringen könnten. Nihal war dafür, mehr Geschäfte zu schließen. Hind war für ein Weiter so, bis wir über die Runden kämen. Und ich war müde und wusste nicht, wo mir der Kopf stand. Mein Traum war in weite Ferne gerückt und kaum mehr greifbar. Diwan fühlte sich auf einmal fast an wie ein Fluch, der auf mir lastete. Mir war, als ob Diwan sich an uns rächen würde, weil wir zu viel gewollt und zu viel genommen hatten. Aber wir bauten uns gegenseitig immer wieder auf. An einem Tag war es Nihal, die vom Gefühl der Hoffnungslosigkeit überwältigt wurde, und am nächsten Tag ging es mir so. Wie schön, dass wir dann auf Hind zählen konnten, die uns an die Vergänglichkeit alles Irdischen erinnerte, selbst der Verzweiflung.

Mitten in unserer Expansionsphase verordneten wir uns einen konsequenten Konsolidierungskurs. Wir schlossen Läden und entließen Mitarbeiter und nahmen Vertragsstrafen und Abfindungszahlungen in Kauf. Die erste Filiale, die zumachen musste, war Mohandissin. Ich hatte keinen engen Bezug zu ihr, und ihre Schließung hat mir deshalb nicht so viel ausgemacht. Das war bei der Aufgabe der Filiale in der Kairoer Universität ganz anders. Da fühlte ich mich auf ganzer Linie gescheitert. Ich bereute im Nachhinein, den Raum nicht anders gestaltet zu haben, zum Beispiel als Café, in dem man sich auch günstig mit Schreibwaren hätte eindecken können. Es war, als ob ich Scheuklappen getragen hätte, die meinen Horizont verengten. Als Nächstes kamen die kleineren Standorte an die Reihe, wie die Kinder-Filiale im Gezira Sporting Club (wo man angesichts der wachsenden Zahl finanzstarker Buchläden meinte, die Miete verdoppeln zu müssen), dann die Stände im Einkaufszentrum. Der Diwan-Laden im Kairoer Flughafen wurde von bürokratischen Auflagen erdrückt. Mit ihren Regelungen und Vorschriften tat die Regierung alles dafür, uns an unserer Arbeit zu hindern. Wir mussten unsere Waren an staatliche Depots liefern, durften aber unseren Laden nicht selber damit befüllen. Dafür war im Prinzip das Duty-Free-Personal zuständig, dessen Trägheit und Aufsässigkeit unserem Motivationsgeschick jedoch ein ums andere Mal die Grenzen aufzeigte.

* * *

Schließlich fassten wir den Plan, unsere bestehenden Läden zu vereinfachen. Es war nicht möglich, für jedes Stadtviertel und jede Zielgruppe eine eigene Vision zu entwickeln. Wir brauchten eine Standardprozedur, auf die wir uns verlassen konnten. Aber wenn etwas einen strammen Geschäftsplan zu zerzausen in der Lage ist, dann sind es massive politische Turbulenzen. Es war wie bei einem Autounfall: Er kommt aus dem Nichts, und alles geschieht wie in Zeitlupe. Am 25. Januar 2011 strömten die Ägypter zu Tausenden auf den öffentlichen Plätzen zusammen, um ihrer Enttäuschung über all die unerfüllten Versprechen, mit denen sie seit einem halben Jahrhundert hingehalten wurden, Luft zu machen. In den ersten Tagen, als von einer Revolution noch gar nicht die Rede war, schaukelten sich die Proteste der Menschen und das harte Vorgehen der Polizei, die mit Gummigeschossen und Tränengas reagierte, gegenseitig hoch. Ich rief meine Mutter an.

»Mama, die Situation läuft völlig aus dem Ruder, du darfst jetzt nicht allein bleiben. Zieh bei uns ein, zumindest solange wir nicht wissen, was da noch alles auf uns zukommt.«

»Mein Schatz, du erinnerst mich an deinen Vater. Der machte sich auch immer Sorgen. Gut, dass er das jetzt nicht mit ansehen muss. Ich mag gar nicht daran denken, wie er mir mit seinem Gejammer in den Ohren gelegen hätte.«

»Mama, bitte, bleib nicht allein.«

»Ich bin nicht allein, und Ägypten ist es auch nicht. *Masr Mahrousa. Gesegnet sei Ägypten.* Das war schon immer so, und das wird immer so sein. Alles ist so, wie es sein soll. Und am Ende wird alles gut.«

»Mama, wenn du mir nicht glaubst, dann geh doch mal zum Fenster. Und falls du nichts siehst, dann kommt das vom Tränengas.«

»Ich glaube vor allem, dass du nur glaubst, was du siehst.«

Revolutionen reißen alles mit sich. Wenn die Volksseele brodelt, gedeihen Hass und Hoffnung Seite an Seite. Uralte Verwerfungen treten zutage, Ordnungen zerbrechen, Klarheiten verschwinden. Als Ägypterin, die Zeugin der Ereignisse des Jahres 2011 war, hegte ich einen gewissen Optimismus. Als Geschäftsinhaberin fürchtete ich die Kosten der Anarchie. Wenn man nicht gerade ein Börsenmensch ist, der mit Volatilität handelt, bringt Instabilität eher kein Geld ein. Und so waren die chaotischen Monate, die folgten, ein emotionales und finanzielles Desaster. Überall kam es zu Demonstrationen und Protesten. Wir taten alles, um die Moral der Mitarbeiter zu stärken und die Läden zu sichern. Für die sieben Filialen und 108 Mitarbeiter, die wir noch hatten, bedeuteten die Proteste, Ausgangssperren und Straßenblockaden eine ständige Gefahr. Die Umsätze wurden täglich weniger. Oft konnten die Läden nicht einmal aufmachen. Und wenn die Leute einkaufen gingen, dann besorgten sie sich Lebensmittel und keine Bücher. Doch trotz ramponierter Bilanzen und fast leerer Kassen zahlten wir die Gehälter vollständig weiter. Die Gehaltszahlungen aufzuschieben oder zurückzuhalten, wie es viele Unternehmen taten, hätte unserem sozialen Gewissen widersprochen.

Wie ein Atheist in Zeiten der Not um göttlichen Beistand bittet, hätte ich jetzt zu gern ein Selbsthilfebuch zur Hand gehabt, das mich durch das, was ich fühlte, geführt hätte. Daran, dass Ägypten unter Mubaraks Herrschaft zu einem Hort der Ungerechtigkeit geworden war, hatte man sich gewöhnt. Was wir jetzt fürchteten, war das Unbekannte. Die Unruhen gingen weiter, und die Proteste schwollen zu *millioniyat*, zu Millionen-Märschen an. Ihr Brennpunkt war der Tahrir-Platz. Ich kannte die Gegend gut. Als Studentin war ich dort täglich unterwegs gewesen. Und wie schon erwähnt – die Rettung von *The Naked Chef* aus der nahe gelegenen Mogamma, der ägyptischen Zentralverwaltung, ging auf meine Kappe.

Zahllose Menschen verbrachten ihre Tage und Nächte auf dem Platz. Sie beschworen das Prinzip Hoffnung, ge-

genseitige Unterstützung und eine bessere Zukunft. In den 1990er-Jahren hatte ich auch dort gestanden. Damals protestierten wir gegen die Genitalverstümmelung von Frauen. Dieses Mal protestierte ich nicht. Ich ging nicht auf den Tahrir-Platz, denn in keiner der Strömungen sah ich meine Hoffnungen für Ägypten repräsentiert. Ich konnte nicht einmal erkennen, wer wofür stand.

Und ich hatte ein Geschäft zu führen. Auch wenn wir keine Gewinne machten, waren wir immer noch ein Dritter Ort. Zwischen den Regalen kam man zusammen und sprach miteinander, teilte seine Erfahrungen und beichtete einander. Diwan war ein Ort der Einkehr, Ort des Rückzugs aus der politischen Aufgeladenheit und Ort der Rückkehr ins politische Treiben. Ich stellte mir schwierige Fragen. Welche Rolle sollte Diwan in alldem spielen? Was müssten wir tun, um zu überleben? Nur eine Frage stellte ich mir nicht: ob Diwan überleben würde.

* * *

Nach achtzehn Tagen und Nächten nicht nachlassender Proteste trat Präsident Hosni Mubarak zurück und beendete damit seine dreißigjährige Herrschaft. Voller Euphorie sah man einer strahlenden Zukunft entgegen. Im Jahr 2012, nach einem Jahr mit Übergangsregierungen, politischer Naivität (wir hätten *Der Fürst* vielleicht etwas genauer lesen sollen) und Chaos, hatten die Ägypter die Qual der Wahl zwischen Pest und Cholera. Wir standen wieder vor den Wahlurnen und mussten zwischen zwei vertrauten Alternativen wählen: einem Kandidaten der Muslimbruderschaft und einem früheren Armeegeneral. Auf das Rad der

Fortuna ist Verlass, es lieferte uns dort wieder ab, wo wir angefangen hatten.

Am 30. Juni 2012, fast eineinhalb Jahre nach dem Ausbruch der ersten Proteste, wurde Mohammed Mursi, der Kandidat der Muslimbrüder, als erster demokratisch gewählter Präsident Ägyptens vereidigt. Trotzdem war Mursi nicht der Präsident aller Ägypter, auch nicht für mich. Meine Mitarbeiter dagegen sympathisierten mit der Bruderschaft – wenn nicht aus religiösen Gründen, dann zumindest aus praktischen. Die meisten von ihnen waren in Gegenden aufgewachsen, in denen die Gemeindeorganisationen der Bruderschaft weit mehr für Bildung und medizinische Versorgung taten als die staatlichen Stellen. Für mich war es unverzeihlich, dass die früheren Regierungen es nicht geschafft hatten, die grundlegendsten Bedürfnisse der Menschen zu befriedigen, und sie so den Islamisten in die Arme getrieben hatten.

In einem anderen politischen Kontext hätte ich es einfach hingenommen und ertragen. Eine Amtszeit und er ist weg. Doch Ägyptens Machthaber können einer solchen Zwangsläufigkeit in der Regel nicht viel abgewinnen. Da braucht es schon die strenge Hand Gottes oder den massiven Druck der Straße, um sie dazu zu bewegen, von der Macht zu lassen. Ich stellte mich auf Jahrzehnte islamischer Herrschaft in Ägypten ein. Da das Unvermeidliche nun mal nicht zu ändern ist, beschloss ich, mich auf das zu konzentrieren, was in meiner Macht stand. Ich beschloss, das Land zu verlassen. Als ein Jahr später Mursi und seine Muslimbrüder nach Massenprotesten und durch einen Militärputsch entmachtet wurden, hatte ich meine Pläne bereits umzusetzen begonnen. Auf den Bürofluren stichelten die muslimischen Mitarbeiter gegen ihre koptischen Kollegen.

Sie, die Muslime, seien jetzt ein bisschen in Sorge, dass auf die Kopten die Dschizya zukommen könnte, die Steuer, die den Ungläubigen in frühislamischer Zeit auferlegt wurde. Ich fand das nicht lustig. Ich musste zwischen Diwans Zukunft und der meiner Kinder wählen, und ich entschied mich für Letztere. Diwan hatte bereits die letzten fünfzehn Jahre für sich beansprucht.

Unsere Kundinnen lasen mehr denn je. Während die Verkäufe meiner englischen Bücher zurückgingen – sie zu kaufen galt fast als unpatriotisch –, gingen die Verkaufszahlen von Hinds arabischen Büchern steil nach oben. Die frühen Revolutionsjahre waren eine unerschöpfliche Quelle für Sarkasmus, Satire und Absurditäten, die sich, befreit von der Zensur und beflügelt von der neu entdeckten Unordnung, nach Herzenslust entfalten konnten. Talkshows sprangen auf diese Welle auf. Jeder hatte eine Meinung und musste sie zum Besten geben. Und wie es so ist, wenn alle durcheinanderreden und niemand zuhört: Die öffentliche Debatte in Ägypten verschlang sich selbst und zerfiel.

Als um 2014 eine kollektive Ermüdung einsetzte und sich Ernüchterung breitmachte, schlug sich das auch im Kaufverhalten nieder. Auf einmal waren spirituelle Titel besonders gefragt. Ich empfand die allgemeine Enttäuschung mit. Bücher, insbesondere solche mit transzendenter Thematik, wurden zu Gegenmitteln gegen den allgemeinen Burnout. Wir hatten in den fiebrigen Jahren nach der Revolution die Nachrichten genau genug verfolgt, um zu wissen, dass ein Debakel unausweichlich war. Dem Arabischen Frühling folgte kein Aufbruch, sondern es drohte der Rückfall in die Kältestarre eines bodenlosen Unmuts. Die Menschen klammerten sich an jeden Strohhalm und glaubten jedes Heilsversprechen und kauften Bücher wie Rhonda Byrnes *The Secret – Das Geheimnis*, das erklärt, wie sich mit der Macht der Gedanken eigene Wünsche verwirklichen lassen. Dieses Buch erfreute sich in den Jahren nach der Revolution großer Beliebtheit. Mit meiner Coelho-Erfahrung im Rücken und Nihals strengem Blick im Nacken nahm ich das Buch zur Hand, las die ersten paar Seiten und verstand instinktiv, was es versprach. Ich fühlte mich an das Lukasevangelium in der Bibel erinnert, wo es heißt: »Bittet, so wird euch gegeben; suchet, so werdet ihr finden; klopfet, so wird euch aufgetan.« *Der Alchimist* und *Das Geheimnis* sprechen eine durch und durch menschliche Eigenheit an: das Träumen. Und wir wollten unsere Träume ja auch wahr werden lassen. Doch wie geht es weiter, wenn das, was man sich vorgestellt hat, Wirklichkeit wird? Vielleicht haben wir es hier mit einem Paradoxon zu tun. Ein Traum, der sich verkörpert, ist ja kein Traum mehr. Vielleicht könnte man sagen, dass die Entelechie des Träumens, also dessen vollendete Gestalt, der Verlust ist.

Wir wollten einen Neuanfang – für uns selbst und für unser Land. Wir wollten einander kennenlernen. Und wir wollten trotz aller Widrigkeiten unseren Glauben behalten. Wir gestatteten uns nicht, verbittert zu sein. Bereits das Lesen als solches ist Ausdruck des Glaubens, wenn nicht gar die expliziteste Form der Selbsthilfe.

* * *

»Ich hätte da was für dich«, sagte ich zu Nihal und drückte ihr ein Exemplar von Paul Ardens *Es kommt nicht darauf an, wer du bist, sondern wer du sein willst* in die Hand.

»Ich dachte, du hasst Selbsthilfebücher«, sagte Nihal mit einem überraschten Funkeln in den Augen.

»Also hassen ist zu viel gesagt. Außerdem ist es kein Selbsthilfebuch. Es kommt aus Kunst und Design und ist von einem Werbe-Guru geschrieben. Ein Scharlatan, der weiß, dass er einer ist. Solche Leute sind mein Fall.« Ich wusste, Nihal wollte immer erst überzeugt werden. Ich nahm ihr das Buch wieder aus der Hand, suchte nach einer aussagekräftigen Stelle und las vor: »›Zu wissen, wo oder wer du sein willst, ist die wichtigste Voraussetzung für deinen Erfolg.‹ Echt brillant. ›Wer kein Ziel hat, wird kaum etwas erreichen.‹ Voll genial. ›Wer nie einen Fehler macht, macht warhscheinlich [sic!] sowieso nicht viel.‹ Wie wahr – wir sind der lebende Beweis. Und hier mein ganz persönlicher Hit: ›Scheitere, scheitere erneut, scheitere besser.‹« Ich sah Nihal an und sah, dass sie überzeugt war. Ich gab ihr das Buch zurück.

Der folgende Spruch stammt von Samuel Beckett, meinem Lieblingspessimisten. Seine Worte waren meine Devise: ›Immer versucht. Immer gescheitert. Einerlei. Wieder versuchen. Wieder scheitern. Besser scheitern.‹ Dieses Motto führt ein merkwürdiges Eigenleben. Es schlängelt sich als Tattoo über die Arme von Tennisassen und taucht in den Online-Biografien von Silicon-Valley-Technikfreaks auf. Und falls Sie es ganz genau wissen wollen: Es gilt für immer und ewig und alles und jedes in diesem Leben: für Liebe, Ehe und Freundschaft, für Revolutionen und sogar die Hoffnung.

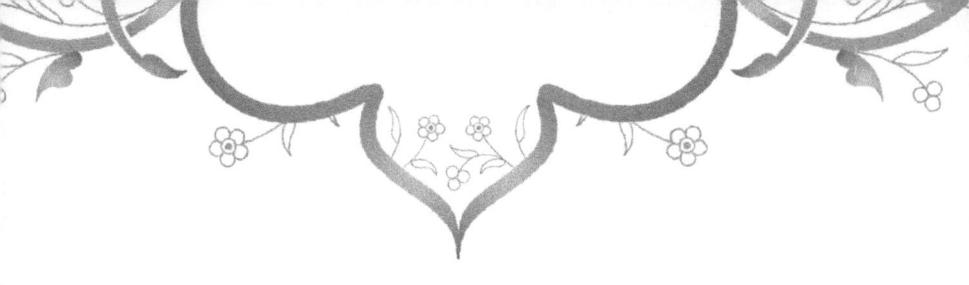

Epilog

Ich fühlte mich gebrochen und zerschlagen, als ich Kairo verließ. Meine Gedanken kehrten immer wieder zu den Tagen zurück, als Diwan noch einfach zu sein schien. Als Hind, Nihal und ich uns mit unseren positiven Energien gegenseitig stützen konnten. Als ich noch nicht von dem Gefühl der Schuld geplagt war, die Menschen und Werte, die mir etwas bedeuteten, im Stich gelassen zu haben. Wenn mich jemand zu dem beglückwünschte, was wir aufgebaut hatten, kam ich mir vor wie eine Betrügerin. Profit ist bestimmt nicht überall der entscheidende Maßstab für Erfolg, aber im Geschäft ist er es. Doch Diwan ist kein Geschäft, Diwan ist eine Person, und das ist ihre Geschichte.

Wenn ich die Chance bekäme, noch einmal von vorne anzufangen, würde ich nie mehr die Einnahmen über die Auswirkungen stellen. Es würde eine Buchhandlung sein, der es eher darum geht, Zeichen zu setzen, als Gewinne zu erzielen. Wir mussten Fehler machen, um aus ihnen zu lernen. Wir mussten einen hohen Preis dafür zahlen, etwas zu tun, was noch niemand gewagt hatte. Vielleicht wären wir besser beraten gewesen, uns auf einen einzigen Laden zu beschränken. Aber Zamalek war einfach nicht groß genug für uns alle.

Die ersten fünf Jahre verliefen chaotisch, irgendwie nach einem undurchsichtigen Plan, der nicht von uns stammte. Die nächsten fünf Jahre folgten in groben Zügen den Plänen, die wir gemacht hatten, aber mit wilden Ausschlägen in alle Richtungen. Und die fünf Jahre danach waren nur noch eine Tortur. Nihal war ausgepowert und nahm sich eine Auszeit von Diwan. Hind und ich taten es ihr nach. Aber wir konnten Diwan nicht führungslos zurücklassen. Wir versuchten, sie zu besänftigen, und stellten ein fünfköpfiges Management-Team aus den verschiedenen Abteilungen zusammen. Doch das lief nicht gut. Wir versuchten es mit einem Geschäftsführer. Das war noch schlimmer.

Schließlich fügten sich die Dinge doch noch zum Besten für Diwan. Nihal war nach ihrem Ausstieg noch immer sehr eng mit zwei Ex-Diwanerinnen befreundet. Eine der beiden, Amal, war Shahira als Managerin von Zamalek nachgefolgt und hatte diese Funktion ein paar Jahre lang inne. Die andere, Layal, war stellvertretende Managerin von Heliopolis. Auch nachdem beide Diwan verlassen hatten, trafen sie sich weiterhin mit Nihal in den Cafés von Diwan überall in der Stadt, um in Erinnerungen zu schwelgen und neue Horizonte auszuloten. Und unter den dreien herrschte Einigkeit – Dreieinigkeit sozusagen. Nihals unverbrüchlicher Glaube an Partnerschaften wurde durch ihre gemeinsame, mehr auf die Zukunft als auf die Vergangenheit ausgerichtete Vision weiter befeuert. Hier hatten Freundschaft und Leidenschaft glücklich zueinandergefunden. 2017 rückten Nihal, Amal und Layal in den Vorstand von Diwan auf, und im Jahr darauf zogen Hind und ich uns daraus zurück, um den neuen Visionen des Dreigestirns nicht im Weg zu sein. Zum ersten Mal seit der Gründung von Diwan im Jahr 2001 gehörten wir nicht mehr dem Vorstand an.

★ ★ ★

Was ist aus den ganzen Leuten geworden? Ein paar sind völlig vom Radar verschwunden. Nachdem die Personalführung der Anfangsjahre, in denen Nihal die männlichen Mitarbeiter aus Rücksichtnahme auf deren fragile Egos mit Samthandschuhen anzufassen pflegte und Hind wenig Wert auf Professionalität legte, nicht den gewünschten Erfolg brachte, schwenkten wir auf einen rigideren Kurs um. Wenn jetzt ein Mitarbeiter mit Kündigung drohte, drehten wir den Spieß um und kündigten ihm auf der Stelle. Wir betonten, dass wir alle Teil der Diwan-Familie waren, aber erinnerten die Mitarbeiterinnen auch daran, dass niemand unersetzlich sei. So kam eines Tages auch Samir, der seit zehn Jahren mein Fahrer war, mit der Drohung um die Ecke, seinen Dienst quittieren zu wollen. Ich weiß nicht, welche Laus ihm da über die Leber gelaufen war. Eigentlich war er ja dickhäutig genug, um das, womit ich ihm vielleicht gelegentlich zu nahe trat, locker von sich abperlen zu lassen. Doch kaum stand die Drohung im Raum, ergriff ich die Chance beim Schopf, ihm eine gute Zeit zu wünschen. Denn die Trennung war schon lange überfällig. Nichtsdestotrotz ruft er an Weihnachten immer an und erkundigt sich nach Zein und Layla. Und im Gedenken an meine manchmal etwas raue Schale ermahnt er mich dazu, im Umgang mit meinen Töchtern auf ein ausgewogenes Verhältnis von Warmherzigkeit und Strenge zu achten. Aber er ist überhaupt nicht nachtragend, sondern kann in der Rückschau nun sagen, dass die Jahre, in denen er zu Diwans Höhenflug beitragen durfte, zu den wertvollsten seines Lebens zählten.

Auch von Amir, einem überragenden, im Bucheinkauf wirkenden Mitarbeiter, möchte ich kurz erzählen. Er war der Erste, den wir bei Diwan eingestellt haben. Er hatte sich bis zum Leiter des arabischen Bucheinkaufs hochgearbeitet und sein eigenes Team von Einkäufern und Datenanalysten aufgebaut. Nach fünfzehn Jahren verließ er uns, um einen eigenen Verlag zu gründen. Als er Hind, Nihal und mich davon in Kenntnis setzte, sprudelte er über vor Lob und netten Worten: »Das ist euer Erfolg. Alles, was ich bin, weiß und will, verdanke ich euch. Mein Projekt ist die Fortführung des euren.« Wir wünschten ihm von Herzen Glück. In einer sich über alle sozialen, geschlechts- und klassenbedingten Konventionen hinwegsetzenden Geste küsste er jede von uns auf die Stirn. Während bei mir noch die Tränen liefen, versuchte sich Hind schon an einer Deutung seiner Geste: als das Versprechen eines Sohnes, seine Mutter nie im Stich zu lassen. Meine Mutter, der wir später davon erzählten, sah das anders: Sie sah Judas und Jesus. Ich war zu Amirs ersten Hochzeit eingeladen und auch zur zweiten, und als sein Vater starb, stand ich mit ihm am Grab. Trotzdem gelang es uns nie, unser hierarchisches Gefälle von früher vollständig hinter uns zu lassen. Irgendwo waren wir uns sehr nahe, irgendwie aber auch gar nicht.

Es kam vor, dass Kunden irgendwelche persönlichen Gegenstände auf den Regalen zurückließen. Aber sie ließen auch Sachen, in Büchern und Taschen versteckt, mitgehen. Das bittere Ende der Diwan-Tasche ging auch an der

Beziehung zwischen Minou und mir nicht spurlos vorbei, doch wir blieben Freundinnen. Sie frönte weiterhin ihrer Leidenschaft für Fotografie und für Collagen und Montagen. Ihre Arbeiten wurden auf mehreren internationalen Ausstellungen gezeigt, und einige von ihnen wurden vom Londoner Victoria and Albert Museum und dem Amsterdamer Tropenmuseum erworben. Sie pendelte mehrere Jahre lang zwischen London und Kairo hin und her, um sich letztendlich dann doch wieder für Kairo zu entscheiden. Sie musste sich eingestehen, dass ihr außerhalb Ägyptens einfach die Inspiration fehlte. Ihre Muse war das Land.

Verlust ist ein natürlicher, meist schmerzlicher, manchmal aber auch freudiger Prozess. Nehaya lernte während ihrer Tätigkeit als Multimedia- und Schreibwareneinkäuferin einen Mann namens Dany kennen, der Geschäftsführer einer Vertriebsfirma war. Mit seiner überschäumenden Lebensfreude konnte er sogar Nehaya, die auch kein Kind von Traurigkeit ist, in den Schatten stellen. Ich war bei ihrer ersten Begegnung dabei. Er ließ nichts unversucht, ihr Aktien zu verkaufen, und sie bestand auf einem interessanteren Rabatt. Sie merkten, dass sie einander gewachsen waren und sich nicht gegenseitig einschüchtern konnten. Ich verließ den Raum und schickte Nehayas damalige Assistentin Dalia mit dem Auftrag hinein, Nehaya unter dem Vorwand eines »brisanten Kommunikationsproblems« herauszulotsen.

»Der flirtet mit dir«, sagte ich.

»Wie bitte?«

»Geh darauf ein. Er ist nett und lustig und hat keine Angst vor dir.«

»Aber ich hab keine Zeit für Flirts.« Nehaya verdrehte unwillig die Augen.

»Da geht's dir ja wie mir – was dich aber nicht davon abgehalten hat, mir Ratgeber für die Partnersuche ans Herz zu legen. Die Gelegenheit jetzt, dein Bücherwissen mal an den Mann zu bringen!« Ich wies ihr den Weg zurück zur Tür: »Hier geht's lang, und vergiss nicht, ich hab dich im Auge.« Ein Jahr später war die Hochzeit. Zur Feier des Tages und zum Abschied gab ich ein Essen. Denn Nehaya würde Diwan verlassen, um Dany zu folgen, der in Saudi-Arabien einen Job antreten würde.

»Herr, gib dem armen Knaben Kraft«, sagte Hind, die Nehaya und Dany vom anderen Ende des Raumes aus beobachtete.

»Für den Umzug oder die Ehe?«, fragte ich.

»Wer Nehaya heiratet, sollte den Herrn und seine himmlischen Heerscharen an seiner Seite wissen«, sagte Nihal, und wir stießen an – auf die Heerscharen, das glückliche Brautpaar und Nihals kleine Blasphemie.

★ ★ ★

Ich verließ Ägypten, und Ägypten verließ mich. Als ich in London versuchte, einen Job im Buchhandel zu finden, musste ich die Erfahrung machen, dass Buchhändlerin in Kairo zu sein, die englische Bücher für Einheimische bestellt, nur so lange etwas Besonderes ist, wie sie dies eben in Kairo tut und nicht in London. Hier herrschten ganz andere Gesetze, und der englische Markt war offenbar besonders anspruchsvoll. Mir zu sagen, dass Leserinnen überall Leserinnen sind, führte zu nichts. Ich war wütend und wusste nicht weiter.

»Meine liebe Tochter, hör mir zu. Was ich dir jetzt zu sagen habe, wird dein Unbehagen lindern und dich von deiner Last befreien.« Wenn meine Mutter so gestelzt loslegte, musste ich mich auf das Schlimmste gefasst machen. »Du bist ein Nichts. Akzeptiere es. Nimm es an.«

»Mum, ich fass es nicht: Jetzt geht's mir tatsächlich schon viel besser. Dass du auch immer so ins Schwarze triffst …«

»Das kommt von der Weisheit… sei dankbar, wenn sich Türen schließen. Andere gehen dafür auf. Übe dich in Bescheidenheit. Akzeptiere es, wenn du am Boden liegst. Die Erleuchtung wartet unten. Du bist nichts, und aus dem Nichts kommt alles.«

»Wo hast du denn diesen Blödsinn aufgeschnappt?«

»Das steht in einem fabelhaften Buch, das Nihal mir empfohlen hat – solltest du unbedingt mal lesen.«

* * *

Apropos zugeschlagene Türen: Nummer zwei und ich waren uns 2009 begegnet. Ich war mir sicher, dass ich es dieses Mal richtig getroffen hatte. 2010 war Hochzeit. Fünf Jahre später – ich war gerade nach London gezogen, und er arbeitete in Dubai – führten wir eine Fernbeziehung. Sie hielt genau ein Jahr. Im Sommer 2016 schlug er auf dem Rückweg von einem Bruce-Springsteen-Konzert die Scheidung vor. (Einstmals Springsteens größter Fan, halte ich mir heute die Ohren zu, wenn er irgendwo zu hören ist.) Während Nummer zwei nach Dubai zurückkehrte, saßen Zein und Layla gerade im Flieger, der sie von ihrem Sommerurlaub mit Nummer eins in Amerika zurückbringen würde. Sobald ich gecheckt hatte, dass sie wirklich unterwegs waren, rief ich umgehend Nummer eins an, um mit ihm zu besprechen, wie ich es ihnen am besten sagen sollte.

»Ich bin so froh, dass du anrufst. Bei mir gibt es etwas, worüber ich dringend mit dir reden muss«, sprudelte es aus Nummer eins heraus.

»Das trifft sich. Bei mir nämlich auch. Was ist es bei dir?«

»Ich werde mich scheiden lassen. Aber die Mädchen wissen es noch nicht.«

»Soll das ein Witz sein? Das Gleiche wollte ich dir auch sagen. Das gibt's doch nicht. So ein verdammter Mist!«

»Jetzt übertreib nicht gleich. Eine Scheidung ist kein Weltuntergang.«

»Hast du schon mal grob überschlagen, auf wie viele Scheidungen wir jetzt kommen? Du vier, ich zwei, macht sechs. Wollten wir nicht Vorbilder sein?«

»Natürlich ist Durchhaltevermögen gut, aber es geht auch ohne. Für Zein und Layla ist es das Wichtigste, dass wir mit uns im Reinen sind. Also, schmink dich, mach dich schick, hol sie vom Flughafen ab und mach ein glückliches Gesicht. Sei glücklich! Vertrau mir. Ich weiß, wovon ich spreche.« Nummer eins hatte recht.

Die Woche darauf flog ich nach Dubai, traf Nummer zwei im ägyptischen Konsulat, unterschrieb die Scheidungspapiere und nahm den nächsten Flug zurück nach London. So war ich rechtzeitig zur Stelle, um mit Zein und Layla das West-End-Musical *Aladdin* besuchen zu können. Wie gerne hätte ich den Geist wieder zurück in die Wunderlampe gesteckt! Meine zweite Scheidung hatte ich nicht gewollt. Mein Problem war weniger die Scheidung an sich, sondern dass es mir ein zweites Mal passiert war. Einmal kann man ja noch verstehen: Man hatte es nicht besser gewusst.

Aber warum gleich noch mal? Stimmte vielleicht mit mir etwas nicht, oder hatte ich kein Talent zur Ehe? Nach zwei Schwangerschaften ließ ich mir die Eileiter durchtrennen. Nach zwei Scheidungen schwor ich mir: Das lass ich lieber. Nummer eins tat es mir nach – also so ungefähr eben. Er zog wieder nach Amerika, lebte sequenziell monogam, lehrte weiterhin Geschichte, spielte in einer Rockband, begleitete mit großem persönlichem Einsatz das akademische und soziale Leben seiner Töchter und hat jetzt beschlossen, seinen ersten Roman zu schreiben. Nachdem er diese Memoiren gelesen hatte, meinte er, dass ich mein eigenes Selbsthilfebuch geschrieben hätte.

Als ich zu schreiben anfing, hatte ich nicht vor, die Geschichte von Diwan zu schreiben. Auch Hind hielt diese Idee für ganz und gar abwegig. Dennoch sollte ich es tun, meinte sie. Dieses Buch zu schreiben war für mich eine Art Exorzismus. Es war meine Art, mich von meinen Dämonen loszusagen, oder besser, mich mit ihnen zu versöhnen. Nach zwanzig Jahren mit, in und für Diwan hoffe ich, dass ich es geschafft habe, mich von ihr scheiden zu lassen, was, wie ich gelernt habe, nichts mit Versagen zu tun hat.

* * *

Wenn Zamalek eine Insel ist inmitten eines Flusses, der durch eine Wüste fließt, dann ist England eine Insel, auf der es unaufhörlich regnet. Auf dieser Insel fühle ich mich weder als Immigrantin noch als Teil einer Diaspora. Mit sechzehn las ich *Der Fremde* von Camus. Der Titel schien auf mich selbst zu passen. Heute ist für mich das Gefühl, nirgendwo dazuzugehören, gleichbedeutend mit Freiheit. Von den Büchern in Diwans Regalen blieben die einen, während die anderen weggingen; manche wurden gekauft, andere zurückgelassen. Ich kann mich in ihnen wiedererkennen.

London wurde vor allem deshalb zu meiner Heimat, weil auch Hind hierherzog. Nach fünfzehn Jahren in Diwans Küche, in der drei nach den Sternen greifende Köchinnen und jede Menge Hilfsköche im Brei herumrührten, wollte sie hier eine Kochschule besuchen. Als sie ihren Abschluss an der Leiths School of Food and Wine und dann am Cordon Bleu London machte und von Freunden gefragt wurde, ob sie eine richtige Köchin werden wolle, wiegelte sie ganz bescheiden ab. Ich dachte an Fatma und *Abla* Nazira und schalt sie dafür, sich kleiner gemacht zu haben, als sie ist.

Hind hat sich von Diwan weitgehend gelöst. Wenn sie mal nach Kairo kommt, kümmert sie sich vor allem um ihren Gemüsegarten. Vielleicht unterschwellig von Voltaire inspiriert und unter den kundigen Augen von Abbas, ihrem Fahrer der letzten zwanzig Jahre, begann Hind mit dem Anbau von Kräutern, dann von Gemüse. Als wir uns zuletzt an Weihnachten in Kairo gesehen haben, präsentierte sie mir eine Frucht ihrer Arbeit: eine Wassermelone, nicht größer als eine Orange. In Erinnerung an den bereits erwähnten Ausspruch von Beckett empfahl ich ihr, besser zu scheitern. Was sie tat. »Wir müssen unseren Garten pflegen«, erinnert uns *Candide.* Daran halten wir uns, und an unseren Vater, der nicht müde wurde, uns zu harter Arbeit anzuhalten, denn nur sie macht dieses Leben mit seinen Enttäuschungen erträglich.

★ ★ ★

Mein Verhältnis zu Diwan ist fließender, nicht so Alles-oder-nichts-mäßig wie das von Hind. Mir geht's mit Diwan wie mit Nummer eins: Ich empfinde Zuneigung, aber keine Abhängigkeit. Diwan hat mir Vieles gegeben und vieles genommen. Doch das ist Vergangenheit. Was für mich heute zählt, ist, dass Hind, Nihal und ich eine Beziehung außerhalb und unabhängig von Diwan aufrechterhalten haben. Ich habe Nihal das Konzept zu diesem Buch zu lesen gegeben. Zum ersten Mal drängte ich sie in die Rolle von Minou. Ich brauchte ihren Segen. Aber Nihal blieb Nihal: »Ich vertraue dir. Wenn du es so gesehen und gefühlt hast, dann musst du es auch so schreiben.« Und auch Minou blieb sich treu: »Wenn du eine so mutlose Tussi bist, der man sagen muss, was sie sagen darf und was nicht, bist du bei mir an der falschen Adresse. Meine Welt ist die Kunst.« Diese Geschichte gehört mir nicht. Ich habe nur meine Sicht der Dinge.

★ ★ ★

Jedes Mal, wenn ich nach Kairo komme, kaufe ich bei Diwan ein. Und kaum habe ich den Laden betreten, wuselt auch schon Ahmed um mich herum, der es nicht lassen kann, mir seine Verkäuferqualitäten vorzuführen. Ich verspüre fast noch den Drang, die Auslagen verschieben oder die Bücher anders sortieren zu wollen. Aber natürlich mische ich mich nicht mehr ein. An meinen einstigen Lieblingsplätzen gibt es keine Bücher mehr zu kaufen. *Hag* Mustafa und *Hag* Madbouli leben nicht mehr. Die Söhne haben die Nachfolge angetreten und die Geschäfte übernommen. Selbst die Mogamma, Kairos Erinnerungsmonument, wurde geschlossen. Seine vielen Abteilungen wurden auf verschiedene Verwaltungen überall in der Stadt und auf eine neue Hauptstadt, die am Stadtrand von Kairo entsteht, umverteilt. Es gibt Gerüchte, nach denen die Mogamma zu einem Luxushotel umfunktioniert werden soll. Buchläden wurden eröffnet und wieder geschlossen, Handelsketten entstanden und verschwanden. Aber Diwan steht noch immer, und am 8. März 2022 wird der Laden in Zamalek sein zwanzigjähriges Jubiläum feiern.

Manchmal frage ich mich, ob Niederlagen ansteckend sind. Als mein Vater starb, habe ich nicht aufgehört, weiter mit ihm zu sprechen. Und auch jetzt, zwanzig Jahre später, rede ich noch immer mit ihm. Die Welt, auf die er uns vorzubereiten versuchte, präsentiert sich in der Hässlichkeit, die er vorausgesehen hatte, aber auch in einer Schönheit, an die er nicht gedacht hatte. Unmittelbar nach seinem Tod spürten wir eine Leere in unserem Leben. Was taten wir nicht alles, um sie zu füllen! Und dank Diwan gelang es uns schließlich. Jetzt standen in Diwans Regalen seine Lektionen, und nicht nur die, sondern auch solche über die Liebe, das Leben, die Träume.

Jedes Jahr besuchen meine Mutter, Hind und ich sein Grab am Fuße des Mokattam-Berges, und wir verstreuen Tuberosen und rote Rosen an der Stelle, wo wir ihn zur letzten Ruhe gelegt haben. Im Weggehen denke ich über die Dinge nach, von denen ich ihm erzählen möchte: Ich habe vier Buchläden, dann sind es sieben, schließlich zehn, dann wieder sieben. Und du, du hast zwei Enkelinnen. Mit den Ehen hat es nicht so geklappt, dafür zweimal mit den Scheidungen. Meine Mutter lässt ihren Rosenkranz durch ihre Finger gleiten und betet für seine Seele. Hind erklärt Ramzi und Murad, wo wir gerade sind und was für eine

Bewandtnis es damit hat. Ich sage Zein und Layla, sie könnten gerne auch lustige Geschichten erzählen, denn solche aus dem Mund offenherziger Mädchen zu hören, die der Welt all das Gute zurückgeben würden, das sie bekamen, hätte ihrem Großvater sehr gefallen.

★ ★ ★

Diwan war neun Jahre alt, als im Jahr 2011 die Luft in Kairo brannte, und elf Jahre alt, als Mohamed Mursi, Ägyptens erster demokratisch gewählter Präsident, gestürzt wurde. Und Diwan war fünfzehn, als Nihal zurückkehrte und das Geschäft mithilfe von zwei neuen Geschäftspartnerinnen wiederbelebte. Und meine Mutter hat – zumindest hierin – recht behalten: *Ägypten ist gesegnet.*

Dank

Es gibt so viel, wofür, und so viele, denen ich dankbar bin ...

Caroline Dawnay, Super-Agentin bei United Agents, für ihre Risikobereitschaft und ihre Resilienz.

Kat Aitken von United Agents für ihre lautstarke Unterstützung bei diesem Projekt.

Georgina Le Grice, Lucy Joyce, Amy Mitchell, Alex Stephens und dem grandiosen Team von Agenten, die in ihrer Zuständigkeit für ausländische Rechtsansprüche unglaublich viele Übersetzungen von *Jeden Tag blättert das Schicksal eine Seite um* möglich gemacht haben.

Mitzi Angel bei Farrar Straus und Giroux, weil sie in all den einzelnen Anekdoten und Erinnerungen eine Erzählung gesehen und immer an das Buch und seine Autorin geglaubt hat.

Molly Walls, die die Originalversion von *Jeden Tag blättert das Schicksal eine Seite um* bis zum Umfallen redigiert hat; die mir das Schreiben und – noch wichtiger – das Kürzen beigebracht hat. Ich werde unseren Austausch an den Seitenrändern der unzähligen Entwürfe vermissen. FM/AM.

All den unmöglichen Frauen, die doch so viel möglich gemacht haben: den Mentorinnen, den schwierigen

Frauen, an deren Seite ich gekämpft habe, den Freundinnen. Ihr wisst, wer gemeint ist.

Samer al Karanshawy und Ragia Omran für ihre Antworten auf meine unzähligen Fragen zur Sprache und Gesetzeslage, zu politischen Bewegungen und zur Landesgeschichte.

Amir al-Nagui, Shahira Fathy, Minou Hammam, Nehaya Nashed und Nihal Schawky, die sich noch an so viele Dinge erinnern konnten, die ich längst vergessen hatte.

Shahira Diab und Samir Tawfik, die mich stets ermutigt und meinen endlosen Schimpftiraden Gehör geschenkt haben.

Meiner Mutter Faiza für ihre stille Weisheit und den wiederholten Ratschlag, einfach weiterzumachen.

Meiner Schwester Hind, die meine schärfste Kritikerin, aber auch meine Retterin ist.

Meinen Neffen: Ramzi in seiner Rolle als Sprachpolizei der Familie, und Murad, weil er mir absolut keine Chance lässt, mich selbst zu ernst zu nehmen.

Meinen Töchtern Zein und Layla, weil sie akzeptiert haben, dass meine Arbeit sie einen Teil unserer gemeinsamen Zeit kostet. Danke für eure Nachsicht.

Ägypten, meiner ersten großen Liebe; und Diwan, meiner letzten. Ihr habt mich Demut gelehrt und mich neu erschaffen. Danke.

All jenen, denen Diwan ihr Dasein verdankt – ihren Kundinnen und ihren Angestellten: Danke für alles.

Ein besonderer Dank geht an meine Freundin Nehaya Nashed, die die deutsche Ausgabe mit viel Hingabe und liebevoller Sorgfalt gegengelesen hat.